明治の光　内村鑑三

新保祐司
Shimpo Yuji

藤原書店

明治の光・内村鑑三　目次

序　9

I　明治百五十年の日本と内村鑑三

II　近代日本思想史における内村鑑三

III 富岡鉄斎と内村鑑三

Ⅳ　内村鑑三の磁場

明治の光・内村鑑三

内村さんのような人が明治に産出したことは
明治の光だと思う。

徳富蘇峰

（昭和二十八年、九十歳）

序

もう一度、明治の精神に立ちかへつてみる必要がありはしないでせうか。クリスト教に真向うからぶつかつてみる必要がありはしないでせうか。

——福田恆存

一　明治百五十年における「代表的」「明治の精神」

平成三十年（二〇一八）は、明治百五十年である。この記念の年には明治という時代について多方面から様々な回顧がなされるであろうが、もはやその文明開化の達成を称揚するのは余り意味のあることではないであろう。そうではなくて、明治という時代と明治人を貫いている「明治の精神」

をとりあげなくてはならない。これが、これからの日本と日本人にとってとても必要なことだからである。

しかし、その「明治の精神」というものは、ある意味で多様な現われをしているであろう。そこで、重要なのは、「明治の精神」の中で、代表的「明治の精神」として、誰を問題にするかということである。私は、それは内村鑑三（一八六一―一九三〇）だと思う。

明治百年にあたる昭和四十三年（一九六八）にも、明治への回顧が行われたが、このときとは、明治という時代のとりあげ方も当然、変わってくることであろう。昭和四十三年といえば、まさに日本の近代のただ中であり、文明開化の明治という観点が重視された。明治の文明開化路線の上に、昭和元禄の繁栄もあったからである。そのときに、「代表的」「明治の精神」とみなされた者は、文明開化、あるいは日本の近代化に貢献した人物に他ならなかった。

しかし、明治百年からの五十年の間に起きたことといえば、大きくいえば近代の終焉である。文明開化の路線への疑惑である。この半世紀という長い期間には、様々な政治的変化、多様な経済的変動、文化的な諸事件、幾つもの天災などがあったが、事の本質でいえば、近代の終焉なのである。明治百年のときと明治百五十年の今回では、「明治の精神」についての見方は大きく変わらなくてはならない。

近代というものを、人間の時代であるとすれば、近代の終焉とは、ヒューマニズムの終焉であり、文化主義の失墜である。そして、人間の時代としての日本の近代に対する最も根源的な批判者であり、近代の終焉がもたらすこのような事態に対峙し得る精神の人は誰かといえば、内村鑑三なのである。近代の達成としての明治百年のときとは違って、近代の終焉を迎えた明治百五十年のときには、明治という時代の文明開化の面に対する根源的な批判者である内村鑑三こそが、「代表的」「明治の精神」として立ち現われて来るのである。

鑑三は、大正十一年（一九二二）の「日記」に次のように書いている。

二月一日（水）晴　少し春らしくなつた。山県有朋公が死なれた。是で旧き日本は殆んど死絶えたのである。然し之に代はるべき新しき日本が出来て居る乎頗る疑問である。然し神は余が斯かる問題に携はる事を許し給はない、余は時を得るも得ざるも只キリストの福音を説いて居れば其れで可いのである、大隈公や山県公とは余はたゞ同時代に同じ国に生きて居たと云ふ事の外は他に何も関係が無いのである。（傍点原文）

この「関係が無い」ということは、単に無関係ということではない。それは根本的に、逆説的に「関係が無い」ということであって、この辺の事情について、もっと詳しく鑑三自身が、五年後の昭和二年（一九二七）の「日記」に書いている。

二月十四日（月）曇　新暦を旧暦に算ふれば今日は我が誕生日である。今より六十六年前、文久元年酉年の二月十四日に自分は此世に生れ来ったのである。思へば不思議である。多くの敵と味方とを作つて今日に至つた。岩倉具視、伊藤博文、大隈重信と云ふやうな神、キリスト、来世と云ふが如き事には全く没交渉の人等と同時代に此世と此国とに在り、彼等の無神、物質的傾向に対して闘ひ、兎にも角にも信仰を維持して今日に至つた。随分面白い、辛らい生涯であつた。然し神の恩恵に由り勝利の生涯であつた事を信じて疑はない。多分彼等が忘れらるゝ後まで日本は自分を記憶して呉れるであらう。それは勿論自分が彼等より偉かつたからではない。神が彼等よりも自分により永久的なる事業を授けて下さつたからである。日本国は彼等が植附けた物質的文明の故に破滅に向つて進みつゝある時に、神が自分をして唱へしめ給ひしキリストの福音が幾分なりと破滅の速度を緩めつゝあると信ずる。思へば実に維新の青年政治家輩は乱暴な事を為したのである。基督教抜きの西洋文明を日本に輸入して、毒消し無しの毒物を日本に輸入したのである。斯んな人達を維新の功労者として崇めし日本国民は後に至りて其不明を恥づる事であらう。斯く言ひて自分が彼等に崇めて貰ひたいと云ふのではない。日本人は今や精神的に死んだ民である。（中略）然し之を救ふの途は唯一つである。旧いキリストの福音である。之をさへ説いて置けば是等の此世の智者に由りて国が一度亡びた後にでも、再び福音に由りて国は起上るであらう。其時に本当の維新が我が愛する此日本国に臨むであらう。

（傍点原文）

「斯んな人達を維新の功労者として崇め」ることは、明治百年のときと同じく今日まで依然として続いているが、明治百五十年を迎えた現在、もう止めるべきであろう。しかし、それは近来世上に見られる「維新の青年政治家輩」に対して徳川幕府側の「政治家輩」を称揚するといった単純な逆転的発想ではない。そうではなくて、「彼等の無神、物質的傾向」が問題なのであり、「基督教抜きの西洋文明を日本に輸入して、毒消し無しの毒物を日本に輸入した」ことが批判されているからである。

「此世の智者」が形成しているものが「文化主義」に他ならないが、近代の終焉を迎えている現在、「文化主義」が失墜している。しかし、それでいいのである。この「文化主義」が有難がっている「文化」というものは、真の「文化」ではないからである。

鑑三は、「文化の基礎」と題して大正十四年（一九二五）に次のように書いている。

> ○文化の基礎は何である乎。政治である乎、経済である乎、文学である乎、芸術である乎。さうでないと思ふ。是等は文化の諸方面であつて、其基礎ではない。文化の基礎は文化を生む者でなくてはならぬ。樹があつて果があるのである。文化は果であつて之を結ぶ樹ではない。
>
> ○文化の基礎は宗教である。宗教は見えざる神に対する人の霊魂の態度である。そして人の為す凡ての事は此態度に由て定まるのである。希臘人の神の見方に由て希臘文明が起つたので

ある。基督教の信仰があって基督教文明が生れたのである。（中略）無神論と物質主義は何を作り得ても文明丈けは産じ得ない。

○薩長藩閥政府の政治家等に由て築かれし明治大正の日本文明なる者は宗教の基礎の上に立たざるが故に、文明と称すべからざる文明である。是れは何時壊るゝ乎知れざる、砂の上に立てられたる家の如き、危険極まる文明である。永久性を有せざる日本今日の文明は潰倒に瀕して居る。土台を据ずして建たる家である。今にして土台を据なければならないのである。困難は茲にある。所謂維新の元老は自身無宗教の人等でありし故に、信仰の基礎の上に新社会を作り得なかつたのである。（傍点原文）

内村鑑三は、上州高崎藩の藩士の長男であったが、これを「薩長藩閥政府の政治家等」に対する佐幕派からの批判であるかのように卑小化してとらえてはならない。「永久性を有せざる日本今日の文明」を問題にしているのだからである。「さらば凡て我がこれらの言をききて行ふ者を、磐の上に家をたてたる慧《さと》き人に擬《なずら》へん。雨ふり流漲《みなぎ》り、風ふきて其の家をうてど倒れず、これ磐の上に建てられたる故なり。すべて我がこれらの言をききて行はぬ者を、沙の上に家を建てたる愚なる人に擬へん。雨ふり流漲り、風ふきて其の家をうてば、倒れてその顚倒《たふれ》はなはだし」（マタイ伝第七章二四―二七節）。

明治百年のときの日本の文明は、「砂の上に立てられたる家の如き」ものだったのではないか。経済的繁栄と文化的喧噪に正気を失い、そのことをある程度は気がつきながら、やり過ごしてきたのではないか。その結果が、明治百五十年の今日の日本の姿である。明治百五十年を迎えるにあたって、やるべきことは「今にして土台を据」えることである。「基礎」を持たない文化の空しい「果」の消費にうつつを抜かすことではない。

そして、この内村鑑三という根源的な批判者は、しかし単に批判していただけではない。根源的な批判者であることによって、実は逆説的に、日本の近代を根柢から支えていたのである。それは、「隅の首石」として存在していたと言い換えてもいい。

二 「隅の首石《おやいし》」となった棄てられた石

岩波文庫の『新約聖書 福音書』の翻訳者は、塚本虎二である。塚本は、内村鑑三の弟子であった。同じく岩波文庫の『創世記』『出エジプト記』『ヨブ記』などの一連の旧約聖書の翻訳者は、関根正雄である。関根も、内村の弟子であった。

内村自身の著作は、岩波文庫に『余は如何にして基督信徒となりし乎』『求安録』『代表的日本人』『後世への最大遺物・デンマルク国の話』などが入っているが、全集としては岩波書店から全四十巻が出ている。代表作『羅馬《ロマ》書の研究』などを初め、不滅の業績を遺した。このように内村鑑三は、自ら名著と呼ばれるものを書いたことによっても「近代日本をつくった」人であるが、内村が「近代日本をつくった」人として特に偉大なのは、多くの逸材を弟子として生んだことである。そして、この弟子たちがそれぞれの分野で「近代日本をつくった」のである。

冒頭に挙げた塚本は、内村自身によって柏会と名付けられた聖書研究会の会員であった。これは、明治四十二年に、第一高等学校校長、新渡戸稲造の下の読書会グループが新渡戸の紹介状を持って内村の門に投じてきたことから生まれたものであった。明治の末年には、会員数は、二十数人に達していた。

その主な人たちを、後の職業をカッコ内で示して挙げるならば、岩永祐吉（同盟通信社社長、作家長与善郎の実兄）、金井清（諏訪市長）、川西実三（東京府知事、日本赤十字社社長）、黒崎幸吉（伝道者）、沢田廉三（国連大使）、高木八尺（東大教授）、田中耕太郎（文部大臣、最高裁判所長官）、田島道治（宮内庁長官）、鶴見祐輔（作家、衆議院議員）、前田多門（文部大臣）、三谷隆正（一高教授）、森戸辰男（文部大臣）、藤井武（伝道者）、矢内原忠雄（東大総長）、黒木三次（黒木為楨大将の長男、貴族院議員）。

柏会結成の二年後には、白雨会が出来て、それには、南原繁（東大総長）、坂田祐（関東学院院長）、高谷道男（ヘボン研究家）が出た。柏会の結成以前から、内村の聖書研究会に出席していた一高生の中には、天野貞祐（文部大臣）がいたし、安倍能成（文部大臣）は、それ以前に一年ほど内村のもとに通っていた。

これらの青年たちの顔ぶれを見るだけでも、内村鑑三の感化の広さと深さに改めて感嘆するであろう。例えば、戦後、文部大臣に、田中耕太郎、前田多門、森戸辰男、天野貞祐、安倍能成の五人がなっているのである。そして、東大総長には、矢内原忠雄と南原繁の二人である。この他にも、正宗白鳥、岩波茂雄、志賀直哉、大塚久雄、などの名前が挙げられるであろうが、このような青年たちは、内村鑑三の、いわば精神の磁場に引き付けられたのであった。逆にいえば、引き付けられるだけの精神の飢渇を持っていたのである。内村は、明治二十四年一月九日に起きたいわゆる「一高不敬事件」によって、国賊、不敬漢として社会から葬られた人間であった。表から「近代日本をつくった」人ではなかったのである。しかし、明治という時代は、この「棄てられた」人間の真価を見抜くだけの眼力を持った青年たちが輩出する、いわば高級な時代だった。「造家者《いへつくり》らの棄てたる石は、これぞ隅の首石となれる、これ主によりて成れるにて、我らの目には奇《くす》しきなり」（マタイ伝第二一章四二節）。

内村は、近代日本の「造家者ら」から「棄てられた」人間であった。しかし、「棄てられた」ことによって、内村の精神の磁力は、次の世代の多くの日本人の精神を垂直に立たせたのである。たしかに、「我らの目には」、普通の思想史では、「奇しき」ことに違いない。しかし、近代日本の精神史の最大の劇は、この内村鑑三という「棄てられた」石が「隅の首石」となったという逆説なのである。

三　明治の光・内村鑑三の磁力

このような内村鑑三の「隅の首石」として在り方は、「具眼の士」からは見て取られていた。例えば、徳富蘇峰である。

鑑三は、大正十三年（一九二四）、六十三歳のときの「日記」に、次のように書いている。

五月三十一日（土）晴　近頃最も愉快なる事は、対米問題に就き意見の一致せるより『国民新聞』の徳富蘇峰君と旧き交際を復活するに至つた事である。今日同君より遣られし使者の訪問あり、茲に三十年前の昔に還り、日本国の為に共に尽さんとの契約がなり、大なる喜びであつた。徳富君は余を京都の隠匿より社会に引出して呉れた人であつて、其意味に於ての知己恩人である。後、藩閥政府に対する君の態度の面白からざるにより終に交際を絶つに至りしも、今日此国難に際し、過去の不愉快はすべて之を葬り、日清戦争の当時に還りて、共に提携して働かんと欲するに至り、まことに喜ばしい事である。紳士はすべて斯くあつて欲しい。

「京都の隠匿」とは、「一高不敬事件」で、国賊、不敬漢と罵られ、札幌、大阪、熊本などを転々としたあと、京都に移り住んだことを指している。京都生活は、三年ほどに及んだが、この間、鑑三は、代表作の一つ『余は如何にして基督信徒となりし乎』や『地人論』を上梓している。そして、蘇峰の『国民之友』に、多くの論文を寄稿した。その中でも「何故に大文学は出ざる乎」「如何にして大文学を得ん乎」などは、鑑三の文学論として重要なものであり、「時勢の観察」は、大きな反響を呼んだものであった。このことを「徳富君は余を京都の隠匿より社会に引出して呉れた」といっているのである。

この蘇峰という、明治・大正・昭和の三代にわたって、九十四年間も生き抜いたような一種の「怪物」の眼は、人間の「真贋」を見抜くことにおいて、ある鋭さを持っていたといっていいであろう。蘇峰は、昭和二十八年（一九五三）、九十歳のとき、鑑三についての「思い出」を語っているが、それを次のように締め括っている。

一番はじめに内村君とあったことなどはおぼえていない。まあ順調に行ってそのまま大学を卒業すれば、内村さんは銀時計で、私はビリで法学士くらいにはなっていたろうね。内村君は水晶のようにどこからみても透明な頭をもっていた。だから哲学でも、宗教でも、科学でも何でも行けたわけだ。天は内村に十を与えたが、私たちには四か五しかくれなかった。内村さんのような人が明治に産出したことは明治の光だと思う。あの人は必ず後に伝わる人だと思う。

「内村さんのような人が明治に産出したことは明治の光だと思う。」という言葉は、蘇峰ならではの至言である。「産出」という表現が、まず不思議である。そして、「明治の光」だと言う。この「光」という表現は、何かこの存在が強烈な磁力を持っていることを思わせる。内村鑑三の精神が放った強く広い磁力は、近代日本において、内村鑑三の磁場というものが成り立つであろうと思われるほどのものであった。磁石に引き付けられて、砂鉄が立つように、内村鑑三の磁場においては、日本人の精神が垂直性を持つという事件が起きたのである。水平性の支配している日本人の精神の風景としては、稀なことである。

この点で、内村鑑三は、西郷隆盛と似たような存在かもしれない。鑑三の英文著作『代表的日本人』は、西郷隆盛、上杉鷹山、二宮尊徳、中江藤樹、日蓮上人の五人をとりあげているが、西郷は、最初の章である。これについて、橋川文三は、次のように書いている。

「維新における西郷の役割を余さず書くことは、維新史の全体を書くこととなるであろう。ある意味において、明治元年の日本の維新は西郷の維新であったといいうると思う。」

これはよく知られているように、内村鑑三がその西郷論（『代表的日本人』所収）において記した文章の一節である。内村はその西郷論のサブタイトルを「新日本の建設者」としているが、おそらく汗牛充棟もただならぬ西郷論のうち、もっとも熱烈純粋な讃美をささげたものが内村のこの文章であろう。そこに描かれている西郷は、あたかも「天」の啓示をうけた「聖人哲人」のごとき存在であり、ほとんど、「クロムウエル的の偉大」をそなえた霊感的な人物であった。そしてまた、「日本人のうちにて、もっとも幅広きもっとも進歩的なる人」であった。

鑑三は、西郷に「もっとも熱烈純粋な讃美をささげた」のである。精神の根本で共通するものを感じ取っていたに違いない。明治十年（一八七七）の西南戦争において、「岩倉具視、伊藤博文、大隈重信と云ふやうな」「造家者ら」から「棄てられた石」であった西郷隆盛も、また近代日本において「隅の首石」であったといえるであろう。

そして、西郷隆盛の精神が、その後の日本の近代において、明治百五十年の今日も、何か本来の日本人のものとして絶えず回想されるのと同じように、内村鑑三も、文明開化の明治に対する根源的な批判者として、これからもアクチュアルな精神として取り上げられ続けるであろう。「本当の維新が我が愛する此日本国に臨む」道を指し示すからである。

I

明治百五十年の日本と内村鑑三

〈扉写真〉内村鑑三

今、何故内村鑑三か――キリスト教は西洋の宗教ではない

一　近代日本の結末としての東日本大震災

「今、何故誰々か」というのは、過去の人物を振返るときによく使われるいい方であるが、今日の日本で、「今」というとき、それはこれまでの常套句的な意味合いを超えた時代状況を指すこととなったと思われる。いうまでもなく、この「今」というのは、東日本大震災後の時代のことだからである。

この大震災は、まさに時代を画するものとなった。日本は、七年後の二〇一八年に明治維新一五〇年の記念すべき年を迎える訳であるが、日本の近代一五〇年の結末が、今日の日本であったというのは、余りに悲しい事実ではあるまいか。

明治維新から始まった日本の近代は、まず文明開化であり、敗戦を経て、戦後は高度成長、そして情報化社会であったが、その末路は、東日本大震災（天災）と福島原発事故（人災）であった。

この破局を踏まえて、日本人は、日本の近代化の問題を根本から問い直さなければならない。今日の苦境を、日本人がこれまで得意としてきた、対症療法的なやり方（例えば、「節電」というような）でやりすごそうとするならば、もっと大きな（そして、もしかすると致命的な）破局を将来に、もたらすことになるだけであろう。

このような大きな時代の変換期、いわば時代が一度、焼野原になってしまったような状況の中で、明治維新以来の文明開化による日本の近代そのものが問い直されなければならないときに、内村鑑三が偶然にも（決して偶然ではないかもしれない）生誕一五〇年を迎え、振返られることの意義は極めて深いといわざるを得ない。何故なら、内村鑑三こそ、日本の近代の最も根源的な批判者だからである。

二　旧約聖書を素通りした近代日本

今、この文章をヴェネツィアの客舎で書いている。この四月から九月末までの半年間、イタリア国立カ・フォスカリ大学の客員教授として滞在しているからである。明治以来、日本が多くを学んできたヨーロッパの文化の根柢にあるものが煮詰められたようなこの奇怪な水上都市に住んで、改めて日本の近代化の問題をじっくり考えてみようと思い立ったのは、数年前のことで、渡伊が決まったのは、前年の夏のことであった。

旅立ちの準備をしているとき、三月十一日に東日本大震災が起きた。日本の文明の来し方行く末を考えるという心構えが、異様な切迫性を持ってきたのである。このような深刻な事態の中で、物を考えるに際して役立つ本というものは、それほどなかった。

凡その書物は、勉強にはなるかもしれないが、私は勉強などする気は全くなかった。考えることだけをするつもりであった。だから、本はほとんど持ってこなかった。

持ってきたのは、『旧新約聖書』（文語訳）とトインビーの『歴史の研究』だけといってよかった。トインビーは、文明の盛衰を考える上で、参考になると思ったからである。あとは、思索するのに、何もいらない。『旧新約聖書』だけで十分である。ヴェネツィアの風景を眺めながら、考える時間をじっくりとりたいと思った。

こういういい方が、もう内村鑑三的かもしれない。青年時代に内村に深い影響を受けた正宗白鳥が、その晩年に書いた名著『内村鑑三』の中で、若い頃内村の講演をきいたとき、内村が壇上で、聖書を示し、「The book」、これこそが本である。これさえあれば世界と人間は分かるといったというようなことを書いていた。

私は、ヴェネツィアに着いてから、まず『旧約聖書』を最初からゆっくりと読み直した。『旧約聖書』は、もちろん読んではいたが、全部を一頁からていねいに通読したことはなかった。何章か読んだあと、ヴェネツィアの路地を散歩したり、ザッテレという運河に面した岸にある石のベンチに腰かけて、光のきらめく水を眺めたりしていた。

このように『旧約聖書』を持っていって読んだのは、東日本大震災後の日本の悲劇というものは、いわば旧約的なものではないかという直観があったからである。単なる天災や人災ではない。何かそういうものを超えた深い意味を秘めているように思われた。

『エレミヤ記』を読んでいると、次のような有名な聖句が、これまで以上に深く訴えてくるようであった。

夫《それ》彼らは少《ちひ》さき者より大《おほい》なる者にいたるまで皆貪婪者《むさぼるもの》なり又預言者より祭司にいたるまで皆詭《いつ》詐《はり》をなす者なればなり。かれら浅く我民の女《むすめ》の傷を医《いや》し平康《やす》からざる時に平康《やすし》平康といへり

（第六章一三―一四節）

東日本大震災のような「旧約」的な事態が起きても、日本の今日の「かれら」は、「浅く」事態をやりすごそうとし、「平康平康」と言論人の多くはいっているように思われる。

「浅い日本人」（大正十三年四月）の中で内村が批判した、日本人の「浅さ」は、今日の事態に対処するにあたっても、相変らず変っていないのである。日本人は「深く」ならなければならない。そのためには、『旧約聖書』を読まなくてはならない。そして、『旧約聖書』を語る内村を読まなければ

ばならないのである。

内村は、日本の基督者の中で、恐らく最も『旧約聖書』を深く読んだ人であろう。多くの基督教「信者」は『新約聖書』で足りるとなすのである。すなわち、「イエス様」でいいのである。

しかし、『新約聖書』の根柢に通ずる『旧約聖書』にも深く理解を示した人であるところが、内村の日本の近代の根源的批判者たる所以の一つである。

何故なら、日本の近代は、『旧約聖書』を素通りし、せいぜい『新約聖書』を覗いてみたにすぎなかったからである。そして、大局的にいえば、西洋の近代を学んだにすぎなかったからである。福田恆存が、戦後すぐに書いた「近代の宿命」で論じたように、日本の近代が近代にもなっていないのは、西洋の近代を学んだにすぎず、西洋の中世を学ばなかったからである。

日本の近代の知識人の多くは、西洋の近代を勉強したにすぎない。それよりは、『新約聖書』を学んだ基督教「信者」は、まだましかもしれないが、『旧約聖書』まで思考が届いた人は極めて稀であった。しかし、そこまで届かなければ、西洋の本質を知ることはできないはずであった。

たしかに、夏目漱石がいったのとは少し違った意味で、日本の近代は「上滑り」であった。内村鑑三は、『旧約聖書』にさかのぼって、西洋を全身で受けとめたのである。だから、「深い」のである。「浅い」知識人が、今日の日本の状況を云々するのは、もう意味がないのではないか。今、日本は、「深い」言葉を必要としている。

政治の次元でも、深い言葉が、日本では発せられない。過日の九・一一の一〇周年記念追悼式の演説において、米国のオバマ大統領は、『旧約聖書』の「詩篇」第四六篇一節「神はわれらの避所《さけどころ》また力なり、艱《なや》めるときの最《いと》ちかき助なり」を引用した。東日本大震災のような悲惨を前にして、日本の政治家は何か引用するものを持っているであろうか。あえていえば「頑張ろう」といった高校野球の応援でも使われるような平板な言い方しかないのではないか。日本は「深い」言葉を必要とする状況になった。だから、近代日本で最も「深い」言葉を語った内村鑑三が読み直されることが必要なのである。これが、「今、何故内村鑑三か」に対する一つの答えである。

三　近代日本のパウロ

『新約聖書』の「使徒行伝」を読んでいるとき、次のようなところに注意がひかれた。

パウロ、アテネにて彼らを待ちをる間に、街に偶像の満ちたるを見て、その心に憤慨を懐く。されば会堂にてはユダヤ人および敬虔なる人々と論じ、市場にては日々逢ふところの者と論じたり。斯《かく》てエピクロス派ならびにストア派の哲学者数人とこれを論じあひ、或《ある》者らは言ふ『この囀《さへず》る者なにを言はんとするか』或者らは言ふ『かれは異なる神々を伝ふる者の如し』是はパウロがイエスと復活とを宣べたる故なり。遂にパウロをアレオパゴスに連れ往きて言ふ『なんぢが語るこの新しき教の如何なるものなるを、我ら知り得べきか。なんぢ異なる事を我らの耳に入るるが故に、我らその何事たるを知らんと思ふなり』アテネ人も、彼処に住む旅人も、皆ただ新しき事を或は語り、或は聞きてのみ日を送りゐたり。（第十七章一八―二一節）

今日の日本も、その知的状況において、「皆ただ新しき事を或は語り、或は聞きてのみ日を送りゐたり」というべきではなかろうか。「皆ただ新しき事」を「のみ」追いかけている。古典は蔑ろにされ、『旧新約聖書』などを繰返し読んでいる人など極く稀であろう。そんな知的状況の中では、代表的な「明治の精神」である内村鑑三について語ることなど、「この囀る者なにを言はんとするか」といわれてしまいそうである。

ポストモダンという知的風俗の流行以来の日本の精神的状況は、『旧約聖書』の中のバベルの塔を思い起すならば、空しい知的バベルの塔を積み上げていたようなものであった。

特に近年流行していたような才人は、金融市場におけるデリバティブ（派生商品）の如き一種の知的消費財を生み出しているにすぎなかったのではないか。それは、本質論からかけ離れた末梢的な興味に訴求するものであった。

そういう日本の中で、進歩派、あるいはリベラル派は、リベルタンな「エピクロス派」であり、保守派は垂直性が欠けた「ストア派」に他ならない。

このような知的光景の中に建っていた今日的なバベルの塔は、東日本大震災で崩れ去ったというべきであろう。それは、結局、大震災という冷厳な事実に対峙できるような真剣さと深さを持ったものではなかったからである。

内村の文章に、「アテンスに於けるパウロ」（大正六年十一月）というものがあり、その末尾に「パウロは学者町のアテンスに呆れ果てたのである」と書いている。今日の日本の「学者」たちは、当時の「アテンス」の学者たちを思わせるものがある。内村にいわせれば、大正時代の学者たちも「呆れ果て」るしかない人々であった如く、今日の知的バベルの建設に参加していた知識人たちも「呆れ果て」るしかない人たちなのである。

ヴェネツィアに滞在している間、八月にトルコのイズミールからバスで、古代都市エフェソス（エペソ）を訪ねた。この見事といっていい遺跡を歩きながら、私が思い出していたのは、パウロがここにやってきたことである。パウロは、このローマ文明の繁栄が具現化された都市の中に入っていっても、少しも感心しなかったであろう。パウロは、このエフェソスにも「呆れ果てた」であろう。この人間の文化生活の快適さが、その浴場跡に見られるように十二分に備わっていても、パウロにとっては決定的なものが欠けていると痛感されたに違いない。

『新約聖書』の中の、パウロの名によって記された書簡「エペソ人への書」の中の次のような聖句が思い浮かんだ。


なんぢら今よりのち、異邦人のその心の虚無《むなしき》に任せて歩むが如く歩むな。彼らは念暗《おもひ》くなりて、其の内なる無知により、心の頑固《かたくな》によりて神の生命に遠ざかり、恥を知らず、放縦《ほしいまま》に凡ての汚穢《けがれ》を行はんとて己を好色に付《わた》せり。されど汝らはかくの如くならん為にキリストを学べるにあらず。汝らは彼に聞き、彼に在りてイエスにある真理に循《したが》ひて教へられしならん。即ち汝ら誘惑《まどはし》の欲のために亡ぶべき前の動作《ふるまひ》に属《つ》ける旧き人を脱ぎすて、心の霊を新にし、真理より出づる義と聖とにて、神に象《かたど》り造られたる新しき人を著《き》るべきなり。
（第四章一七―二四節）

エフェソスの真夏の青空の下、遺跡群を高所から眺めやっているとき、パウロがこのような言葉で宣教しているのが、眼に浮かんでくるようであった。

八年前、英国の中世の古都カンタベリーに半年滞在したとき、オックスフォードにアリスター・マクグラス教授を訪ねたことがある。当時、マクグラス教授は、神学部の教授でウィクリフ・ホールの所長であった。今日のアングリカンを代表する神学者であり、著作も多い。その中のいくつかは、翻訳もされている。

マクグラス教授と、今日のキリスト教世界のことを語り合っているとき、私は、今日の世界は、ローマ帝国の末期と似ているといった。例えば『クォ・ヴァディス』に描かれたローマ世界は、その異常なまでの健康への配慮、肉体への過剰なまでの執着、快適さを何よりも求める心、美を義よりも重んずる価値観などによって際立っているが、それはまた現代の社会と通じているであろう。

ローマ帝国（文明）は、今日、例えばアメリカ帝国（文明）なのである。そのようなローマ世界に、キリスト教が深く浸透していったように、今日またここまで非精神的な世界になると、現代の制度化したキリスト教とは違って、本来のキリスト教に光が当たり始めるのではないか。日本の近代には、内村鑑三という基督者がいて、すでにそのようなキリスト教（いってみれば、無教会主義のキリスト教）を説いたのであると拙ない英語で語ったが、どこまで通じたか心もとない。

いずれにせよ、近代日本にパウロが出現したということである。『ロマ書の研究』が名著である所以は、ただ単にパウロの『ロマ書』を精細に解説しているというような「学者」のやることをやっているからではない。近代日本に生きた一人のパウロ的人物が、自分の肉体と精神の奥深くから自らの言葉で語っているところにあるのである。

このような深みからくみとられた言葉が、東日本大震災によって知的バベルの塔が崩壊した日本において、必要なのである。これが「今、何故内村鑑三か」に対する答えの一つである。

四　キリスト教は西洋の宗教ではない

今日のような大震災後の混乱の中で、日本人が何か精神的な拠り所を求めるようになるとき、慣習的にあるいは惰性的に、日本的なもの伝統的なものに赴きがちである。キリスト教は、西洋の宗教である、外来の宗教であるという通念は根強くあるに違いない。

さらに今日の世界情勢の中で、イスラム原理主義に対してキリスト教にも原理主義がある、それが紛争やテロを生む。だから、一神教はよくない。日本の伝統的な八百万の神々という多神教的精神風士こそ、平和的であるという、俗耳に入りやすい、精神的苦悩を経たことのない「学者」が唱えたがる言説が世をおおっている。

このような日本回帰は、結局、日本人の精神の表面をなでて、慰めるだけで（まさに、癒すだけで）、日本人の精神の根本にしっかりした核を形成することにはならないであろう。

たしかに、日本人の西洋のキリスト教に対する違和感は根深いものがある。古くは、明治初年の岩倉使節団の記録『米欧回覧実記』の中で、次のように、西洋の宗教＝キリスト教について書かれているのを見る。

西洋ノ人民、各文明ヲ以テ相競フ、而テ其尊重スル所ノ新旧約書ナルモノ、我輩ニテ之ヲ閲《けみ》スレハ、一部荒唐ノ談ナルノミ、天ヨリ声ヲ発シ、死囚復活《またい》ク、以テ瘋癲ノ譫語トナスモ可ナリ、彼ノ異端ヲ唱ヘテ、磔刑ニ罹《かか》リシモノヲ以テ、天帝ノ真子トナシ、慟哭シテ拝跪ス、我其涙ノ何ニ由テ生スルヤヲ怪ム、欧米ノ各都、到ル処ニ紅血淋漓トシテ、死囚十字架ヨリ下ルヲ図絵シ、堂壁屋隅ニ掲ク、人ヲシテ墓地ヲ過キ、刑場ニ宿スルノ思ヒヲナサシム、是ニテ奇怪ナラスンハ、何ヲ以テ奇怪トセン

ヴェネツィアの街は、教会だらけである。だから、迷路のような路地を歩いていて、広場に出ると大体、その広場の名前の由来となった教会がある。そして、その中に入ると、まさに『紅血淋漓

トシテ、死囚十字架ヨリ下ルヲ図絵」した宗教画が、「堂壁屋隅」の到る所にかかっている。

今日の日本人は、こういう教会の光景などを写真などで見慣れているから違和感は薄れているかもしれないが、明治の初期に初めて西洋の教会を見て回った、五、六年前までは武士や公家であった人間が感じとった、この「奇怪」な感じは想像してみる必要がある。

私もヴェネツィアに来て、数カ月間、教会の多くを見て回った。そして、ティツィアーノやティントレットの傑作をはじめとして、おびただしい「紅血淋漓トシテ、死囚十字架ヨリ下ルヲ図絵」した画などの宗教画を沢山見た。

そのうちに、さすがに、この「奇怪」な感じに襲われるようになった。ほとんど生理的な違和感に苦しめられるような感じであった。たしか、アカデミア美術館で、中世以来の宗教画を数多く見て帰ってきた、その夜だったと思う。小林秀雄が夢に出てきた。青年時代から、私は小林秀雄に大きな影響を受け、深く尊敬してきたが、いまだかつて一度も夢の中に現れるということはなかった。

小林さんは、どこかの（鎌倉かもしれない）駅に立って、私の方に振り向いて、伊勢に連れていってやるよ、というようなことをいったのである。その他は、覚えていない。目を覚した私は、この初めての経験を不思議なものと感じ、しばらくじっとしていた（鎌倉駅のプラットフォームが出てくるというのは、『本居宣長』の冒頭のくだりに関係しているのかもしれなかった……）。

内村鑑三を通して、キリスト教というものにずいぶん深く親しんできた私が、ヴェネツィアのカトリックのキリスト教（これは、またヨーロッパのキリスト教の典型でもあるのだが）の「奇怪」な感じに圧倒されて、伊勢の方へ導かれようとしているのかと、ひやりとした。

そんな不安定な精神的状況にあるとき、八月初旬に、スイスのバーゼルに住む知人を訪ねる旅に出ることになった。そのとき、私の頭にすぐ浮かんだのは、カール・バルトのことである。

バルトは、長くバーゼル大学の神学部の教授であった。バルトの家が保存されていると聞いて早速、行ってみた。

思えば、バルトの著作もずいぶん熟読したものである。特にバルトのデビュー作『ロマ書』第二版には心底から震撼した。内村鑑三の『ロマ書の研究』とバルトの『ロマ書』がほぼ同じ時期に出現したというのも、世界の精神史の面白さである。

バルトの書斎に入ると、机の上にはグリューネヴァルトの有名なキリスト磔刑図の複製がかかっていた。私は、これを見たくてバルトの家を訪ねたようなものである。バルトは、この言語を絶した、苛烈な宗教画の下で、晩年『教会教義学』の厖大な著作を執筆しつづけたのであった。

このグリューネヴァルトの絵は、宗教画ですらない。絵画というような文化を打ち砕いている。絵画というものを否定したところで成り立っているような逆説的な絵画である。キリスト教文化といったものを超越している。絵画を軽蔑したパスカルも、この絵だけは認めたかもしれない。ここにあるのは、凡その宗教画が無意味になる境地である。どんな宗教画であれ、それが傑作であれ、同じことである。

そして、このグリューネヴァルトの絵の下で仕事をしたバルトが、晩年ついにコルプス・クリスチアヌムを否定するに至ったことは実に深甚な意味を持っている。

キリスト教とは、キリストの福音以外のものではなく、コルプス・クリスチアヌムではない。キリスト教会、キリスト教文化、キリスト教社会、キリスト教哲学、キリスト教道徳、といった西洋文明を支えてきたコルプス・クリスチアヌムとキリストの福音を区別したのである。

このことに思い至ったとき、私は何か救済に近いものを感じた。ヴェネツィアの街は、圧倒的に人間や建物にキリスト教がしみ込んだ街であり、その文化はコルプス・クリスチアヌムそのものである。しかし、それはキリストの福音とは、別物なのである。

バーゼルの旅から戻って、ヴェネツィアの街を再び眺めたとき、バルトの否定を思い出して、私はヴェネツィアの石造りの広壮な建築物や荘厳な教会がみるみる崩れ去っていくような気がした。

ということは、キリスト教を西洋の宗教、そのコルプス・クリスチアヌムと一体としてみなしていることは、何か根本的な誤謬なのだということである。そして、ここまで考えてくると、内村の「日本的基督教に就て」という文章（大正十三年十月）が、深い意味を持って読まれてくるであろう。


私は屢々日本諸教会の教師方の口を通うして聞いた、「日本的基督教と云ふが如き者はない、基督教は世界的であつて、之に国境があつてはならない」と。実《まこと》に諸氏の言ふ通りであることは私も克《よ》く知つて居る積りである。「主一つ、信仰一つ、バプテスマ一つ、神即ち万人の父一つ」である。之に日本的又は米国的の別なきは克く判つて居る。然れども万有は一つであつて多様である。其処に万物の美が存し、能《ちから》が在る。〔中略〕基督教を其一面の神学より見て之に独逸《ドイツ》神学、和蘭《オランダ》神学、英吉利《イギリス》神学等の在るは何人も疑はない。恰《あたか》も芸術に国境なしと称せらるゝも、実際的に国別あると同じである。そして斯くあるのが当然であつて、斯くなくして進歩も改善もないのである。日本人が真実《まこと》に基督教を信ずれば日本的基督教が起るが当然である。其の起らざるは未だ基督教が確実に日本人の心の中に植付からない何よりも確なる証拠である。日本的基督教と称して勿論基督教を変へて日本人の宗教と化した者ではない。日本人独特の見地よりして基督教の真理を闡明《せんめい》したる者である。基督教は世界的宗教なるが故に、各国民の寄贈貢献を待つて初めて完全に世に顕はるゝ者である。日本人を通うして顕はれたる基督教、それが日本的基督教である。

（傍点原文）

八年前、近代がとてもつまらなく見えてきて、一度中世にどっぷり漬かってみるつもりで「英吉利神学」の総本山、カンタベリー大聖堂のそびえ立つ中世の古都カンタベリーに滞在したが、ヴェネツィアに住んでいる今から思うと、やはりずいぶん違ったキリスト教であり、「実際的に国別」が感じられる。カンタベリーの文化は、ヴェネツィアほど重々しくなかったし、街の景観もヴェネツィアに比べるとあっさりしていた。カンタベリー大聖堂の中でよく読んで過ごした、カンタベリー大聖堂とも縁の深い神学者アンセルムスの著作も、ある意味明晰であった。

それに対して、ヴェネツィアのキリスト教には、「独逸神学」「和蘭神学」の如きものはない。「神学」はなくて、習俗としての、まさにコルプス・クリスチアヌムのかたまりとしてキリスト教が展開されている。

例えば、ヴェネツィアの教会は、ヴェネツィアの景観として有名なサンタ・マリア・デッラ・サルーテ教会、最も大きいゴシック教会の一つ、サンタ・マリア・グロリオーサ・デイ・フラーリ教会（この教会の後陣の主祭壇の背後には、有名なティツィアーノの「聖母の被昇天」がある。まさに「聖母」の教会である）、あるいは今、私が住んでいるところの近くにあるサンタ・マリア・デル・ジーリオ教会にしても、名前で分かるように聖母マリアの教会である。

イエスよりもマリアが信仰の対象として親しまれるというのはカトリックの「国別」の特徴としてみられるものだが、ヴェネツィアではそれがはっきり分かる。キリスト教が、風土とそこに生きる人間の文化と肉体にしみ込んでいったということであり、コルプス・クリスチアヌムらしいことである。

そういえば、英国の評論家、ジョン・ラスキンが有名な『ヴェネツィアの石』というヴェネツィアの教会や宮殿などの建築物を論じた著作の中で、ムラーノ島にあるサンティッシマ・マリア・エ・ドナート教会をとりあげた章で書いていたことを思い出す。

ラスキンは、このムラーノ島の美しい教会（私も、ヴェネツィアにある、おびただしい教会群の中で、最も美しいと思った）の銘文に、人類の祖アダムの妻イヴが犯した罪を敬虔なマリアが贖った、とあることを問題としていた。贖罪が、イエスではなくマリアに帰されているのである（まさに、サンティシマ――至聖の、である）。

このように、西洋のキリスト教が、その風土によって、様々に変容されていることを思うと、トインビーが『歴史の研究』の中で、冷徹に次のように言い放っていたことが頭に浮かぶ。

今日の世界に現存する偉大な宗教団体、すなわち、キリスト教、イスラム教、およびヒンズー教を眺めると、名目上の信者の大多数は、彼らが口さきだけで信仰している信条がいかに高遠なものであろうと、いぜんとして、宗教に関するかぎり、単純な異教信仰とたいして距離のない精神的雰囲気の中で生きているのが目につく。（長谷川松治訳）

五　「日本的基督教」はパウロのキリスト教である

内村鑑三は「日本的基督教」といった。内村がその生涯を通じて生きて信仰してみせた「基督教」こそが、「日本人を通うして顕はれたる基督教」に他ならなかった。保田與重郎が、内村鑑三と岡倉天心をとりあげた「明治の精神」の中で、内村鑑三のキリスト教を「すきや作りのキリスト教」といったことの的確さを思う。ヴェネツィアのような石造りのキリスト教が、すなわちキリスト教なのではない。

それを「基督教を変へて日本人の宗教と化した者」と誤解してはならない。たしかに日本の近代には、「基督教を変へて日本人の宗教と化した者」は存在していて、明治のキリスト教界で、内村鑑三、植村正久と並んで三村といわれた松村介石が創始した「道会」などは、その代表的なものであろう。

この「道会」やその他の「基督教を変へて日本人の宗教と化した者」については、数年前、『メイド・イン・ジャパンのキリスト教』(マーク・R・マリンズ著)のような研究書が出た。

この著作の中に、内村鑑三の系統をひく「無教会派」が、「メイド・イン・ジャパンのキリスト教」の一つとして入っている。こういうところが、内村鑑三のキリスト教が誤解されやすいところである。

「(私は無教会主義を……)」(七五頁参照)という絶筆に見られるように、内村鑑三は「無教会主義者」ではない。内村の「無教会」は、教会を相手にしたものなのではない。コルプス・クリスチアヌム以前の、パウロのキリスト教に他ならない。パウロの書簡『ロマ書』を講じた『ロマ書の研究』が心血を注いだ代表作である所以である。

長いキリスト教の伝統に生きていたバルトが、コルプス・クリスチアヌムを否定することは、晩年になってやっとできた決断であった。しかし、そういう伝統などない日本という場所において、内村鑑三は、直接的にパウロのキリスト教にぶつかったのである。これが異教徒の幸福だと河上徹太郎は名著『日本のアウトサイダー』の「内村鑑三」の章でいっている。『余は如何にして基督信徒となりし乎』の中の「何故ならば異教徒として生れることに幾多の利益があるからである。『異教』

は、思ふに、人類の未発達の段階にして、『基督教』の如何なる形態に依りて達せられたる段階よりもより高き、より完全な段階に発展し得べきものである。」（鈴木俊郎の旧訳、傍点原文）を引用した上で、次のように書いている。

しかしこれは日本を野蛮国視したものでは決してなく、その二三行前に「余は基督教国滞在の最後に至るまで、……嘗て米英人たらんとの願望を懐きしことはなかった。」の字句が見えるように、福音の至高の状態までこれから引上げられる特権ある異教徒が、「生来の基督教徒」より確かに幸福だといっているのである。

その「生来の基督教徒」として、コルプス・クリスチアヌムを否定するに至ったバルトが、『教会教義学』の核心「和解論」の第一冊に付した「日本版のための序文」の中で、次のように書いたことは、実に注目されるべきことであろう。一九五九年の執筆である。

やがて東洋のキリスト教神学が、西洋の遺産を真剣に摂取した上で、イエス・キリストにおいて語られた神の御言葉《みことば》の全く独自で新しい理解に向かって立ち上がるような一世紀が、来るであろう。そして、恐らくそれはすでに始まっているのであろう。（井上良雄訳）

確かに、それはもっと以前から、内村鑑三において、まさに「すでに始まって」いたのである。内村の「無教会」というものを「メイド・イン・ジャパンのキリスト教」の一つとして見なすことは余りに事の本質を卑小化することであり、誤解を招くことである。

仮に、現実の「無教会派」（今日、教友会といわれ、今井館聖書講堂を本部としているもの）が、「メイド・イン・ジャパンのキリスト教」の範疇に入ってしまう面を持っているとしても、それは内村鑑三の与り知らぬことである。

というよりも、そういう事態を内村は予感し、「私は今日流行の無教会主義者にあらず」（傍点原文）と楔を打っておいたのである。死を前にして、内村は『ロマ書の研究』で語った自らの信仰を、「無教会主義」というものに固定され、歪められることを案じ、遺言したのであった。

内村は晩年の「日記」の中に、私は福音の説きっ放しをして死ぬというようなことを書いている。また、現実に死とともに内村聖書研究会は、解散となったのである。

このように内村の「日本的基督教に就て」をめぐって、日本人にとってのキリスト教ということを問題にしてきたのは、キリスト教を西洋の宗教と思い込んでいる日本人が多いし、例えば作家の遠藤周作が日本人とキリスト教（この場合、遠藤のキリスト教がカトリックであったことは大事な点である。ヴェネツィアのキリスト教も、カトリックであるが、ここでキリスト教といわれているものはコルプス・クリスチアヌムとしてのキリスト教にすぎない）との違和について縷々語ったことも、多くの日本人にキリスト教が、日本人と、あるいは日本文化と合わないものであるという印象を与えているからである。たしかに、ヴェネツィアのキリスト教は、日本人の多くに違和感を抱かせるものかもしれない。しかし、内村の「日本的基督教」はそのようなものではない。「日本人を通うして顕はれたる基督教」なのである。遠藤周作が内村鑑三をその「厳格さ」において、敬遠していたのを思い出す。

内村鑑三は、西洋の宗教としてのキリスト教ではなく、パウロのキリスト教(キリストの福音)が、「日本人を通うして顕はれたる」ものとしての「基督教」を説いた人であり、これが、日本人が日本人としてキリスト教に近づく「狭き門」であろう。ドストエフスキーは「ロシアのキリスト」といったが、内村鑑三は「日本のキリスト」というヴィジョンを抱けた人である。

制度としてのキリスト教会は、プロテスタント、カトリックを問わず、その門はかなり「大きく」開かれている。しかし、それでは日本人の根柢に根差したものとはならない。結局、西洋かぶれの、西洋臭いクリスチャンになりがちである。内村鑑三は、西洋臭くない、かつ「メイド・イン・ジャパンのキリスト教」のように日本臭くもないのである。

狭き門より入れ、滅《ほろび》にいたる門は大きく、その道は広く、之より入る者おほし。生命にいたる門は狭く、その路は細く、之を見出す者すくなし。

(マタイ伝第七章一三―一四節)

大震災後の日本において、日本人としての自覚が問われるようになるであろう。そして、「震える世界」の中で「震えざるもの」を求める心は、目覚めるであろう(関東大震災の後、内村は「震える世界」の中で、「震えざるもの」を求めよ、といった)。そのとき、「様々なる」淫祠邪教が世にはびこるであろう。一方、制度としての既存の宗教はもはや、「生命にいたる」ための力を与えてくれないであろう。

このときこそ、内村鑑三の言葉が、俄然浮かび上がってくるのであって、日本人の真の救済に、それは必要である。これが、「今、何故内村鑑三か」に対する答えの大いなるものである。

六 理性と信仰の対位法

バーゼルの後、ドイツのライプツィヒに行った。ライプツィヒといえば、バッハである。バッハゆかりのトーマス教会やその近くにあるバッハ博物館を訪ねた。そして、バッハの音楽のことを思ったりしているうちに内村鑑三に関係したことを思い出した。旅行中も、「今、何故内村鑑三か」という問いが頭から離れないからであろう。

というより、この問いの答えを見出すために、ヴェネツィアの街を歩いたり、スイスのバーゼルやライプツィヒをはじめとするドイツの諸都市を旅しているようなものであった。これらの都市の中にある「現代」という背景の上で、この問いを考えたかったからである。たんに日本思想史の上とか、日本の現在の社会的光景の中で、この大きな問いを処理してしまいたくはなかったのである。

トーマス教会の内を歩いているときに思い出した内村鑑三のこととは、内村の晩年の「日記」の中に、内村の『英和独語集』という、同じ内容の英文と和文とが並べられている著作を読んだ或るドイツ人が、この本を読むのは、バッハの音楽を聴くようであったといった、ということが記されていたことである。

自らもバッハのオルガン曲を弾くほどにバッハの音楽に深く傾倒していた哲学者の森有正が、そのすぐれた著作『内村鑑三』の中で、このドイツ人の感想を意味深いものとしてとりあげている。バッハの音楽というのは、一言でいえば秩序と信仰の音楽であり、明晰な理性に基づく秩序と深い信仰とがつながっている。えてして信仰というものは、過剰に感情的なものと思われがちであり、事実、信仰というものは秩序感に支えられていなければ、狂信にすぐおちいるものである。

森有正もいうように、内村鑑三の信仰というものは深く理性の明晰さに貫かれていて、それがバッハの音楽に通じるものとされたのであろう。

翻って、ヴェネツィアのフェニーチェ劇場で、バーゼルやライプツィヒを訪ねる前に、マーラーの交響曲を聴いたときのことを思い出した。四月に交響曲第六番「悲劇的」を、七月に交響曲第七番「夜の歌」をともに、エリアフ・インバルの指揮で聴いた。

マーラーは今年没後百年なので、演奏会の演目にとりあげられることも多いのであろう。また、マーラーとヴェネツィアというのは、よく合っている。トーマス・マンの原作によるヴィスコンティの映画「ベニスに死す」は、マーラーの第五番のアダージェットを実に効果的に使っている。

それにしても、このマーラーの音楽とバッハの音楽の、何という違いであろう。これが「現代」

というものなのか。ほとんど精神分裂症のようなものである。こういうマーラーの音楽が、今日、人気があるというのは、どういうことであろうか。日本人も、バッハに飽きて、マーラーを聴いているのかもしれない。バッハ、ベートーヴェン、ブラームスを卒業して、すぐ無調音楽にとびつくような慌しい日本の近代の、漱石のいう「上滑り」な精神がそこにもあらわれているのであろう。

日本人は、もともと理性の明晰よりも感情の美しさに心動かされがちである。日本人の信仰も、感情的なものを重んじるものである。その果てには、精神分裂症めいたものが蔓延しているのではないか。

今や、東日本大震災の悲惨を経て、日本人は、理性の明晰の上にしっかりと立たなければならないであろう。感情的な反応に右往左往すべきではない。そして、実は理性の明晰の上に真の信仰は成り立つ。感情の興奮の上に立つのではない。それをバッハや内村鑑三は見事に示している。

理性と信仰、この二つがともに必要なのが二十一世紀の大震災後の日本である。信仰だけではいけない、また理性だけでもいけない。この対立するように見える理性と信仰をどのように、いわば音楽の対位法のように調和して響かせることができるか、これが最大の課題である。この課題とがっしりとぶつかったのが内村鑑三であり、そこから今日の日本人が学ぶべきものは限りなく多い。これが、また「今、何故内村鑑三か」に対する答えである。

（二〇一一年十二月）

今、何故「明治初年」か——内村鑑三と「志士的ピューリタニズム」

——その時代からは「臓腑《はらわた》の腐り止め」の「爽快な声」が聞えてくるからだ

一 夢野久作の『近世快人伝』

「明治初年」のことを私は、平成二十六年の八月に上梓した『異形の明治』の中で、「旧約期の明治」とも呼んだ。それは、橋川文三の文章にあった喚起力の高い表現であるが、明治二十二年に公布された明治憲法以前の時代を「旧約期」と呼び、それ以降の時代から新約が始まったとしたのである。別に、明治二十二年にイエス・キリストの出現があったということではない。しかし、明治憲法公布以前の「明治初年」には、「旧約期」が持っていたような精神の坩堝があったのではないかという、いわばざらざらした時代感覚をいいたかったのである。「新約期の明治」になると、何か質的な変化が起きたという手触りがはっきりあるのである。

そして、この「旧約期の明治」を代表するものといえば、やはり西南戦争である。この時代の精神の要石であり、この要石を光源として、さまざまな事件が光を発しているように思われる。西南戦争と西郷隆盛の死が、旧約期と新約期の分かれ目といってもよく、そういう意味では、イエスの死に比すべきものは、西郷隆盛の死ともいえるかもしれない。西南戦争の敗北よりも、西郷の死が、事の本質として決定的なことであった。

近代日本の精神史を考えるに際して、この西南戦争と西郷の死を要石としてその思索の核に置いているかどうかが、精神史家の真贋を決定する要素であるが、本物の精神史家・渡辺京二氏は当然ながら西南戦争と西郷を中心的問題としてとらえている。「逆説としての明治十年戦争」「異界の人――西郷隆盛の生と死」「死者の国からの革命家」「西南戦争とはなにか」「人民抵抗権の狂熱――熊本協同隊」「協同隊と中津隊」といった一連の論考が西南戦争と西郷の死の意味を問うている。

「熊本協同隊」といえば、宮崎八郎である。そして、渡辺氏には名著『宮崎滔天』がある。それから氏には『北一輝』がある。宮崎滔天や北一輝といった人物と思想も、結局西南戦争の敗北と西郷隆盛の死という事件の精神史的磁場の範囲にあるのである。

渡辺氏の著作から、私は多くのことを学んでいるが、近代日本の精神史を考える上での大きな問題を扱ったもの以外にも、随想や書評の類の文章からも他では得難い刺激を受けることが多い。氏の文章でとりあげられているのを見て、これはぜひ読まなくては、と思って読んでみた本も多い。そして、いつも実に有意義な読書となるのであった。

例えば、「石光真清とその異郷」によって、石光真清手記四部作について教えられ、この手記を早速読んだ。特に第一作『城下の人』は面白かった。これにも、明治初年の西南戦争、神風連などのことが出てくる。

「夢野久作の出自」という文章では、夢野久作の『近世快人伝』がとりあげられている。

『近世快人伝』は私の愛読書のひとつであるが、何度読んでも、そのたびにおもしろい。こんなおもしろさを無条件にありがたがってはならぬと承知しないではないが、おもしろいものはどうにもしかたがない。

こういう『近世快人伝』のような「怪作」を「何度読んでも、そのたびにおもしろい」と世の誤解を「承知」の上で告白するところに、渡辺氏の真骨頂がある。

私は作家夢野久作についてはなにもものをいう資格のない人間で、第一ろくに作品を読んでいない。というのはつまり、私が『あやかしの鼓』のような作品に何も感応しなかったということで、そういう私を彼にわずかにつないでいる一本の細い糸は、彼の作品世界のなかでは傍系に位置すべき、あの『近世快人伝』なのである。

私も「異色の幻想作家」とされる夢野久作には、ほとんど関心がなかったし、渡辺氏と同じく「第一ろくに作品を読んでいない」。しかし、渡辺氏の文章で『近世快人伝』の「おもしろさ」を教えられて、早速読んでみて、「おもしろい」というのに止まらず、近代日本の精神史を考える上で、こんなにクリティカルなものも滅多にないと思った。

渡辺氏は「私は『快人伝』に描かれた諸人物では、この奈良原到がいちばん好きである。」と書いているが、私もこの『近世快人伝』の中で、最も興味をひかれる人物は、奈良原到である。この奈良原到という「快人」は、「明治」を問い直す上で、ほとんど爆弾的な破壊力を持っているように思われる。

夢野久作の『近世快人伝』は、今、ちくま文庫の『夢野久作全集』全一一巻の第一一巻で読むことができる。この「怪作」は『新青年』の昭和十年四月号から十月号まで、七回にわたって連載されたものだが、久作にとって宿命的な作品であったに違いない。久作が四十七歳の若さで急死するのが、翌昭和十一年の三月であるから、この作品を遺しておかなかったら、夢野久作の深い本質は隠れたままで終わったかもしれない。『新青年』の編集長、水谷準にあてた手紙の中で「勿論他の創作と異り候間、稿料等一文も頂戴仕る所存無之」とあり、文庫の解説には「久作みずから『新青年』に売り込んだものらしい。」と書かれている。久作にとって、なんとしても書かねばならぬものであったということであろう。

『近世快人伝』は、頭山満、杉山茂丸、奈良原到、篠崎仁三郎の四人の「快人」をとりあげているが、後半の奈良原、篠崎の章が量的にも多いだけでなく、質的にも優れていると思われる。特に、奈良原到の回には、「奈良原到像」と題して吉田貫三郎の筆になる挿絵が載っている。肖像画が載っているのは、奈良原到だけである。こんなところにも久作の奈良原に対する思いが一方ならぬものがあったと推測される。

奈良原到の回は、(上)(下)の二節に分けられているが、(上)の書き出しは次のようなものである。

前掲の頭山、杉山両氏が、あまりにも有名なのに反して、両氏の親友で両氏以上の快人であった故奈良原到翁があまりにも有名でないのは悲しい事実である。のみならず同翁の死後と雖も、同翁の生涯を誹謗し、侮辱する人々が尠くないのは、更に更に情ない事実である。

奈良原到翁はその極端な清廉潔白と、過激に近い直情径行が世に容れられず、明治以後の現金主義な社会の生存競争場裡に忘却されて、窮死した志士である。つまり戦国時代と同様に滅亡した英雄の歴史は悪態《あしざま》に書かれる。劣敗者の死屍は土足にかけられ、唾せられても致方がないように考えられているようであるが、しかし斯様な人情の反覆の流行している現代は恥ずべき現代ではあるまいか。

これは筆者が故奈良原翁と特別に懇意であったから云うのではない。又は筆者の偏屈から云うのでもない。
志士としては成功、不成功なぞは徹頭徹尾問題にしていなかった翁の、徹底的に清廉、明快であった生涯に対して、今すこし幅広い寛容と、今すこし人間味の深い同情心とを以て、敬意を払い得る人の在りや無しやを問いたいために云うのである。

この冒頭の文章には、久作の「奈良原翁」に対する一方ならぬ「敬意」が感じられるであろう。それは、有名な『犬神博士』の中に、奈良原到を思わせる「玄洋社の大将」の「楢山到」という人物が出て来るところにも感じられる。この「楢山到」に肩車をされた主人公の「チイ少年」が「普通の人間がダシヌケにコンナ事をしかけたら、すぐ逃げ出すところであったが、この時に限って何だか有難いような、嬉しいような気持ちになったのは、返す返すも不思議であった。」と書いていることでも分る。

久作の奈良原到に対する深い共感を思うとき、久作自身が生きた昭和初期から十年代の「現代」に対する久作の批判が、美的というよりも倫理的なものであることが分るであろう。久作は「美」としては、時代とつきあったが、「義」としては時代に激しく対立する精神の持ち主であった。それは、『街頭から見た新東京の裏面』『東京人の堕落時代』などにも強く感じられるであろう。夢野久作の矛盾と悲劇と短命は、そこに由来しているように思われる。この二作とも「彼の作品世界のなかでは、傍系に位置すべき」作品であろう。しかし、私は『近世快人伝』とともにこの二作を夢野久作の本質を表現した作品だと思っている。「異色の幻想作家」というレッテルが張られることは、久作にとってとても不幸なことではなかろうか。例えば、ちくま文庫の『夢野久作全集』全一一巻のカバーにはすべて、竹中英太郎の絵が使われているが、現代においてはこのような絵が喚起するイメージが久作という人物に持たれてしまっているのであろう。しかし、それは久作の精神の一面を象徴しているに過ぎないのである。

さて、（上）の節の中で語られる奈良原到の生涯の逸話のうちでクライマックスと思われるのは、武部小四郎の刑死であろう。西南戦争の直前の頃の話である。征韓論が破れて、西郷隆盛が帰国した。その頃、頭山、杉山、奈良原などの、十四五歳くらいの少年たちの先輩の筑前志士に武部小四郎がいた。

一方に盟主、武部小四郎は事敗れるや否や巧みに追補の網を潜って逃れた。香椎なぞでは泊っている宿へイキナリ踏込まれたので、すぐに脇差を取って懐中に突込み、裏口に在った笊を拾って海岸に出て、汐干狩の連中に紛れ込むなぞという際どい落付を見せて、とうとう大分まで逃げ延びた。ここまで来れば大丈夫。モウ一足で目指す薩摩の国境という処まで来ていたが、そこで思いもかけぬ福岡の健児社の少年連が無法にも投獄拷問されているという事実を風聞すると天を仰いで浩嘆した。万事休すというので直に踵《きびす》を返した。幾重にも張廻わしてある厳重を極めた警戒網を次から次に大手を振って突破して、一直線に福岡県庁に自首して出た時には、全県下の警察が舌を捲いて震駭したという。そこで武部小四郎は一切が自分の一存で決定した事である。健児社の連中は一人も謀議に参与していない事を明弁し、やはり兵営内に在る別棟の獄舎に繋がれた。

健児社の連中は、広い営庭の遥か向うの獄舎に武部先生が繋がれている事をどこからともなく聞き知った。多分獄吏の中の誰かが、健気な少年連の態度に心を動かして同情していたのであろう。武部先生が、わざわざ大分から引返して来て、縛に就かれた前後の事情を聞き伝えると同時に「事敗れて後に天下の成行を監視する責任は、お前達少年の双肩に在るのだぞ」と訓戒された、その精神を実現せしむべく武部先生が、死を決して自分達を救いに御座ったものである事を皆、無言の裡に察知したのであった。

その翌日から、同じ獄舎に繋がれている少年連は、朝眼が醒めると直ぐに、その方向に向って礼拝した。「先生。お早よう御座います」と口の中で云っていたが、そのうちに武部先生が一切の罪を負って斬られさっしゃる……俺達はお蔭で助かる……という事実がハッキリわかると、流石に眠る者が一人もなくなった。毎日毎晩、今か今かとその時機を待っているうちに或る朝の事、霜の真白い、月の白い営庭の向うの獄舎へ提灯が近付いてゴトゴト人声がし始めたので、素破《すわ》こそと皆蹶起《けっき》して正座し、その方向に向って両手を支えた。メソメソと泣出した少年も居た。

そのうちに四五人の人影が固まって向うの獄舎から出て来て広場の真中あたりまで来たと思うと、その中でも武部先生らしい一人がピッタリと立佇まって四方を見まわした。少年連のいる獄舎の位置を心探しにしている様子であったが、忽ち雄獅子の吼えるような颯爽たる声で、天も響けと絶叫した。

「行くぞオォ――オオオ――」

健児社の健児十六名。思わず獄舎の床に平伏して顔を上げ得なかった。オイオイ声を立てて泣出した者も在ったという。

「あれが先生の声の聞き納めじゃったが、今でも骨の髄まで沁み透っていて、忘れようにも忘れられん。あの声は今日まで自分《わし》の臓腑《はらわた》の腐り止めになっている。貧乏というものは辛労《きつ》いもので、妻子が飢え死によるのを見ると気に入らん奴の世話にでもなりとうなるものじゃ。藩閥の犬畜生にでも頭を下げに行かねば遣り切れんようになるものじゃが、そげな時に、あの月と霜に冴え渡った爽快な声を思い出すと、腸がグルグルグルとデングリ返って来る。何もかも要らん『行くぞオ』という気もちになる。貧乏が愉快になって来る。先生……先生と思うてなあ……」

と云ううちに奈良原翁の巨大な両眼から、熱い涙がポタポタと滾れ落ちるのを筆者はみた。

奈良原到少年の腸《はらわた》は、武部先生の「行くぞオーオ」を聞いて以来、死ぬが死ぬまで腐らなかった。

この奈良原到にとっての決定的な事件は、やはり西南戦争がらみの動向の中で生じているのである。渡辺京二氏は、次のように書いている。

奈良原は狷介不羈の性格と、かつての同志の腐敗堕落へのはげしい直言のせいで、玄洋社中でもつまはじきにされ、落魄の生涯をおくったのだが、久作はそういう奈良原の志士的な殺気を、一種の日本的ピューリタニズムと読みかえていたのである。久作はこの爺さまの供をして汽車の旅をしたとき、二等切符を買ってどなりつけられた。「吾々のような人間が、国家に何の功労があれば中等に乗るかいな」。これを思想ととれば、文句のつけようにはこと欠かぬ。だが、これは奈良原老人の生の位相にかかわる言葉であって、国家主義的なねじれを捲きもどせば、そこに現出するのは明治成功社会と対決せずんばやまぬ志士的ピューリタニズムなのである。

『異形の明治』でも書いたことだが、明治初年の精神の源泉ともいうべきものは、「日本的ピューリタニズム」「志士的ピューリタニズム」であった。吉田松陰なども、典型的な「日本的ピューリタニズム」の人であった。「日本的」あるいは「志士的」という言葉と、「ピューリタニズム」というキリスト教の純化された一派の名称がここで結びついているが、この一見意外な、しかし事の本質を衝いたつながりの中に、「旧約期の明治」の精神力の秘密が潜んでおり、奈良原到をこういう「ピューリタニズム」で評するところに渡辺氏の非凡な眼力があるのである。

二　内村鑑三と奈良原到

渡辺氏は、「しかし何といっても、久作の奈良原観がもっともよく出ているのは聖書に関するくだりである。」と書いているが、確かにこの「くだり」が、奈良原到という「快人」の絶頂である。その「汽車の旅」の中で、奈良原翁と久作は、次のようなやりとりをする。

翁は一服すると飯を喰い喰い語り出した。

「北海道の山の中では冬になると仕様がないけに毎日毎日聖書を読んだものじゃが、良《え》え本じゃのう聖書は……アンタは読んだ事があるかの……」

「あります……馬太《マタイ》伝と約翰《ヨハネ》伝の初めの方くらいのものです」

「わしは全部、数十回読んだのう。今の若い者は皆、聖書を読むがええ。あれ位、面白い本はない」

「第一高等学校では百人居る中で恋愛小説を読む者が五十人、聖書を読む者が五人、仏教の本を読む者が二人、論語を読む者が一人居ればいい方だそうです」

「恋愛小説を読む奴は直ぐに実行するじゃろう。ところが聖書を読む奴で断食をする奴は一匹も居るまい」

「アハハ。それあそうです。ナカナカ貴方は通人ですなあ」

「ワシは通人じゃない。頭山や杉山はワシよりも遥かに通人じゃ。恋愛小説なぞというものは見向きもせぬのに読んだ奴等が足下にも及ばぬ大通人じゃよ」

「アハハ。これあ驚いた」

「キリストは豪い奴じゃのう。あの腐敗、堕落したユダヤ人の中で、あれだけの思い切った事をズバリズバリ云いよったところが豪い。人触るれば人を斬り、馬触るれば馬を斬るじゃ、日本に生れても高山彦九郎ぐらいのネウチはある男じゃ」

「イエス様と彦九郎を一所にしちゃ耶蘇教信者が憤《おこ》りやしませんか」

「ナアニ。ソレ位のところじゃよ。彦九郎ぐらいの気概を持った奴が、猶太のような下等な国に生れれば基督以上に高潔な修業が出来るかも知れん。日本は国体が立派じゃけに、よほど豪い奴でないと光らん」

「そんなもんですかねえ」

「そうとも……日本の基督教は皆間違うとる。どんな宗教でも日本の国体に捲込まれると去勢されるらしい。愛とか何とか云うて睾丸の無いような奴が大勢寄集まって、涙をボロボロこぼしおるが、本家の耶蘇はチャンと睾丸を持っておった。猶太でも羅馬でも屁とも思わぬ爆弾演説を平気で遣《や》りつづけて来たのじゃから恐らく世界一、喧嘩腰の強い男じゃろう。日本の耶蘇教信者は殴られても泣笑いをしてペコペコしている。まるで宿引きか男めかけのような奴ばっかりじゃ。耶蘇教は日本まで渡って来るうちに印度洋かどこかで睾丸を落して来たらしいな」

「アハハハハ。基督の十字架像に大きな睾丸を書添えておく必要がありますな」

「その通りじゃ。元来、西洋人が日本へ耶蘇教を持込んだのは日本人を去勢する目的じゃった。それじゃけに本家本元の耶蘇からして去勢して来たものじゃ。徳川初期の耶蘇教禁止令は、日本人の睾丸、保存令じゃという事を忘れちゃイカン」

筆者はイヨイヨ驚いた。下等列車の中で殺人英傑、奈良原到翁から基督教と睾丸の講釈を聞くという事は、一生の思い出と気が付いたのでスッカリ眼が冴えてしまった。

確かに、これは近代の日本人にとって「スッカリ眼が冴えて」しまうような「講釈」である。天下無双の「放言」といってもいい。しかし、この奈良原到という「快人」の言葉には、その「快人」としての生涯をかけて血肉化した真実が籠っているように感じられるのである。このような奈良原到のような人物によって聖書が熟読されたという深い経験の中に、精神史の真実が秘められているので、キリスト教の教科書的な受容史などは、呑気な精神史家の便覧にすぎまい。

この汽車の旅は、久作が「当時二十五か六で、文学青年から禅宗坊主に転向していたばかり」の頃であるから、大正五年であろう。所謂改訳文語訳の出たのが大正七年だから、奈良原到が読んだ聖書は、明治元訳の聖書である。この明治元訳の文体について、吉野作造が「怪奇」と評したことは『異形の明治』で書いた通りだが、この奈良原の発言も実に「怪奇」なものともいえるであろう。まず、何故奈良原到は、聖書を「全部、数十回」も読むほどに「面白い本」だと思ったのか。「良え本じゃのう聖書は……」という詠嘆を発するほどに「毎日毎日」読んだのか。ここで、武部先生のことが思い浮かんでくるのである。

（上）のところに「そのうちに武部先生が一切の罪を負って斬られさっしゃる……俺達はお蔭で助かる……という事実がハッキリとわかると、流石に眠る者が一人もいなくなった。」とあったのを考えると、この苛烈なる経験は、イエスに対するペテロのような関係に、奈良原到を置いたのではないか。「先生……先生と思うてなあ……」と語りつつ奈良原は翁になっても「熱い涙」を「ポタポタと滾」したのである。ここで、聖書の中の一節を思い出す。パウロの『羅馬書』の第五章の六節から八節である。これを奈良原が読んだ明治元訳で引用しよう。

我儕《われら》なほ弱かりし時キリスト定りたる日に及《および》て罪人のために死たまへり　それ義人の為に死るもの殆ど少《まれ》なり仁者の為には死ることを厭ざる者もや有《あら》ん　然どキリストは我儕のなほ罪人たる時われらの為に死たまへり神は之によりて其愛を形《あらは》し給ふ

この、キリストの直接の弟子ではなかった使徒パウロがいったことは、キリストの弟子であったペテロの心でもあったであろう。奈良原到は、義人でも仁者でもない「我儕」のために、その「我儕」の「なほ弱かりし時」に、武部先生が「われらの為に死たまへり」との思いをこの聖書の一節を読んだとき、強烈に抱いたのではないか。確かに、奈良原は贖罪の信仰というものは把握しなかったかもしれないが、逆に「われらの為に死たまへり」という思いが深く心に食い込んでいない贖罪の信仰というものは、軽薄なものであろう。

渡辺氏は、奈良原の聖書をめぐる、先に引用した「快人」の本領を発揮した発言について、次のように書いている。

この言葉を奈良原のものとして録したとき、久作がそのとりあわせのシュールリアリスティックな効果に気づいていなかったはずはない。奈良原はまさに維新の殺気が生み落した古武士的人物であり、維新の完成とともにその古武士性のために零落せねばならなかった。その彼がこともあろうに聖書をこんなぐあいに読みこまねばならなかったところに、明治社会における彼の異物的無用さがはしなくも露頭していたというべきか。久作は、奈良原における維新の精神がいまや一種崇高なノンセンスとして光をはなたざるをえない逆説に、一瞬魅入られたのである。

フランスの詩人、ロートレアモンを問題にするとき、必ずといっていいくらい言及される「解剖台の上での、ミシンと雨傘の偶発的な出会い」が「シュールリアリスティックな効果」として有名だが、近代の日本人の多くにとって奈良原到と聖書のとりあわせがそのような「シュールリアリスティックな効果」を生んでしまうところに、近代日本の精神史の空虚さが「露頭」しているといえるであろう。久作は、「美」学としては、「シュールリアリスティックな効果」を狙うことができる作家であった。久作は、何といっても昭和前半のモダニズムの人であった。しかし、このモダニストは、強烈な反モダニストでもあったのである。「義」に反応する精神でもあった。『近世快人伝』の中にとりあげた杉山茂丸を父に持つという宿命に生きた夢野久作には、奈良原到の精神が、「一種崇高な」意義を持って立ち現れるのに「一瞬魅入られたのである」。渡辺氏は「崇高なノンセンス」と書いているが、私は反転させて「崇高な意義」といいたいのである。しかし、この「崇高」さと「ノンセンス」は、「光」を放つという高みにおいては、同じものとなるのかもしれない。

「キリストは豪い奴じゃのう」と奈良原がいって、高山彦九郎を引き合いに出すとき、高山彦九郎的「ネウチ」の持ち主として、武部先生を思い浮かべていたに違いないが、このイエスと高山彦九郎という意外な取り合わせは、私にとって初めて眼にするものではない。この一見、異様な連想は、実は徳富蘇峰が、昭和二十八年、戦後に刊行された『内村鑑三著作集』全二十一巻の月報に寄せた「思い出」の中で、出て来るのである。当時、蘇峰は九十一歳であった。

一番私と内村さんと心があったのは明治二十七、八年の日清戦争の頃だった。日清戦争を内村さんがギリシャとペルシャの戦争にたとえた文章をかかれたが、これは一世一代の風雲を動かしたものだ。何といっても内村さんは非常な天才だね。クリスチャンであってニイチェのようなところがあった。お子さんは精神病のお医者さんだそうだが、内村さんにはまあ、息子さんの病院に入れなければならないような所があったね。しかし、内村という人は、クリスチャンを以ってはじまり、クリスチャンをもって終った人で、クリスチャンとして一貫した脊椎骨をもっていた人だ。僕はクリスチャンではないが、イギリスあたりにいれば立派なクリスチャンになっていたと思う。私などと内村さんとのちがいは、まあクリストに対する態度がちがうわけで、内村さんのクリストに対する態度は高山彦九郎の天皇さんに対するようなものじゃないかな。クリストを本当に見たものは日本では内村さん一人といって差支えないのじゃないか。新渡戸稲造という男があるが、これは内村さんに比べればある程度、いい意味の俗物だといっても差支えない、これも一種優れたものをもっていたにはいたね。

蘇峰は「内村さんのクリストに対する態度は高山彦九郎の天皇さんに対するようなもの」といっていて、内村と彦九郎を似ているとしている訳で、奈良原到が、クリストと高山彦九郎を比べているのとは違っている。しかし、「クリストを本当に見たものは日本では内村さん一人といって差支えないのじゃないか」という蘇峰の決定的な発言を考えるなら、その違いはあまり問題にすることはあるまい。いずれにせよ、クリスト、内村鑑三、高山彦九郎という名前を出すことによって、ある強烈極まる精神のことがいわれているからである。

渡辺氏が、奈良原到について「一種の日本的ピューリタニズム」「志士的ピューリタニズム」といっていたことをここで思い出すならば、内村鑑三こそ「日本的ピューリタニズム」の権化であり、その基督教は、よく武士的基督教と呼ばれたが、それは「志士的ピューリタニズム」に他ならないであろう。

高山彦九郎という人物は、戦後全く封印されている。戦後生まれの私も、学校で習ったことはないように思う。いつ高山彦九郎という人物を知ったか、はっきりとは思い出せないのだが、多分、京都の三条大橋のたもとにある高山彦九郎の坐像によってではないかと思う。二十代の後半の三年間弱、私は勤務の関係で京都に暮らしていた。そのとき、この何か随分大きな坐像に注意がいったのだった。それで少し調べてみると、江戸時代後期の勤皇家で、幕末の尊王攘夷派の先駆者ということであった。上州新田郡の庄屋、高山正教の次男として生まれる。数え年、十八のとき、遠路京都に上り、三条大橋のたもとで、「草莽之臣、正之」といって声を放って泣き、皇居を遥拝したと伝えられる。四十七歳で自刃した。この坐像は、昭和五年に造られた。国体明徴運動が始まった頃であり、文字は東郷平八郎であった。五・一五事件の三上卓が、仮釈放された後昭和十五年に『高山彦九郎』を出している。

こういう戦前の高山彦九郎の持ち上げ方からすれば、一転して戦後の封印も分らないではない。しかし、戦前の高山彦九郎のとらえ方にある夾雑物を取り去ってみるならば、この高山彦九郎という人物の真価も見えてくるのではないか。何といっても、徳富蘇峰が内村鑑三と比べた人物であり、奈良原到という「快人」が、イエス・キリストと並べた人物なのである。

内村鑑三も、上州生まれであった。昭和五年の二月十二日に（鑑三はこの年の三月二十八日に死去するので、死の直前といってもいい）詠んだ漢詩がある。

上州人
上州無智亦無才
剛毅木訥易被欺
唯以正直接万人
至誠依神期勝利

これは、「神」を「天皇」に変えれば、高山彦九郎が詠んだ漢詩ともなるであろう。ここで、蘇峰の「内村さんのクリストに対する態度は高山彦九郎の天皇さんに対するようなものじゃないかな。」という言葉を思い出してもよい。

鑑三は足尾鉱毒反対運動にも直接かかわったが、『万朝報』の明治三十四年の十二月二十日号に載った鑑三のイラストは強烈である。鈴木範久著『内村鑑三』に掲載されている。足尾鉱毒演説会で「ポーコ」を叫んでいる姿であるという。「ポーコ」とは、南北戦争前のアメリカにおいて、奴

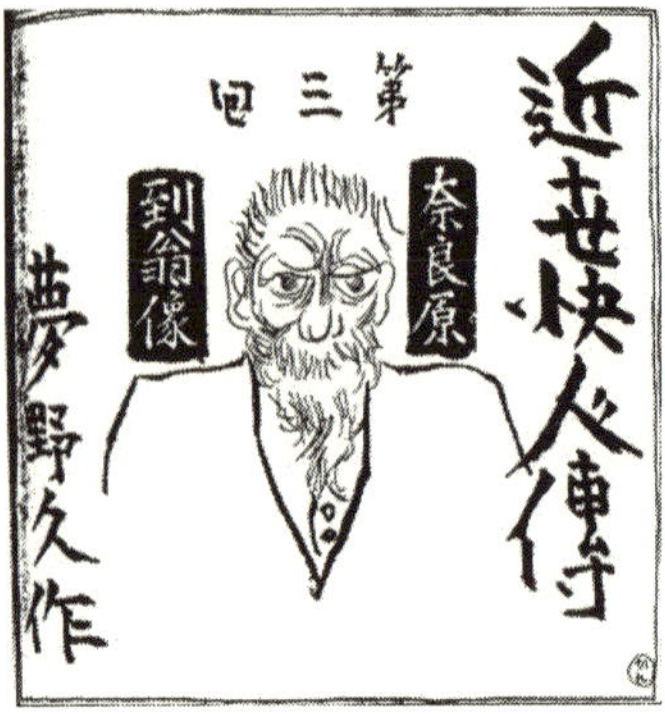

『新青年』1935年6月号に載った奈良原到の肖像（吉田貫三郎筆）

『万朝報』1901年12月20日号に載った足尾鉱毒演説会でポーコを叫ぶ姿の内村鑑三のイラスト

隷廃止論者たちが、奴隷をかかえる金持ちを見つけると、「あれは人道を無視し、神をけがす悪人だ」と罵った方法のことである。鑑三は、演説会で、足尾銅山の経営者、古河市兵衛に対してポーコを加えよと叫んだのである。このイラストを見ると、『近世快人伝』が『新青年』に連載されたときの、吉田貫三郎の筆による奈良原到の肖像画が連想されるではないか。また、正宗白鳥が名著『内村鑑三』の中で「内村の風凮《ふうぼう》は凡ではなかつた。奇異な感じが与へられた。演説する時には聴者を圧迫するやうな威力を放つてゐた。若し俳優であつたなら、仁木弾正に扮し得られさうであつた。」と書いていたのを思い出す。

弟子の浅野猶三郎が「誤解人物としての内村先生」と題した文章の中で、「若し内村がクリスチャンにならなかつたならば、恐らく森文部大臣を暗殺した西野文太郎のやうになつたであらう」というのが「親友諸氏の批評」であったと書いている。

このようなことを書いて来て、私は内村鑑三という近代日本で最も偉大な基督者を貶めたいのでは決してない。大正十年、六十歳のときに始めたパウロの『ロマ書』の講義で絶頂に達した鑑三の信仰の深さについては、何もいうことはない。ここで、「愛」と「義」の調和が高みで達成されている。奈良原到の「日本の基督教は皆間違うとる。どんな宗教でも日本の国体に捲込まれると去勢されるらしい。愛とか何とか云うて睾丸の無いような奴が大勢寄集まって、涙をボロボロこぼしおるが、本家の耶蘇はチャンと睾丸を持っておった。猶太でも羅馬でも屁とも思わぬ爆弾演説を平気で遣つづけて来たのじゃから恐らく世界一、喧嘩腰の強い男じゃろう。日本の耶蘇信者は殴られても泣笑いをしてペコペコしている。まるで宿引きか男めかけのような奴ばっかりじゃ。耶蘇教は日本まで渡って来るうちに印度洋かどこかで睾丸を落して来たらしいな」という「爆弾演説」的批判に、耐えうる「耶蘇教」になっていたのである。それにしても、「爆弾演説」といえば、「ポーコ」を叫ぶ鑑三は「爆弾演説」をやっていたともいえるであろうし、「喧嘩腰の強い男」ということでは、若い頃の鑑三が「ケンカ内村」と呼ばれていたことも思い出される。

奈良原到は「北海道の山の中で」聖書を読んだといっているが、日清戦役後に札幌にいたときのことであろう。『近世快人伝』の中には「それから内地へ帰来後、夫人を喪い、数人の子女を親戚故旧に托し、独、福岡市外千代町役場に出仕していたが、その後辞職して自分の娘の婚嫁先である北海道、札幌、橋本某氏の農場の番人になり、閑日月を送る事十三年」と書かれている。内村鑑三が札幌農学校に学んだことが思い出される。聖書のようなものは、こういう世界の、あるいは人生のいわば極地のような場所で読まれる書なのであろう。

これまで、「快人」奈良原到の「耶蘇教」についての発言と「基督者」内村鑑三の根源的な精神的エネルギーを語ってきたが、それは明治初年の精神の荒々しさをいいたいのに他ならない。敢て誤解を恐れずにいえば、奈良原到の聖書愛読の精神を徹底的に精錬すれば、内村鑑三の精神になるのである。確かに、多くの不純物を取り除かなくてはならない。しかし、最初からないものは、精錬しても出て来ないのである。例えば、内村鑑三が死の一年前に書いた「塩と砂糖」という文章を読むとき、奈良原到と共通した精神的基調音が聞こえて来るであろう。

塩と砂糖

○教会が今日の如くに衰へた理由は許多《あまた》あるが、其内で最も目に立つものは義の無い愛を説いたことである。即ち正義の塩を供へずして愛の砂糖を給へたからである。イエスは其弟子に向ひ「汝等は地の塩なり」と言ひ給ひしに対して、教会は地の塩たらずして、然り塩たり得ずして、其砂糖であつたのである。甘い甘い、老婆の、宣教師の愛であつたのである。其結果として締りのない、軟弱なる体質と成つて、今日の無能を来したのである。(中略)然り塩である、鹹《から》い塩である、今日の必要物は是である。鹹い正義の塩を欠いて我等無教会信者も亦倏《たちま》ちにして嘔気を催す程に甘い、厭に甘い教会信者に成り了るのである。

「甘い甘い、老婆の、宣教師の」とか「嘔気を催す程に甘い、厭に甘い」とかの口ぶりに、奈良原のキリスト教に対する苛烈な批判が連想されるであろう。

私は一九九〇年に上梓した『内村鑑三』の第一章に「スバラシイ悪人」と題した。それは、角川文庫に入っていた内村鑑三の『歓喜と希望・愛吟』の解説を執筆した弟子の山本泰次郎が、その冒頭に次のように書いていたのが、ヒントになった。

今から三十年の昔の事である。内村先生に接して間もなかつた私は、請はれるまゝに先生の写真（本文庫版『所感十年』巻頭のもの）を遠い親戚にあたる医師に見せた。老練なその医師はしばらくギッと見つめてゐたが、やがて呻くやうに「スバラシイ人だ、スバラシイ善人か、スバラシイ悪人だらう」とつぶやいた。

この「老練な」人物の人間を見抜く眼は、やはり鋭いものがあるといえるである。内村鑑三は、「スバラシイ善人」であるとともに「スバラシイ悪人」であった。この世の通念に対しては「スバラシイ悪人」であり、それは単なる「善人」を超えた「スバラシイ善人」なのである。そういう世間的通念を超えた次元で、奈良原到も「スバラシイ善人」とはいえないにしても、「スバラシイ悪人」であったとはいえるであろう。夢野久作が心惹かれたのは、そういうところに違いない。

内村鑑三と奈良原到は、生前接触はなかったであろうが、内村と頭山満は、晩年に会っている。

内村の「日記」の昭和二年の六月のところに次のような記述がある。

六月二十八日（火）半晴　朝五時に起き、校正並に編輯に従事した。夜は青山会館に於て催されし明治神宮聖域擁護、淀橋二業指定地廃止同盟大演説会と云ふに出席し、「我が子の為を思ふて」と題し、一場の演説を為した。頭山満氏を以て代表せらるゝ玄洋社の人達と同盟しての演説会であって、奇異にもあり亦愉快にも感じた。基督教の側よりは自分の外に益富政助君、久布白落実女史の人達が参加した。久振りにて廓清運動に参加して悪くは感じなかった。我が聖書研究会の清潔を守る為に此出演は必要であった。聴衆は一千人もあったらう。功を奏するや否やは別問題として為さねばならぬデモンストレーションであったと思ふ。

「奇異にもあり亦愉快にも感じた。」と書いている。それは、何故かについて、次の日の「日記」に、次のように書いている。

六月二十九日（水）晴　昨夜の演説でがつかり疲れた。休息が今日の唯一の仕事であった。頭山満氏と共に高壇に登つたとは自分に取り珍無類の経験であるが、然し基督教界の元老と共に立つよりは遥かに愉快であった。宗教こそ異なれ頭山満翁は誠実一徹の純日本人である。基督教界の人達の疑心満々たるとは全く別種の人物である。日本の基督教界に何があっても肝胆相照らすの誠実はない。昨夜は計らずも旧い日本に帰ったやうな気持がして、今日は疲れは疲れたが、基督教演説に出た後に感ずるやうな得もいはれぬ悔いと不愉快とはなかった。

「頭山満翁は誠実一徹の純日本人である。」と書いている。内村における「誠実」の重さ、そして「純日本人」というものが、最高の在り方として考えられていたことも思うならば、ここで頭山満と内村鑑三という「珍無類の」組合わせが、実は「肝胆相照らす」ものであったことがわかる。こういう深いところを覗き見なければ、真の精神史は成り立たないのである。

思えば、精神史という「学問」は、精錬でなくてはならない。不純物と一緒に根源的なエネルギーを無くしてしまってはならない。内村鑑三を、立派な先生にしてはならない。精神史の多くは、この荒々しい精神の持ち主たちを、「去勢」して、分かりやすく整理することをしてきたに過ぎないのではないか。戦後は特に「戦後民主主義」に合うように加工されて来たのである。

特に、明治初年に発現された日本人の精神は、強く「義」に貫かれており、現代の日本という「義」の払底した時代に生きる日本人は、それを生々しく思い出さなければならない。そして、そこからは、声が聞えるであろう、「行くぞオーオ」という声が。明治初年の精神史を読んでいると、時折聞えてくるこの声を忘れないことによって、日本人は「臓腑」が腐らないことが出来るのである。日本人の「脳」はもう十分に開発され、論じられた。これからの日本人に必要なのは、腐らない「臓腑」ではないか。

（二〇一五年一月）

内村鑑三——「正しい位置に心を置いた人」

一　「天才」と「使徒」

「知の巨人」というういい方がよく使われる。人類史上、傑出した知性の持ち主について用いられることもあるし、今日のジャーナリズムで活躍している程度の人物の広告文として使われることもある。いずれにせよ、讃辞として使用されているのであるが、内村鑑三は決して「知の巨人」などという存在ではない。それどころか、「知の巨人」などという人間観を根柢から打ち砕いているのである。

キルケゴールの有名な「天才と使徒の区別について」を持ち出すまでもなく、「天才」と「使徒」は決定的に違うのであり、「知の巨人」などと呼ばれる人間は、「天才」か「天才」願望の人間であろう。

内村鑑三は、本質的に「使徒」的人間であり、「知の巨人」という存在の無意味さを知り抜いていたのである。

たしかに、鑑三は、驚異的な頭脳の持ち主であった。札幌農学校を首席で卒業した農学士であり、その後の鑑三の仕事は、岩波書店版全集全四十巻で見られる通り、深くかつ広いものであった。しかし、その全集の一番最後に収められた文章を読むとき、鑑三がどういう地点にまで達したかがわかるであろう。

それは、昭和五年（推定）のものとされる無題の手稿である。鑑三が死んだのが、昭和五年三月二十八日であるから、死の直前の頃に書かれたものと思われる。全集では「（私は無教会主義を……）」と、書き出しの一節を仮に題としている。これは、いわば鑑三の「白鳥の歌」であって、この全集版でわずか二頁弱の絶筆は、鑑三がついにその人間の果てにまで行き着いたことを示している。鑑三は、次のように書きのこしている。

> 私は無教会主義を唱へた。今より三十年前、人が未だ之を唱へざる時に唱へた。殊に教会が今の如くに衰へず、教職と宣教師とが今より遥かに強い時に之を唱へた。当時《そのとき》無教会主義を唱ふるは嘲けられ、譏《そし》られ、信者全躰より仲間はずれにされる事であつた。私は当時此主義を唱へて孤独は当然免かれ得なかつた。まことに苦しい幸ひなる時であつた。

私の無教会主義は主義の為の主義ではなかつた。信仰の為の主義であつた。人の救はるゝは其行為に由らず信仰に由るとの信仰の帰結として唱へた者である。故に罪の悔改の経験なき者は到底之を解し得なかつた。然れども此貴き経験を有たせられし者は悦んで之を迎へた。教会攻撃の為の主義ではなかつた。信仰唱道の為の主義であつた。先づ第一に十字架主義の信仰、然る後に其結論としての無教会主義。十字架が第一主義であつて、無教会主義は第二又は第三主義であつた。（中略）即ち私は今日流行の無教会主義者にあらずと。私は弱い今日の教会を攻むるの勇気はない、私は残る僅少の生涯に於て一層高らかに十字架の福音を唱へるであらう、そして此福音が教会を壊つべきは壊ち、立直すべきは立直すであらう。私は教会問題には無頓着なる程の無教会主義者である。教会と云ふ教会、主義と云ふ主義は悉く之を排斥する無教会主義たらんと欲する。

そは我れイエスキリストと彼の十字架に釘けられし事の外何をも知るまじと心を定めたれば也。（コ、前、二ノ二）（傍点原文）

ここでいわれている「今日流行の無教会主義者」とは、前年の末に起きたいわゆる塚本虎二分離事件と関連しているのであり、暗に塚本のことを指している。教会も教会主義になり、無教会も無教会主義になっていく。いずれも、「知の巨人」願望の人間のなすことである。主義というものは、そういうものであろう。

鑑三は、「教会と云ふ教会、主義と云ふ主義は悉く之を排斥する無教会主義たらんと欲する」のである。「知の巨人」願望とは全く逆のヴェクトルを示している。

鑑三の特愛の聖句は、「我は福音を恥とせず」（ロマ書第一章十六節）であったが、鑑三がついに最後に行き着いた聖句は、この文章の末尾に誌されているものである。そして、この聖句は、出所の書き方が、「コ、前、二ノ二」とほとんど一気に、恐らく暗誦のうちに書かれたようになっているが、コリント前書第二章二節のものである。

全集四十巻に及ぶ業績をのこした、或る意味で恐るべき「知」の人でもあった内村鑑三が、ついに「イエスキリストと彼の十字架に釘けられし事」のみ、それしか「知るまじ」と「心を定めた」というのである。

コリント前書第一章は、「神の愚《おろか》」という恐るべき言葉が出てくるところである。

それ十字架の言は亡ぶる者には愚なれど、救はるる我らには神の能力なり。録して『われ智者の智慧をほろぼし、
慧き者のさときを空しうせん』
とあればなり。智者いづこにか在る、学者いづこにか在る、この世の論者いづこにか在る、神は世の智慧をして愚ならしめ給へるにあらずや。世は己の智慧をもて神を知らず（これ神の智慧に適へるなり）この故に神は宣教の愚をもて、信ずる者を救ふを善しとし給へり。ユダヤ人

は徴を請ひ、ギリシヤ人は智慧を求む。されど我らは十字架に釘けられ給ひしキリストを宣伝ふ。これはユダヤ人に躓物となり、異邦人に愚なれど、召されたる者にはユダヤ人にもギリシヤ人にも、神の能力また神の智慧たるキリストなり。神の愚は人よりも智く、神の弱は人よりも強ければなり。

（コリント前書第一章十八―二十五節）

「神の愚は人よりも智く」、これはキリスト教という根源的に逆説である信仰の、最深の逆説の一つであろう。「神の智きは人よりも智く」とは、いっていないのである。世のあらゆる「宗教」は、そういっているのであるが。「智者」「学者」「この世の論者」は、この逆説を理解することができない。だから、「知の巨人」をめざすしかないのである。

この鑑三の「愚かさ」は、カール・バルトとのアナロジーを思い出させる。バルトの『教会教義学』は、かのトマス・アクイナスの『神学大全』の二倍にも及ぶものであった。この二十世紀最大の神学者が、死の半月前、スイスのラジオ番組「ゲストのための音楽」で、インタヴュアーのシュマルデンバッハ夫人を相手に、モーツァルトを聴きながら、次のように言いのこしたのである。

シュマルデンバッハさん、究極的にはですよ、わたしは神学の中にも、政治の世界の中にも、いや教会の中にさえも住んでいるのではないのです。それらはみな準備的なものです。重要ではありますが、準備的なものです。……その向こうを見なくてはなりません。あなたがおっしゃった「恩寵」という言葉……「恩寵」それ自体も一時的なものです。最後の言葉、わたしが神学者としてまた政治家としても言わなければならないそれは、「恩寵」といった概念ではなく、ひとつの名前――イエス・キリストという名前なのです。……「彼」の中に「恩寵」があり、働く意欲も、たたかう意欲も、交わりの意欲もあるのです。わたしが弱さの中で、また愚かさの中で生涯やってきたことのすべては、この「彼」の中にあるのです。

（大木英夫訳、傍点原文）

これもまた、「それは我れイエスキリストと彼の十字架に釘けられし事の外何をも知るまじと心を定めたれば也。」ということであろう。バルトが「わたしが弱さの中で、また愚かさの中で」と言うとき、この「愚かさ」は「神の愚」に接している「愚かさ」なのである。カール・マルクスは、紛れもなく「知の巨人」だが、カール・バルトは、「知の巨人」などではない。「知の巨人」の無意味さを知り抜いて、「生涯」仕事を「やってきた」人である。「知の巨人」といういい方にこだわるならば、逆説的な「知の巨人」である。それは、内村鑑三にも、そのままあてはまることなのである。

二 「神の愚かさ」の人間

ドストエフスキーの『カラマーゾフの兄弟』のイワンが、「知の巨人」願望の人間とするならば、アリョーシャは、その対極にある。「神の愚かさ」の人間である。バルトと同じく内村鑑三は、このアリョーシャの「神の愚かさ」に通じるものを持っている。

このアリョーシャをめぐって、小林秀雄と坂口安吾の有名な対談「伝統と反逆」(昭和二十三年)の中に、次のようなやりとりがある。

坂口 僕がドストエフスキイに一番感心したのは「カラマゾフの兄弟」ね、最高のものだと思った。アリョーシャなんていう人間を創作するところ……。

小林 アリョーシャっていう人はね……。

坂口 素晴らしい。

小林 あれを空想的だとか何とかいうような奴は、作者を知らないのです。

坂口 ええ、馬鹿野郎ですよ。あそこで初めてドストエフスキイのそれまでの諸作が意味と位置とを与えられた。そういうドストエフスキイのレーゾン・デートルに関する唯一の人間をはじめて書いたんですよ。

小林　我慢に我慢をした結果、ポッと現われた幻なんですよ。鉄斎の観音さ。

坂口　そうかな。

小林　ああ、同じことです。

坂口　僕はアリョーシャは文学に現われた人間のうちで最も高く、むしろ比類なく買ってるんですよ。鉄斎がアリョーシャを描いてるとは思わなかった。

小林　描いております。

坂口　ドストエフスキイの場合、アリョーシャを書かなかったら、僕はあんまり尊敬しなかったね。

小林　そうか？

坂口　人間の最高なものだな。

小林　ウォリンスキイという人が、アリョーシャをフラ・アンジェリコのエンゼルの如きものであると書いてるのを読んだ時、僕はハッと思った。あれはそういうものなんだ。彼の悪の観察の果てに現われた善の幻なんだ。あの幻の凄さが体験出来たらなあ――と僕は思うよ。

坂口　それはそうだよ。アリョーシャは人間の最高だよ。涙を流したよ。ほんとうの涙というものはあそこにしかないよ。しかしドストエフスキイという奴は、やっぱり裸の人だな。やっぱりアリョーシャを作った人だよ、あの人は……。

小林　裸だ。だが自然人ではないのだよ。キリスト信者だ。

坂口　そうでもないいんじゃないかね。あいつの生活っていうものとそんなに結びついてやしないんじゃないかな。女の子と遊んでる時なんか、キリスト教の観念は入ってないだろう。

小林　いや、そうじゃないんだ。入ってます。俺は今は自信がないが。だけど、俺はそこまで書きたいと思ってる。あの人が偉大なる一小説作家なら俺は書けるんだよ。単なる偉大なる小説家ならばね。

坂口　あいつのやってることは、みんな飛躍してるんだよ。その飛躍には尊敬すべからざるものが、ズサンな観念の玩弄にすぎない甘さがあったと思うのです。然し、それをつみ重ねて、とうとう、アリョーシャにまで到達するとは、やっぱりキリストに近い奴だね。

小林　まあ、俺はやってみる。まあ、俺は出来ねえだろう。だめかも知れないや。ほんとうの俺の楽しみは、そこにあるんだけれどね。楽しみって、つらいことだ。

坂口　ドストエフスキイがアリョーシャに到達したことは、ひとつは、無学文盲のせいだと思うんだよ、根本はね。

小林　そんなこと、ないよ。

坂口　いや、無学文盲だと思うんだよ、ドストエフスキイという奴は。仏教では無学文盲を尊ぶけど、その正理なることが彼の場合あてはまる。

小林　無学ではないね。

坂口　そうかね。心が正しい位置に置かれてあったというだけじゃないかな。

小林　巧みに巧んで正しい位置に心を置いた人です。

安吾は、安吾らしく、ドストエフスキーを「無学文盲」といい、小林は、それを否定しているが、二人ともドストエフスキーを「知の巨人」的な存在ではないと思っているのは共通している。小林の戦後最初の有名な発言、「僕は無智だから反省なぞしない。悧巧《りこう》な奴はたんと反省するがいゝぢやないか。」に見られる、「悧巧な奴」に対する嫌悪が思い出される。安吾は、「自然人」的に「心が正しい位置に置かれてあった」というが、小林は、「自然人」ではない、「キリスト信者」ドストエフスキーは、「巧みに巧んで正しい位置に心を置いた人」であるといっている。安吾と小林の違いが、ここにもよく出ている。

「巧みに巧んで」とは、「知の巨人」的な知によるものではない。「キリスト信者」ドストエフスキーの「心」の磁針のようなものが、ついに「正しい位置」を指し示したということである。一方、「自然人」は、「知の巨人」願望の中に閉じこめられている。

内村鑑三は、まさに「正しい位置に心を置いた人」である。日本の近代において、最も正確に「正しい位置に心を置いた人」であるといっていいであろう。

一高不敬事件、義戦論、非戦論、といった道筋をたどり、ついに大正末の『ロマ書の研究』というピークに達する鑑三の精神は、小林的にいえば「巧みに巧ん」だものなのである。

翻って思うに、今日の「智者」「学者」「この世の論者」は、皆「知の巨人」願望の中に閉じこめられている。「正しい位置に心を置」こうとは思いつきもしない。そもそも「正しい位置」という発想が生まれないのである。

「智者」「学者」「この世の論者」は、世界を、歴史を、そして人間を「解釈」したいという欲望が肥大化している。そのために、古今東西のあらゆる「知」的著作を読破することに努めている。さらに、現代の最新の思想的傾向にも眼を配ることに忙しい。「心」の「正しい位置」の感覚が失われていく。「よく知ることこそ問題なのだ。すべてを知ることは不可能だから。」とアランはいった。

「心が正しい位置に置かれてあ」るとはどういうことか、「正しい位置に心を置」くとはどうすることなのか、このような問いを立てて考えようとすること自体が、「知の巨人」願望の中に閉じこめられていることに他ならない。「智者」「学者」「この世の論者」は「さまざまの事により、思ひ煩ひて心労す」るのである。「されど無くてはならぬものは多からず、唯一のみ」（ルカ伝第十章四十一、四十二節）である。

ドストエフスキーの「心が正しい位置に置かれてあった」ということは、この「唯一のみ」の方向にヴェクトルを向けていたということであり、「巧みに巧んだ」というのは、心の磁針の調整に苦労したということに他ならない。

「無くてはならぬものは多からず、唯一のみ」——内村鑑三の絶筆、カール・バルトの最後の発言が思い起されるであろう。鑑三もバルトも、その「心」の「正しい位置」はそこから来ていた。

鑑三は、「我が才能」（大正六年一月）と題した文章の中で、次のように書いている。

我が才能は？　我が才能は信頼である、我に文才はない、徳才はない、勿論世才はない、才能といふ才能は何もない、信仰の才能すらもない、唯《ただ》神の恩恵を信頼するの才能があるのみである、是れ才能と称すべからざる才能である（中略）小児に有り得る才能、父に縋り母を慕ふの才能、是れが余に有り得ない筈がない、而して此原始的才能とも称すべき者ありて、余は神の子と成るを得て、万物を余の有《もの》となす事が出来るのである。（傍点原文）

鑑三という人間の本質、あるいは特異性――特に日本の近代という背景にあってそのように見えるもの――は、この「原始的才能」から出発したことであり、また出発しただけでなく絶えずそれに回帰しつづけていたということである。この「原始的才能」をそのまま維持していたということである。人間が成長していくとは、特に近代日本において、その競争社会において生きていくとは、平たく言えば大人になるということは、「才能」を発達させていくこととほぼ同義語なのであって、或る者は「文才」を、或る者は「徳才」を、そして多くの者が「世才」を鍛えていくことに他ならないのである。鑑三は、そういう近代日本の世間において、極めて特異な存在であったといえるのである。

さらに、キリスト教界においても、鑑三が異様に孤立していたというのは、キリスト教界というものも所詮一つの世間であって、そこでは「信仰の才能」の競争が現出するのであろうが、鑑三は

「信仰の才能」という信仰にとって実は害のあるものを持ってはいなかった、あるいは切り捨ててしまったからなのである。ここから、この「原始的才能」から、いわゆる無教会主義が出てくるのであって、何かの教義から出てくるのではない。冒頭に引用した絶筆「(私は無教会主義を……)」をここで思い出すべきである。

「知の巨人」といういい方を何か肯定的に使いたがる「心」あるいは「知の巨人」願望の中に閉じこめられている「心」が、「正しい位置に置かれて」いないのは、結局「才能」というものを大事にしているからである。

「智者」「学者」「この世の論者」は、「才能」の競争に心奪われている。そこから生産される知的業績は、何んと膨大なものであろうか。そして、それらは人類の知的遺産の名に価する極く一部の例外を除けば、「塵芥《あくた》」の如きものではないか。

内村鑑三を読むということは、「心」の「正しい位置」についての、或る繊細な感覚を覚醒させられることに他ならない。そして、批評家は、「心」を「正しい位置」に「置」いていることによって、真に出会うべき対象に邂逅することができるのであって、「才能」を駆使して、何か対象はないかと探しまわっていても、結局空しいのである。

「知」の肥満体質におちいってしまった、今日の知識人には、まず「正しい位置に心を置く」ことに深く思いを致すことから、精神的営為をやり直すべき「時」が、今や来ているのである。

(二〇〇七年三月)

Ⅱ　近代日本思想史における内村鑑三

〈扉写真〉
『羅馬書の研究』の元になった大手町
講演が行なわれた大日本私立衛生会

近代日本における「基督教」

一　神風連＝ピューリタン

橋川文三が、福本日南《にちなん》の『清教徒神風連《しんぷうれん》』という、今日ほとんど忘れられている本について、実に興味深いエッセイを書いている。昭和三十四年（一九五九）五月二十五日付の『日本読書新聞』に発表されたもので、「ふる本発掘」欄に「悲痛な行動に同情」の見出しで掲載された。

もう半世紀も前になる訳だが、その当時もこの福本日南の著作は十分に「ふる本」になっており、それを「発掘」したところに橋川文三の端倪すべからざる近代日本思想史家としての眼力があらわれている。

福本日南といえば、日南が社長をしていた『九州日報』に明治四十一年（一九〇八）八月十一日から翌四十二年（一九〇九）九月七日まで、二九五回にわたって連載され、同年十二月十日、啓成社から上梓された『元禄快挙録』が有名である。日南、五十二歳のときの出版である。

日南の著作は、〈明治文学全集〉（筑摩書房）の三七巻『政教社文学集』（一九八〇年）と同九〇巻『明治歴史文学集（二）』（一九七二年）によって、今日読むことができるが、前者には、「政教社」の論客としての論文が、「膨張的日本」「時局縦論」などをはじめ二十篇ほど収められている。

後者には、竹越三叉、徳富蘇峰、山路愛山などと同じ在野の史論家としての仕事として『元禄快挙録』が入っている。ということで、大正五年（一九一六）、五十九歳のときに刊行された『清教徒神風連』は、〈明治文学全集〉には入っていないので、今日読むのは難しく、まさに「ふる本」になってしまっているが、ここで日南が示した着眼は、近代日本の思想史、そしてその中核をなすキリスト教の意味について実に新しい展望を開いてくれる力がこもっているように思われる。

福本日南は、安政四年（一八五七）に、筑前国福岡地行下町に、黒田藩士福本泰風《やすかぜ》の長男として生まれ、大正十年（一九二一）六十四歳で死去したが、父泰風が、平田鐵胤《かねたね》門下の国学者であったことは注意される。平田鐵胤の門下ということは、正確にいえば平田篤胤没後の門人ということであろう。この平田篤胤没後の門人と、キリスト教の関係は後述するところなので、この点は注意に留めておいて頂きたい。

さて、橋川文三は、まず「神風連」の名が、いわば旧弊の代名詞、反動的神がかりの象徴として今日、一般的に記憶されていること、「おどろくべき時代錯誤の典型」として扱われていることを指摘している。

しかし、橋川はこの「神風連」に対して「深い同情をよせている」日南に共感しているので、たしかに日南の「神風連」が「清教徒」（ピューリタン）の如きものであったという見解は、一見奇異な、しかし、よく考えると実に事の真髄をついている直観である。

橋川は、冒頭の部分を引用している。

「等しく信条の発作である。中に就いて、近古の史上に一種の異彩を放ち、後人をして思慕・追憶の念を禁ぜざらしむるものは、十六・七世紀における英国の清教徒ピューリタンの行道《ママ》であった。……彼等は一切の人為を脱却し、清浄・簡素、神教の本源に遡り、神の意を承け、神の教に遵い、神の如く言い、神の如く思い、神の如く振舞わんとことを熱望した……」

そして、次のように書いている。

日南によれば、あたかもピューリタンの如く、「清浄・簡素、……祖先の意を承け、祖先の教に遵い、祖先の如く生き、祖先の如く振舞い、日本帝国を三千年前の状態のままに維持」せんとしたのが神風連であった。

つまりそれはたんなる皇政復古ではなく、実に「神世復古」を目的としたものであったと日南は述べている。もとより彼は、その開明的なナショナリズムの立場から、必ずしも神風連指導者の思想に賛同しているわけではない。

しかしその悲痛な行動に対しては「我居常之を懐う毎に、未だ嘗て彼清教徒の忠・愛の精誠に泣かずんばあらず」と述べている。たとえば日南によれば、神風連にとって惜しむべく、悲しむべきは、彼らがピューリタンの如く、国土を捨て、新天地を拓こうとしなかった点にあった。

「神風連」が、キリスト教の中でも最も純粋にして最も過激なピューリタンを思わせるものだったという指摘は、近代日本思想史が今日、通念としてまとっている表皮をはがして、事の真実を開示するように感じられる。

日南は、「妓女を嫖するも、亦開化、淫酒怠荒に沈溺する者は、皆開化者流ともてはやされた」文明開化の風潮のただ中にあって、「彼清教徒が一世の嘲罵を全身に浴びながら」その異様な行動に走ったことに、深い同情をよせているが、ここで、幕末において、同じような「異様な行動」に赴いた一人の国学者を思い出してもよい。

天忠（天誅）組の挙兵に参加した伴林光平《ともばやしみつひら》である。文久三年（一八六三）八月、尊攘派の草莽たちによる天忠組が大和に挙兵した。だが、間もなく京都で政変が起り、状況は一変。追討される立場になり、十津川、吉野を一カ月余敗走の末、主だった者は討死、のこった者も刑死という悲劇となった。その中に加わった国学者、伴林光平が刑死を待つ京都の獄にあって、戦況戦跡を振返り遺した記録が、有名な『南山踏雲録』である。

この『南山踏雲録』に詳細な詳註をつけたのが、保田與重郎であるが、保田は光平を「近世第一の歌人」と呼んでいる。

その伴林光平に、次のような漢詩がある。

本是神州清潔民　もと是《こ》れ神州清潔の民
誤為仏奴説同塵　誤って仏奴《ぶつど》となり同塵を説く
如今棄仏仏休咎　如今《じょこん》仏を棄つ、仏咎むるを休《や》めよ
本是神州清潔民　もと是れ神州清潔の民

この「もと是れ神州清潔の民」というリフレインは、「清潔」というものに対する深い思いがこめられている。そして、ここでいわれている「清潔」という言葉は、「神風連」が「清教徒」のように「清浄」であったといった日南の評を思い出させる。「神風連」がピューリタンの如きものだったように、伴林光平もまたピューリタンに通ずる心性の持ち主だったに違いない。

この伴林光平を高く評価した保田與重郎が、近代日本のキリスト教を考えていくこの論考の中で、いずれ中心的な存在になっていく内村鑑三について、実に的確なことをいっていることを引用しておきたい。保田は、岡倉天心と内村鑑三の二人を「明治の精神」としてとりあげた、昭和十二年（一九三七）の評論「明治の精神」の中で、次のように書いている。

内村鑑三の明治の偉観といふべき戦闘精神も、日本に沈積された正気の発した一つである。純粋に主義の人、しかもその「日本主義」は「世界のために」と云はれた日本である。彼はそのために所謂不敬事件をなし、日露戦役に非戦論を唱へ、排日法案に激憤した。アメリカ主義を排し、教会制度に攻撃の声を放ちつゞけた。

鑑三のこの「教会制度」への「攻撃」のモチーフも「清潔」なのである。「教会制度」の陥りやすい「不潔さ」に鑑三は、我慢が出来なかった。そこから、いわゆる「無教会主義」が生まれてくるのである。そして、その鑑三のキリスト教を保田は、「すきや作りのキリスト教」とその内実をつかんだ表現で呼んでいる。

このように、幕末維新期の国学者や「神風連」の人々が、「清潔」を重んじるピューリタニズムに通じるものを持っていたことを考えてくると、司馬遼太郎が『「明治」という国家』の第七章『自助論』の世界」の中でいっていた卓見が思い出される。

そこで、司馬は「明治の精神とプロテスタンティズムが似ている」と語っている。

プロテスタントの国とは、たとえば、イギリス、ドイツ、デンマーク、スウェーデン、そして一九五〇年代までのアメリカ合衆国。さらにこれにつけくわえるとすれば、江戸時代をふくめた日本です。日本はプロテスタントの国じゃありませんが、偶然似たようなところがあるのです。それを言いたくて、今回の主題を喋っているのです。

〝明治国家とプロテスタンティズム〟明治日本にはキリスト教はほんのわずかしか入りませんでしたが、もともと江戸日本が、どこかプロテスタンティズムに似ていたのです。これは、江戸時代の武士道をのべ、農民の勤勉さをのべ、また大商人の家訓をのべ、さらにけ町人階級の心の柱になった心学をのべてゆきますと、まことに偶然ながら、プロテスタンティズムに似ているのです。江戸期の結果が明治国家ですから、これはいよいよ似ている。ただし、決定的に似ていないところがあります。ゴッドとバイブルをもっていない点です。

司馬は、「清潔、整頓。これがプロテスタントの美徳です」といい、やはり「清潔」にポイントをおいている。そして、「明治の精神」を、「神なきプロテスタンティズム」ともいえると実に刺激的な見解を述べている。

「近代日本におけるキリスト教」というテーマで日本の思想史を考察するときには、以上述べてきた、橋川文三や司馬遼太郎の、通念をひっくりかえすような観点は大変、重要である。

たしかに、司馬もいうように「明治日本にはキリスト教はほんのわずかしか入」らなかったのは事実であるが、それはたんにキリスト教信者の数のことをいっているにすぎない。

キリスト教信者の数のレベルでの考察となれば、それは日本の宗教史の範疇に入るであろう。しかし、日本の思想史の中で、近代日本におけるキリスト教を考える場合には、信者の数の多寡ではなく、日本人の精神の深部でキリスト教が果たした役割を問題にしなければならない。これまで、近代日本におけるキリスト教を考えるとき、宗教史としてのキリスト教史をとりあげることが多かったように思われる。精神史としてのキリスト教のとらえ方が、近代日本思想史の中でのキリスト教の位置を明らかにするであろう。

例えば、司馬が、この章でとりあげている『自助論』である。これは周知の通り、スコットランドの著述家サミュエル・スマイルズ（Samuel Smiles. 当然、プロテスタントである）の“Self-Help”を幕臣で儒学者だった中村敬宇が『西国立志編』と訳し、福沢諭吉の『西洋事情』に匹敵する、明治初年の大ベストセラーとなったものである。

福沢のものが、「事情」という情報を提供するものだったのに対し、中村の翻訳は、「立志」という精神的エネルギーを刺激するものだったから、この方が明治の日本の思想史を考える上では重要である。

司馬は、この本をめぐって次のようにいっている。

独立心をもて、依頼心をすてよ、自主的であれ――おなじことですが――誠実であれ、勤勉であれ、正直であれ、実例に即してくりかえし『自助論』で説かれるこれらの徳目は、清教徒《ピューリタン》以来の英国プロテスタンティズムそのものであります。それに神が登場しないだけのことです。中村敬宇の翻訳はじつに名文でした。原文以上だといわれています。題を『西国立志編』とし、明治四年――じつに早い時期ですね――に木版刷りの本で出版され、数十万部が売れたといわれています。この場合、重視すべきことは、この本がこれほど読まれたという点でしょう。つまり、この本の徳目に共鳴するような倫理的風土がすでに日本社会にあったことをあらわしています。ともかくも、明治時代を象徴する本を一冊あげよ、といわれれば、『西国立志編』つまりサムュ《〔ママ〕》エル・スマイルズの『自助論』がそうでしょう。

ここで、司馬が「清教徒《ピューリタン》以来の英国プロテスタンティズムそのもの」といって、「清教徒《ピューリタン》」という言葉を出しているのも注意されていい。「明治の精神」の根柢にあるのは、「神なきピューリタニズム」なのである。

『西国立志編』で思い出されるのは、国木田独歩の「非凡なる凡人」である。独歩自身が「明治の精神」を代表するような文学者であるが、それを象徴する小説が、明治三十六年(一九〇三)の「非凡なる凡人」である。

小説の語り手「僕」が、友人、桂正作のことを知人の集まりで話すことから、この作品は始まるが、「未だ小学校に通って居る時分」、つまり「数へ年の十四歳」のとき、桂少年の家を訪ねた際のことである。「僕」は、次のように問いかける。

「何を読んで居るのだ。」と言ひながら見ると、洋綴《やうとぢ》の厚い本である。

「西国立志編だ。」と答へて顔を上げ、僕を見た其の眼ざしは未だ夢の醒めない人のやうで、心は猶ほ書籍の中にあるらしい。

「面白いかね?」

「ウン、面白い。」

「日本外史と何方《どっち》が面白い。」と僕が問ふや、桂は微笑を含んで、漸く我に復《かへ》り、何時《いつも》の元気の可《よ》い声で

「それやア此の方が面白いよ。日本外史とは物が異う。昨夜僕は梅田先生の処から借りて来てから読みはじめたけれど面白うて止められない。僕は如何《どう》しても一冊買うのだ」と言って嬉くつて堪らない風であった。

其後桂は遂に西国立志編を一冊買ひ求めたが、其本といふは粗末至極な洋綴で、一度読み了らない中に既にバラ〳〵になりそうな代物《しろもの》ゆゑ、彼はこれを丈夫な麻糸で綴直した。

此時が僕も桂も数へ年の十四歳。桂は一度西国立志編の美味《うまみ》を知って以後は、何度此書を読

んだか知れない、殆ど暗誦するほど熟読したらしい。そして今日と雖《いへど》も常にこれを座右に置いて居る。

げに桂正作は活《いき》た西国立志編と言ってよからう、桂自身でもさう言つて居る

「若し僕が西国立志編を読まなかつたら如何であつたらう。僕の今日あるのは全く此書のお蔭だ。」と。

この「桂正作」少年が成長した人間の一人に、大政治家、後藤新平を挙げてもよいであろう。後藤は、明治七年（一八七四）、十八歳で須賀川医学校に入学するが、『後藤新平の「仕事」』（藤原書店）に収められた星新一の評伝「後藤新平」には、「ひまがあると『西国立志編』に読みふけった。精神をふるいたたせる内容の本だ。これからの社会でなにごとかをなすには、科学の知識が必要。その信念はこれから得たようである」とある。

後藤は有名な「自治三訣」という言葉をのこしている。「人のお世話にならぬよう　人のお世話をするよう　そしてむくいを求めぬよう」。

後藤新平が、晩年、政治の倫理化運動を行ったことにあらわれているように、後藤には明治・大正・昭和の政治家の中でも、特に倫理性が感じられる。そういう点やこの「自治三訣」に、『西国立志編』熟読の影響があるように思われる。

このように、明治の日本には、「神なきプロテスタンティズム」の精神風土が深く根付いていた

のである。司馬は、江戸日本が「神なきプロテスタンティズム」であったといったが、明治日本は、幕末維新期の激動を経て、プロテスタンティズムがさらに純化、激化して、「神なきピューリタニズム」といった方がより正確だと思われる精神風土になったと私は考える。

その「神なきピューリタニズム」の時代精神の中に、まさに「神あるピューリタン」が登場した。それが、内村鑑三に他ならない。

二　武士道の上に接木されたる基督教

明治初年のキリスト教の三大地盤は、周知の通り、札幌、横浜、熊本の三つのバンドである。それぞれのバンドを代表するのは、札幌が内村鑑三、新渡戸稲造、横浜が植村正久、本多庸一、井深梶之助、熊本が海老名弾正、徳富蘇峰である。

これらの人々の、近代日本の文化に果たした役割の大きさは、内村鑑三については鈴木範久著『内村鑑三をめぐる作家たち』をはじめとする諸書で論じられてきたことであるが、例えば新渡戸稲造は、英文著作『武士道』を著し、今日に至るまで日本人論に重要な影響を与えており、植村正久は、国木田独歩、正宗白鳥といった文学者たちに洗礼を施した牧師であり、さらには海老名弾正が、民本主義者、吉野作造の師であったことなどからも充分、察せられるであろう。

海老名弾正は、大正十五年（一九二六）に内村と会ったとき（内村は六十五歳であった）、内村が「海老名君、君と俺が死んでしまったら武士的基督教は無くなるよ」と語ったことを伝えているが、この「武士的基督教」というのが、この明治初年のいわゆる「サムライ・クリスチャン」の『基督教』であった。

内村自身は、海老名と会って三年後の昭和三年（一九二八）、それは死の二年前ということになるが、「武士道と基督教」と題した文章に、「明治の初年に当たつて多くの日本武士が此精神に由りて基督信者に成つたのであります。沢山保羅、新島襄、本多庸一、木村熊二、横井時雄等は凡て純然たる日本武士でありました」（傍点原文）と書いている。「此精神」とは、「正義と真理との為には生命を惜まざるの精神」のことである。

そして、内村鑑三こそ、この「武士的基督教」の代表的存在といっていいであろう。『武士道と基督教』という同じ題を付けられた文章が五つものこされている。

その最晩年、死の半年ほど前のものは（昭和四年）、次のようなものである。

○私は琵琶歌を愛する、其『那須与市』に
　一筋の矢に百年の命をかける武士の意地
と云ふのがある、又『木村〔村上〕喜剣』に
　武士に対する武士の礼
と云ふのがある。其他すべて此類である。其殺伐の詞は好まないが、其日本武士の清風霽月《せいげつ》の

心を歌うたる所は今日も猶ほ強く私の心を牽《ひ》く、……そして日本に於けるすべての善き事は此武士の道に由つて成つたのである。慶応明治の維新も、其の前の凡ての改革も此精神の結果である。そして近頃に成つて明白になつた事は、我国に於て思ひしよりも早くキリストの福音が根を据《〔マ〕》えし理由は、武士が伝道の任に当つたからである。所謂熊本バンド、横浜バンド、札幌バンド、之に加はりし者の多数は武士の子弟であつた。彼等は孰《いず》れも武士の魂をキリストに献げて日本の教化を誓つたのである。そこに朝日に匂ふ山桜の香があつた。

このような鑑三の文章が、戦後のキリスト教研究の中で、大抵否定的にとらえられてきたようである。いわば鑑三の世代的限界として、その旧さとして、あげくの果てはキリスト教の或る曲解の例として、云々されている。しかし、そのような通念の方が、キリスト教に対する何か決定的な誤解に陥っているのではないか。鑑三は、大正五年（一九一六）に書かれた「神の約束としての基督教」という文章の中で、「実《まこと》に基督教の精神を全然《まったく》誤解したる者にして現代人の基督教の如きはないと思ふ」と断じている。

それは、この「サムライ・クリスチャン」たちが、「武士の魂を献げて日本の教化を誓った」のに対して、「現代人の基督教」は、「自己の小さき痛《いたみ》を癒さんとして居る」からである。

同年の「聖書研究の目的」の中では、「聖書を研究して我等は唯自己の小さき痛を癒さんとして居るのではない」といっている。

キリスト教を、自己の悩みを救うものという風に誤解しているから、鑑三のいう「イエスの武士気質」といった言葉に躓いてしまうのである。「イエスの武士らしき人格」といった言葉も、昭和三年（一九二八）の「武士道と基督教」の中で使っているが、次のように書いている。

> イエス、ヱルサレムにより、神殿《みや》にて牛羊鴿《はと》を売る者と両替する者の坐せるを見ければ、縄をもて鞭を作り、彼等及び羊牛を神殿より逐出し、両替する者の金を散らし、其台を倒し、鴿を売る者に曰ひけるは、此物を取りて往け、我父の家を商売《あきなひ》の家とする勿れ（ヨハネ伝二章十三—十六節）と。是は優しいイエス様ではなくて怖い恐ろしいイエス様であります、イエスは阿弥陀様とは違ひます。
> （傍点原文）

死の直前、弟子の塚本虎二を分離する事件が起きるのだが、鑑三は塚本のキリスト教を「町人の宗教」と見ていた。「武士の基督教」とは、根柢が違っていたのである。

「阿弥陀様」が出てくるが、明治初年の激動期には、日本人も或る意味で、日本人らしくなく、激しい精神に燃え上がったのであって、「サムライ・クリスチャン」が輩出した。しかし、大正時代になり、大正デモクラシーの世となるに従って、「基督教」も日本の「微温《なまぬる》き」精神風土に「土着」してきて、「キリスト教」とカタカナで書き分けた方がいいものと変質していった。

内村鑑三を代表とする明治の「基督教」は、まさに漢字で「基督教」と書いて、それ以降の、日本の風土に適合していったものは「キリスト教」と表記して、今後、区分したい。

その「キリスト教」において、イエスが「怖い恐ろしいイエス様」ではなく、「優しいイエス様」、さらには「阿弥陀様」に近いものとなっていたことは、例えば、カトリック作家、遠藤周作のことを思い浮かべるだけでよく分かるであろう。

大正十五年（一九二六）の「日記」に、鑑三は、次のようなことを書いている。


十二月二十一日（火）曇（中略）○今日同志と談じた事である。日本に於て基督教は仏寺的基督教と儒者的基督教とに別れつゝある。愛即ちおなさけに依る基督教と道義に依る基督教に別れつゝある。日本に於ては仏教は全体に町人の宗教であり、儒教は武士の道であつた。そして教会の基督教は寺院の仏教の代りに町人に迎へられつつあり、無教会主義の基督教は儒教の場所を取りつゝある。何《いづ》れにしろ近代の基督教会が著るしくお寺化した事は争はれぬ事実である。之に対して我等は厳格なる道義的の、純ピューリタン的の基督教の発達を計らなければならない。（傍点原文）

やはり「純ピューリタン的の基督教」が出てきていることに注意すべきである。「神風連」から、内村鑑三の「無教会主義」の「基督教」を貫いているものは、ピューリタニズム的なものだからである。

ここで、近代日本における「基督教」のことを考える際に考えておかなければいけないことに触れておきたい。

まず、近代日本における「基督教」というものは、今日、カトリック教会やプロテスタント教会などの、宗教法人として日本の社会と伝統と制度にすっぽりと収まった「キリスト教」とは区別してとらえられる必要があるということである。

キリスト教は、今日、不人気である。一神教は戦争の原因になるとか、環境破壊をもたらしているのは、キリスト教から出た文明観だとか、さまざまな悪評がいわれている。そして、一方でアニミズムや森の思想とかの、自然回帰的な考え方が流行しており、キリスト教への共感が減少してきているのが現状であろう。

イスラム原理主義に対して、キリスト教原理主義があり、この後者は、現にイラク戦争に大きな関係を持ったのである。

日本のキリスト教信者の数は、現在も一パーセントに満たず、これは長期的に変わっていない。この一パーセントが、宗教法人として他の、仏教や神社、新興宗教、さらには今日物議をかもしている新々宗教などの、おびただしい宗教法人と並列して存在している。

このような、宗教法人の一つ、それも信者数からすれば相当下位に位置づけられる、今日のキリスト教のイメージを、近代日本における「基督教」を考えるときには、払拭しなければならない。現代の日本人の大多数は、キリスト教に対して、ネガティヴなイメージしか持っておらず、こういう世間の常識から、近代日本における「基督教」の問題を振り返っても、歪んだ認識しか得られないであろう。

近代日本における「基督教」は、本来、そのようなものではなかった。宗教法人の一つではなかったし、恐らくたんなる宗教ではなかった。精神を覚醒させる事件であった。明治維新によって、西洋とぶつかった日本人が、世界観、人生観を全く変革させる衝撃として受けとめたものであった。

山路愛山（この人も、広くいって「サムライ・クリスチャン」に含めていいであろう）は、明治三十九年（一九〇六）に出版された『基督教評論』の中の、「現代日本教会史論」の「緒言」において、「日本人民の精神的活動を軟了せしめたる最大なる原因は蓋《けだ》し徳川氏の政策ならざるを得ず」と断じた上で、「日本人民の醒覚」の章で次のように書いている。

既にして世界の大勢は旧日本の重関を打破して此に所謂維新の革命を生じたり。維新の革命を以て単に政治機関を改造し、政治の当局者たる人物を変換したるものに過ぎずと思はゞそは皮相の見解なり。維新の革命は総体の革命なり。精神的と物質的とを通じての根本的革命なり。政治と云ひ、社交と云ふが如き一部の革命に非るなり。

明治維新という「根本的革命」の「精神的」方面の原動力が、キリスト教との出会いであったのであり、キリスト教という一宗教が、日本に入ってきたというような「皮相」なものではなかった。

今日、そのような「皮相」な結果になってしまっているとしても、近代日本においては、そうではなかったのである。

今日のキリスト教は、「お寺化」が果てまですすみ、キリスト教信徒は、ほとんど教会の「檀家」ということであろう。

さて、鑑三が「武士的基督教」というとき、「武士道」と「基督教」とがどのような関係になっているかは、大正五年（一九一六）に書かれた「武士道と基督教」によくあらわれているであろう。

以下は、全文である。


武士道は日本国最善の産物である。然し乍ら武士道其物に日本国を救ふの能力《ちから》は無い、武士道の台木《だいき》に基督教を接《つ》いだ物、其物は世界最善の産物であつて、之に日本国のみならず全世界を救ふの能力がある、今や基督教は欧洲に於て亡びつゝある、而して物質主義に囚はれたる米国に之を復活するの能力が無い、茲に於てか神は日本国に其最善を献じて彼の聖業を扶《たす》くべく要求《もと》め給ひつゝある、日本国の歴史に深い世界的の意義があつた。神は二千年の長きに渉《わた》り世界目下の状態に応ぜんがために日本国に於て武士道を完成し給ひつゝあつたのである。世は畢竟《つまり》基督教に由て救はるゝのである、然かも武士道の上に接木されたる基督教に由て救はるゝのである。

この「武士道の上に接木されたる基督教」というのは、内村鑑三のみならず、近代日本の「基督教」を考える際の、キイワードである。「サムライ・クリスチャン」とは、こういう「基督教」の信者であったからである。

大正十五年（一九二六）に書かれた「接木の理」の中で、鑑三は「タルソのパウロにキリストを接いだ者が使徒パウロである。放蕩児アウグスチンに神の子を接いだ者が聖アウグスチンである」といっているように、日本武士内村鑑三にキリストを接いだ者が、「基督者」内村鑑三なのである。

この「接木」というのは、明治の「基督教」に限らず、「明治の精神」一般に通じるものである。鑑三は、『代表的日本人』の「独逸語版跋」の中で、「此書は、現在の余を示すものではない。これは現在基督信徒たる余自身の接せられてゐる砧木《だいき》の幹を示すものである」と書いている。

この『代表的日本人』には、西郷隆盛、上杉鷹山、二宮尊徳、中江藤樹、日蓮上人の五人がとりあげられているが、そのような日本の歴史と伝統の蓄積が「台木」である。そして、その「台木」を回想し、自覚している歴史的精神である。

しかし、「明治の精神」は「台木」を持っているだけでは生まれない。何ものかが、接木されなくてはいけないのである。内村鑑三の場合には、いうまでもなくキリスト教が接木されたのであり、福沢諭吉の場合は「文明」が、岡倉天心の場合はフェノロサの眼が、中江兆民はルソーが、夏目漱石は英文学が、といった具合に、それぞれがそれぞれの「台木」の個性と宿命に応じて、様々なものを接木したのである。

「台木」は豊かであっても、明治維新のとき、すでに精神の成年に達していたこともあって、何ものも接木されなかった精神は、例えば、福地桜痴や成島柳北、栗本鋤雲のような姿を示す他はなかった。「江湖その才筆を知らざるものなき」文才を発揮するくらいしかやることはなかったのである。

このような「接木」という事件が起きた「明治の精神」の中の、劇的な例が内村鑑三や他の「サムライ・クリスチャン」の場合であり、決して異例なことが起きた訳ではない。

このように、武士的基督教というものを考えてくると、司馬遼太郎が前述した『「明治」という国家』の中で、田中不二麿のことに触れているところが思い出される。岩倉使節団の一人として、アメリカに行った木戸孝允が同地にいた新島襄に会ったとき、田中が同行した。そのときのことを司馬は、次のように書いている。

木戸と同行していた田中不二麿（一八四五〜一九〇九）、これは尾張藩出身で、のち文部省、外務省、あるいは司法省の大官になる人です。新島が木戸や田中にプロテスタンティズムについて語ると、田中はほとんど同化しそうになるまで感じ入ったといいます。田中その人が、じつに謹直で、その人柄は古武士のようでありました。一面考えると、田中は、敬虔なプロテスタントといった感じの人でありました。

ここで、「古武士」と「敬虔なプロテスタント」が「同化しそう」になっている。「古武士」という在り方が、内村鑑三の模範とする生き方であったことはいうまでもあるまい。

三　西郷・乃木・内村

前述した『代表的日本人』の中で、西郷隆盛は一番最初にとりあげられているが、「新日本の建設者」と副題されている。

「一　明治維新」「二　誕生　教育　霊感」「三　維新に於ける役割」「四　征韓論」「五　叛徒たる西郷」「六　彼の生活法と人生観」から成っているが、西郷隆盛の精神の本質をこれほど見事に描き出したものはないであろう。

小林秀雄は、絶筆「正宗白鳥の作について」の中で、白鳥を語りながら、白鳥に深い影響を与えた鑑三に触れているが、その『代表的日本人』の、前に引用した「独逸語版跋」を要約した上で、次のように書いている。

孤立を強いられた意識の裡に、手に入れた結論が反響し、その共鳴の運動が、内村自身も驚くほど鮮明に、「砧木の幹」の美しさを描き出してみせた。この作が名作である所以を言ふのに、さういふ言ひ方をしてもいゝやうに思はれる。描かれた人間像は、西郷隆盛に始まり、上杉鷹山、二宮尊徳、中江藤樹とつゞき、これを締め括る日蓮上人が一番力を入れて描かれてゐるが、装飾的修辞を拭ひ去つたその明晰な手法は、色彩の惑はしを逃れようとして、線の発明に達した優れた画家のデッサンを、極めて自然に類推させる。これらの人々の歴史上の行跡の本質的な意味と信じたところを、このやうに簡潔に描いてみせた人はなかつた。これからもあるまい。

最晩年の小林が、「このやうに簡潔に描いてみせた人はなかつた。これからもあるまい」という最大限の讃辞を呈していることは、充分重く受けとめられていい。こういう言い方は、戦後の昭和二十五年（一九五〇）に書かれた「ニイチェ雑感」の中で、ニーチェは「無比な散文」をのこしたといい、「こんな散文を書いた人は、彼の前にも後にもない」という表現を使ったことを思い出させるほどの高い評価である。

橋川文三も、昭和四十三年（一九六八）の「西郷隆盛の反動性と革命性」の冒頭に、『代表的日本人』の中の「西郷隆盛」から、「維新に於ける西郷の役割を余さず書くことは、維新史の全体を書くこととなるであらう。或る意味に於て、明治元年（一八六八年）の日本の維新は西郷の維新であつたと言ひ得ると思ふ」を引いた上で、次のように書いている。

これはよく知られているように、内村鑑三がその西郷論（『代表的日本人』所収）において記した文章の一節である。内村はその西郷論のサブタイトルを「新日本の建設者」としているが、おそらく汗牛充棟もただならぬ西郷論のうち、もっとも熱烈純粋な讃美をささげたものが内村のこの文章であろう。そこに描かれている西郷は、あたかも「天」の啓示をうけた「聖人哲人」のごとき存在であり、ほとんど、「クロムウェル的の偉大」をそなえた霊感的な人物であった。そして、また、「日本人のうちにて、もっとも幅広きもっとも進歩的なる人」でさえあった。

橋川は、鑑三の西郷論の核心的な文章を実に的確に引用しているが、西南の役で死んだ西郷のことを叙したあとの、「五　叛徒たる西郷」の章の結び、「斯くの如くにして、武士の最大なるもの、また最後の（と余輩の思ふ）ものが、世を去ったのである」という文章も、極めて印象深いものである。

「クロムウェル的の偉大」というのは、この西郷論の結論として出てくるものである。

我国の歴史に二人の最も偉大な名を挙げるならば、余は躊躇なく太閤秀吉と西郷隆盛を指名するものである。両者は共に大陸的雄図を懐き、全世界をその行動の分野として有つてゐた。想像も及ばざるほど凡ての同胞に抽んでて、両者ともに偉大であつた。併しそれは、二つの全く異なれる種類の偉大さであつた。太閤の偉大さは、余は想像するに、稍〻ナポレオン的であつた。彼には、その欧羅巴の代理者に於て極めて顕著な山師的要素が多分にあつた（非常に小さな割合に於てであると余は信じてゐるが。）彼の偉大は、天才の偉大、生れつきの精神の能力の偉大、偉大たらんと試むることなくして偉大なる偉大であつた。併し、西郷の偉大は然うではない。彼の偉大は、クロムウエル的の偉大であつた。ただ彼にピューリタニズムが無かつたために、彼はピューリタンでなかつただけであると思ふ。

ここで、西郷が、いわば「神なきピューリタン」として提示されていることは充分、注目されていいことである。「日本の維新は西郷の維新であつたと言ひ得る」ならば、明治維新とは、あえていえば「神なきピューリタン革命」とも「言ひ得る」であろう。

大木英夫著『ピューリタン』（中公新書）は、「ピューリタニズム」の歴史と精神について解説している本だが、近代日本の思想史における「基督教」、さらに絞っていえば、「ピューリタニズム」の役割が、これまで論じてきたように、極めて重要なものにもかかわらず、「ピューリタン」や「ピューリタニズム」をとりあげたものがほとんどないという異様な知的状況の中で、とても貴重な著作である。

本書の最後のところで、内村鑑三のことが、やはり出てくる。

クラークはニューイングランドのピューリタン精神を北海道にもってきた。目的のない旅人は放浪者である。近代の人間はアンビシャスな旅人である時にのみ、旅人としての近代的人間の運命に耐えることができるであろう。内村鑑三は「ボーイズ・ビー・アンビシャス」という言葉にちなんだ講演を昭和三年一月北海道大学で行なった。「ボーイズ・ビー・アンビシャス」は、ピューリタンの意気をあらわした言葉だと彼は言う。エマソンの言葉「汝の車を星につなげ」(“Hitch your wheels to the star.”) もそれと同じ趣旨の詩的表現だと言う。内村は、自分の生涯の車をつないだ星が実は二つあったと言う。ひとつは彼の卒業論文で取り扱った魚類学や漁撈学で、彼はもしこの研究をつづけていたら、あるいは当大学の水産学の講座をもつようになっていたかも知れないと言った。「ところが幸か不幸か私はもう一つの星に私の車をつないで居ったのであって、その星とはキリスト教を純日本人のものとし、これをもって日本を救い、かつ世界における日本国の使命を果たしめんとするアンビションであった」。

ここに引用されている内村の言葉の中で、「日本人」ではなく、「純日本人」といわれていること、すなわち「純」(ピューリタンの pure に通じる) が強調されていることに注意したいが、また、内村の「基督教」が今日、世間的に云々されている「キリスト教」といかに違うかは、これでもよく分かるであろう。

本書の中には、内村の「無教会」の「基督教」が「ピューリタニズム」と「非常に」似ていることを、内村の弟子の塚本虎二や矢内原忠雄の「集会」をとりあげて指摘している。

いわゆるピルグリム・ファーザーズの中核になったのは、イギリスのスクルービという小さな村の信者たちである。その村に、熱心なピューリタンになったためにケンブリッジから追放された牧師ジョン・ロビンソンがやってきた。このスクルービにおける「集会」（コングリゲーション）について、次のように書かれている。

> こういう追放者を受けいれるピューリタン集団があった。それがスクルービの村に非合法的集会をもっていた信者の集まり（コングリゲーション）であった。この信者の集まり《コングリゲーション》は、最初ゲインズバラに発生した同様な信者の集まりのブランチであった。ゲインズバラの信者の集まりは、同じ追放者のひとり、ジョン・スミスの形成したものである。ロビンソンはこのスクルービのコングリゲーションの牧師となったのである。このコングリゲーションの姿は、日本の無教会の集会、たとえば矢内原忠雄の集会、塚本虎二の集会、というものに非常に類似している。
>
> （傍点原文）

河上徹太郎は、『日本のアウトサイダー』の中で内村鑑三を「日本のアウトサイダー」の「最も典型的なもの」としてとりあげたが、「内村は開拓地的ピューリタンだ」と書いている。

このように、「ピューリタニズム」は、「神あるピューリタン」内村鑑三にとどまらず、「神なきピューリタン」西郷隆盛に至るまで、近代日本において、実に広範で、極めて深い影響を与えているのだが、ここでもう一人、乃木大将をとりあげてみよう。

小林秀雄は、昭和十六年（一九四一）の「歴史と文学」の中で、スタンレイ・ウォッシュバアンが書いた乃木将軍についての本のことに触れて、「僕は乃木将軍といふ人は、内村鑑三などと同じ性質の、明治が生んだ一番純粋な痛烈な理想家の典型だと思つてゐます」といった。

乃木希典という軍人、世間的に「明治国家の軍神」とされた人物を、近代日本の代表的基督者、内村鑑三と並べるところに、小林秀雄の実に透徹した眼光があらわれている。

「一番純粋な痛烈な理想家」とは、ほとんどピューリタンの姿である。事実、乃木に関してピューリタンという言葉が使われている例がある。

橋川文三が、昭和五十一年（一九七六）に書いた「明治の武士たちの印象」の中に、「ピューリタン」「ピューリタニズム」が出てくる。この文章で、橋川は、渡部求編著『青年時代の乃木大将の日記』の序文（尾佐竹猛執筆）のことに触れて、次のように書いている。

> 乃木の性格のなぞということをしばしば書いたが、その内容については簡単に述べきれそうにもない。前記尾佐竹が序文に書いた言葉を便宜的に引用すれば、それは、少年時に「スパルタ教育を受け、中頃デカダンになり、それよりピューリタンになった」という、その精神形成史と関係があるとだけはいえよう。そしてさらに言えば、デカダンの中にある静と、スパルタ的ピューリタニズムの中にある動とのダイナミックな交替というべきものが、乃木後半生の或は敬愛すべく、或は畏怖すべき性格としてあらわれたということもできるかもしれない。
>
> （傍点原文）

乃木大将もまた、「神なきピューリタン」ともいうべき存在なのである。橋川は、この文章で、東郷平八郎と乃木希典の「含羞」の違いについて、面白いことをいっている。東郷の場合は、日本海海戦の「確定捷報」に再三用いられた「天佑と神助」「歴代神霊の加護」等の言葉に表現されたなにものかへの敬虔さということができるが、「乃木の場合にはさらにそれに加えて、よりいっそう実存的ともいうべき羞恥の念があったと思われる」といって、「これも簡単にはいえない乃木のなぞにつらなることがらであるが、しいていうならば、明治帝の存在を前にした羞らいとでもいえよう。これもやや概念的にいうならば、万能の絶対者に死活の権を委ねたものの羞恥心である。儒教風にいえば『天』を意識したものの敬虔さということにもなるであろう」と鋭く乃木将軍の本質を衝いている。

そして、「ほとんどプロテスタントの『予定説』に似た畏怖の感情が乃木にはあったのではないかとさえ想像せしめるところがある」と視野を、「プロテスタント」と「明治の精神」の関係にまで、広げている。「予定説」の「プロテスタンティズム」とは、カルヴィニズムのことであり、カルヴィニズムの「純粋な痛烈な」ものが、「ピューリタニズム」に他ならない。

このように透徹した、創造的ともいうべき理解を橋川文三に可能にしたのは何故であろうか。それは『内村鑑三全集』（岩波書店）の第九巻月報8に寄稿した文章を読むとよく分かる。その文章は、何と「内村鑑三先生」と題されている。それは、次のように始まる。

私は内村先生とは少しも関係はなかった。大体「先生」とよぶのも私の立場からすると、おかしいようだが、どうもその方が私としてはすっきりする。

橋川は、内村鑑三を精神上の「先生」と呼ぶような人であった。こうも書いている。

内村鑑三という人間は実に偉大な人間である。まず彼の存在は、現代日本人のりんかくにそのままあてはまる。簡潔にいえばそれは内村自身が書いている『代表的日本人』の中の西郷隆盛にも匹敵する。それは内村のいう「日本人のうちにて最も幅広き最も進歩的なる人」であるが、私の内村に対する尊敬はそれと同じである。『回想の内村鑑三』の中に、長与善郎が乃木希典と西郷に敬意を払う内村のことを書いている。（傍点原文）

四　近代日本の精神的支柱としての基督教

一節の冒頭のところで、『清教徒神風連』を著した福本日南の父親が、平田篤胤没後の門人であった事実に注目すべきことを書いておいたが、この平田篤胤没後の門人たちの思想とキリスト教の深い関係については、拙著『日本思想史骨』（平成六年）において、詳しく論じたことなので繰返さないが、要は平田篤胤の神学に「耶蘇教」の影響がはっきりと見られるのであり、平田篤胤没後の門人たちの時代（まさに幕末維新の時代）になってくると、その影響は水面下にあって、ますます深いものとなっていったのである。

日本思想史学者、村岡典嗣が「平田篤胤の神学に於ける耶蘇教の影響」（大正九年）でこの日本思想史上の、あるいは国学史上の、恐るべき事実を発見したのであった。

そして、南里有鄰、鈴木雅之らの平田篤胤没後の門人たちの思想が、ほとんど「耶蘇教」と近くなったことを論じたのであった。これを受けて、私は、ここに「一神教への呻き」を聴きとったように思った。

村岡が指摘したのは、篤胤の「耶蘇教」の受容が、たんなる外面的なものではなく、篤胤の内面に食い入ったものであったことである。それは、南里や鈴木らの没後の門人たちになると、その幕末維新期の激動の中で、ますます顕著であった。

たしかに、今日、没後の門人たちの著作を読むと、ほとんど奇怪といってもいいものであり、論理的にたどるのも大変であるが、それは、彼らの思索がほとんど「一神教」を求めての苦闘だったからに他ならない。それを、私は「一神教への呻き」と表現してみたのである。

この「呻き」は、島崎藤村の大作『夜明け前』の悲劇の主人公、青山半蔵（藤村の父親、島崎正樹がモデル）の生涯にも、聴きとれるものである。島崎正樹は、他ならぬ平田篤胤没後の門人であったのである。

この没後の門人たちの「一神教への呻き」は、ついにその門人たちの中から「基督者」を生むに至る。そして、その「呻き」の流れは、内村鑑三や植村正久などの「サムライ・クリスチャン」にも通じているのである。

内村鑑三や植村正久をはじめ、明治期の「基督教」を形成した人々、例えば本多庸一、井深梶之助、押川方義、横井時雄などはすべて武士の子であって、世代的には、幕末維新期に活躍した平田派神道家、佐藤信淵、大国隆正、六人部是香《むとべよしか》、鈴木重胤、岡熊臣、矢野玄道、権田直助、渡辺重石丸、南里有鄰、鈴木雅之などと、およそ半世紀から三十年くらいの開きしかないのである。平田篤胤の養子鐵胤は、明治十五年まで生きたし、大国隆正は、明治四年に死んでいる。矢野玄道、権田直助は、ともに明治二十年まで長らえた。普通、明治維新という分水嶺をあまりに大きく考えてしまいがちなので、例えば、明治期の基督者たちと、幕末維新期の平田派神道家群を、実際よりもずいぶん時代的にも思想的にもかけ離れているような先入観を持ってしまいがちである。しかし、事実は、まさに幕末維新期という風に一時代として考えるべきなのであって、幕末と維新期は、連続しているのである。耶蘇教が基督教となったのである。

いいかえれば、この時期に日本人の精神に極めて重要な事件が起きたということである。中村勝巳は『近代文化の構造』において、「西洋文化の構造を解明し、文化諸領域の緊張関係《シュパヌング》、とくにキリスト教と他の文化諸領域との緊張関係のあり方をあきらかにし、それを通じて日本『近代』文化を批判し、問題の所在をあきらかにしようとした」（「序」。傍点原文）。

その第三部「日本思想史における現世拒否の段階と方向」の中で、次のように書いている。

まず自然状態にある人間が、内面の世界をはっきり独立した領域として自己のうちに確立するためには、絶対神、絶対的な存在としての超越神に出会うことが決定的に必要であるとするならば、人間と断絶した移行関係がない絶対的超越神が、いかにしてある時期にある特定の民族によって把握されるようになったかが問題になります。

ここの文章の注として、「新保祐司『日本思想史骨』はこの問題を中心に据えている」と書かれている。

日本民族においては、幕末維新期にこの「把握」が行われたのである。平田派神道家の「一神教への呻き」から、明治の基督者への道とは、この「絶対的超越神」が出現したという事件に他ならない。

神風連にしても、西郷隆盛にしても、さらには、乃木大将にしても、この民族的大事件の渦中の出来事なのである。西郷は、「天」と呼び、乃木は「明治大帝」に殉死した。この「天」や「明治大帝」は、ほとんど「絶対的超越神」としてとらえられたものに他ならない。

西郷の「天」について、内村は『代表的日本人』の中で、次のように書いている。

併し我我はまた、我等の主人公が彼の愛する山谷を幾日幾夜しばしば引続き跋渉しつゝありし時、「天」の輝ける処より直接ひとつの声が彼に臨んだことのあつたことを、否むべきであらうか。『静かなる細き声』は、しばしば杉林の静寂のなかにて彼に語り、彼は此の地上に一つの使命をもつて遣されたること、それを完遂するは彼の祖国と世界とに重大なる結果を及ぼすものであることを、彼に告げなかつたであらうか。もし仮に期かる示し（visitations）が無かつたならば、彼の文章と彼の語る言葉に、斯くも幾度も「天」を挙げたは、何故であるか。鈍い無口な子供らしき人、彼は大概は自分の心とともに独りあつたやうに思ふ。併し彼はその心のなかに自己と全宇宙とより更に偉大なる「者」を見出し、彼と秘密の会話を交はしつゝあつたと余輩は信ずる。『道を行ふ者は、天下挙《こぞ》つて毀《そし》るも足らざるとせず、天下挙つて誉むるも足れりとせず。』『人を相手とせず、天を相手とせよ。天を相手にして、己を尽して人を咎めず、我が誠の足らざるを尋ぬべし。』『道は天地自然の物にして、人は之を行ふものなれば、天を敬するを目的とす。……天は人も我も同一に愛し給ふゆゑ、我を愛する心を以て人を愛する也。』西郷は、右の如き、またそれに類する、他の多くの事を語つた。彼は、すべてこれらの事を、直接、「天」より聞いたのであると余は信ずる。

この内村が引用した西郷の言葉が示している思想は、普通「敬天愛人」といわれる。この「敬天愛人」が、どこから来たのかについて、やはり橋川が『西郷隆盛紀行』あとがきに代えて」の中で、問題にしている。

この敬天愛人の思想がどこから来たのか、ということが問題になる。ということはその語が西郷の思想として定着したのは、少なくとも明治五、六年頃ではないかということである。少なくともそれ以前のものではないとすれば、私にはかなり自由にある思いにとらえられる。

というのは西郷のもっとも心をゆるした勝安房、それに大久保一翁と中村正直との関係を思い浮べるからである。この時期に彼らは静岡にいた。そして西郷との関係もあった。私が注目したいのは、中村敬宇（正直）の「敬天愛人説」が明治元年にあることである。それ以前に彼は慶応二年（一八六六年）、イギリスに留学し、一八六八年帰国しているが、その「敬天愛人説」は大久保一翁に示したものである。

私塾同人社は静岡に営まれたが、スマイルズの「セルフ＝ヘルプ」は明治四年に『西国立志編』として刊行され、明治五年にはミルの『自由之理』を出版している。例の河野広中が福島県において自由民権を唱えるにさいし、よりどころとしたのがその『自由之理』である。中村は明治七年十二月十五日、メソジストの宣教師カックランによってキリスト教徒となっている。

中村正直も、また「サムライ・クリスチャン」の一人であった。そして、その『西国立志編』が、「明治の精神」を支えた本であることは前述した通りである。司馬遼太郎の「明治時代を象徴する本を一冊あげよ、といわれれば、『西国立志編』つまりサムュ〔ママ〕エル・スマイルズの『自助論』がそうでしょう」という言葉は、すでに引用したところである。このように、明治の「基督教」というものは、開国後に西洋からやってきたキリスト教が、大きな起爆剤になっているのは間違いないとしても、その大きな精神的運動は、平田篤胤、あるいはその没後の門人たちから始まる「一神教への呻き」が底流としてあったのである。

　そこに、中村勝巳のいう「絶対的超越神」との「出会い」という深甚な精神的事件が日本人に起ったのである。内村鑑三や植村正久らの「サムライ・クリスチャン」は、その事件（あるいは爆発といってもいい）のすばらしい結実であった。

　森有正は、『内村鑑三』という、すぐれた批評の書の中で、「内村の信仰告白はこの様な、数十年に亙る、生涯をかけての人格的プロセスだったのである。それは、西欧文明の過程においては、パウロ、アウグスティヌス、ルター、更にパスカル、キェルケゴールによって辿られた道に比較することが出来る歩み、人間が真に人間として自覚的に歩む歩みであったということが出来よう。近代日本の先覚者の一人が、この様な、全人格的な歩みを、キリスト教信仰接受のプロセスの中に、数十年を費して現実化していったということ、その中に、私は、日本におけるキリスト教の真の受容の一つの姿を見ることが出来ると思うのである」と書いた。

　近代日本における「基督教」、それは内村鑑三において、最も偉大な姿を示したのであるが、それは、森がいうような高く深い「歩み」であったのである。そして、その「基督教」は、近代日本の支柱であった。河上のいう「アウトサイダー」が実は、最も深く、広く、近代日本の精神を支えたのである。内村鑑三の生涯は、第一高等中学校不敬事件以来、近代日本の主流（造家者《いえつくり》たちの設計した近代日本）から、捨てられたものであった。苦闘の人生であった。しかし、それが、近代日本の最も太い支柱であったこと、これはやはり聖書の次の言葉が、近代日本においても「成就」したということであろう。

イエス言ひたまふ『聖書』に
「造家者《いへつくり》らの棄てたる石は、
これぞ隅の首石《おやいし》となれる、
これ主《しゅ》によりて成れるにて、
我らの目に奇《くす》しきなり」
とあるを汝ら未だ読まぬか。

（マタイ伝第二一章四二節）

近代日本思想史の通奏低音は、実は「基督教」（正確にいえば、ピューリタニズム的なるもの）であったのである。この「隠れたる」真実を認識させられることこそ、近代日本思想史研究の正しい出発点であろう。

参考文献

内村鑑三『代表的日本人』（鈴木俊郎訳、岩波文庫、一九四一年）原著一八九四年
――「武士道と基督教」（鈴木俊郎他編『内村鑑三全集』二二、岩波書店、一九八二年）初出一九一六年
――「聖書研究の目的」（同前）初出一九一六年
――「日記」（『内村鑑三全集』三五、一九八三年）一九二六年
――「武士道と基督教」（『内村鑑三全集』三一、一九八三年）初出一九二八年
――「武士道と基督教」（『内村鑑三全集』三二、一九八三年）初出一九二九年
大木英夫『ピューリタン――近代化の精神構造』中公新書、一九六八年
河上徹太郎『日本のアウトサイダー』中央公論社、一九五九年
国木田独歩「非凡なる凡人」（『国木田独歩全集』三、学習研究社、一九六四年）初出一九〇三年
小林秀雄「歴史と文学」（『小林秀雄全集』七、新潮社、二〇〇一年）初出一九四一年
司馬遼太郎『「明治」という国家』日本放送出版協会、一九八九年
新保祐司『日本思想史骨』構想社、一九九四年
鈴木範久『内村鑑三をめぐる作家たち』玉川大学出版部、一九八〇年
中村勝巳『近代文化の構造――キリスト教と近代』講談社学術文庫、一九九五年
橋川文三「悲痛な行動に同情」（『日本読書新聞』一九五九年五月二十五日）
――「西郷隆盛の反動性と革命性」（神島二郎・鶴見俊輔編『橋川文三著作集』三、筑摩書房、一九八五年）初出一九六八年
――「内村鑑三先生」（鈴木俊郎他編『内村鑑三全集』九、岩波書店、月報8）一九八一年
――『西郷隆盛紀行』あとがきに代えて」（『西郷隆盛紀行』朝日新聞社）一九八一年
星新一「後藤新平」（『後藤新平の「仕事」』藤原書店、二〇〇七年）初出一九九八年
村岡典嗣「平田篤胤の神学に於ける耶蘇教の影響」（前田勉編『新編　日本思想史研究――村岡典嗣論文選』

平凡社東洋文庫、二〇〇四年）初出一九二〇年
森有正『内村鑑三』（講談社学術文庫、一九七六年）初版一九五〇年
保田與重郎「明治の精神」（『保田與重郎全集』一九、講談社、一九八七年）初出一九三七年
――『南山踏雲録』（保田與重郎文庫13、新学社、二〇〇〇年）初版一九四三年
山路愛山『基督教評論』（山路平四郎校注『基督教評論　日本人民史』岩波文庫、一九六六年）初版一九〇七年

（二〇一二年六月）

昭和の文芸評論と内村鑑三

一　逆説に生きるキリスト教

昭和の文芸評論とキリスト教の関係を考えるとき、数年前に目にした一文が印象深く思い出される。

それは、『本のひろば』(二〇〇一年一月号)の冒頭「出会い・本・人」の欄に載っていた青木直人氏(梅花中学・高校宗教主任)の文章である。

「山本健吉の本音」と題されていて、はじめに、一九八三年八月の『朝日新聞』紙上に山本が書いた、俳人中村草田男の追悼文のことに触れ、「あなたは私にとって、この世に生きて行く力の支えでありました」という一節が引用されている。中村草田男と山本は、軽《かる》み論をめぐって激しい論争をして、まだ間もなかった。草田男は、死の前日に、カトリックの洗礼を受けていた。
山本健吉は、昭和の文芸評論を代表する一人だが、古典に造詣が深く、俳句研究にも大きな仕事をのこしている。思想的、あるいは宗教的には、アニミズムの人と思われていた。

健吉は八一年、「那智滝のなかに、神とか霊とか『いのち』とかいったものが在るのではない。滝そのものが、神であり、『いのち』なのだ」（「いのちとかたち」）と語り、八八年の没後、金子兜太によって「多神論者、アニミズムだ」（『俳句研究』）と総括された。

このイメージが、山本健吉に対して持たれている、おおかたの評価であろう。しかし、この山本健吉像は、皮相な見方であったと、青木氏は書いている。

しかし、九四年になって公開された死の三年前の講演記録「文学雑感」（『方舟』）は、「アニミスト」健吉像を覆した。「アニミズム思想が日本の自然破壊をわずかに防いでいる」という健吉に対し、かつて朝永振一郎は「日本人には罪の意識というものがない」と反論したという。健吉は「朝永先生の言う科学者の原罪、これは（中略）その学問によって利益を得ている人、生活の便宜を得ている我々みなの罪でもある」「その罪を知るということが大事なのじゃないか」と語る。健吉は死の年（八八年）に故郷長崎を訪ね、原城址に句碑を建て自作を刻んだ。「地

の果に地の塩ありて蛍草」「幸なるかなくるすがしたの赤のまま」（他一句省略）

たしかに、この絶筆といってもいい俳句は、山本健吉のイメージを覆すものであり、このようなところに、目を向けることが大事なことなのである。「アニミスト」というようなものは、レッテルにすぎない。そういうレッテルで、人間の、その精神の奥底、深淵を理解することはできない。信仰は、「我、深き淵より」のものだからである。ここで、念のために付け加えておけば、このような次元の話では、「クリスチャン」というのも、レッテルにすぎないのである。

青木氏は、次のように論をすすめている。

キリスト教と日本文学の関わりがいわゆる護教文学の範疇でしか語られないかぎり、それが芸術としての真の普遍性を獲得するのは難しいだろう。キリスト教のこころがいかに消化されてきたか、健吉と草田男という傑出した二つの精神のぶつかりあいにおいても、それは重要な例を提供してくれる。触発・拒絶といった範囲にまで広げてとらえるとき、キリスト教は予想以上に豊饒な成果を日本にもたらしていることに気づく。そこには現状打破のための一つの道が見えている。

「現状」とは、「護教文学の範疇でしか語られない」ということであろう。たしかに、「護教文学」

としての文学（小説）も存在するし、それをさらに「護教」する文芸評論も存在するのが「現状」であろうが、それらは百害あって一利なし、である。

逆に、「触発・拒絶といった範囲」のものの方に、キリスト教の深い信仰が逆説的に生きていることがあるのである。キリスト教はそもそも逆説的なものであるからである。

昭和になって、島崎藤村（この作家も、棄教したことになっている）が大作『夜明け前』を書き上げたとき、プロレタリア文学の評論家、青野季吉と対談したことがある。その中で、藤村は、思想から作品が生まれるのではなく、作品から思想が生まれることもあるのだ、と語った。

これは、当時プロレタリア文学の多くが、マルクス主義から小説を作っていることへの、痛烈な批判になっている。『夜明け前』が、プロレタリア文学の評論家から見て、似ているように思われたのは、藤村にとって迷惑なことであり、あえて逆の方向のことを言ってみせたのである。芸術（小説）は、思想から生まれるのではない。真の芸術に達した小説は、作品の方からおのずから思想が生まれてくるのであり、その思想は、マルクス主義とか、アニミズムとか、キリスト教といったレッテルとは別次元のものである。いわく言いがたいものであり、だからこそ、作品は書かれたのである。

この藤村の発言は、キリスト教と文学の関わりについても同じように言えるであろう。キリスト教から生まれた作品ではなく、作品からおのずからキリスト教が生まれてくるもの、そういうものが真にキリスト教と相渉《あいわた》った文学、この場合では文芸評論なのである。それが、「護教文学」ではないということである。

二　中村光夫、河上徹太郎

さて、『昭和文学全集』（小学館）の一巻に、「小林秀雄、河上徹太郎、中村光夫、山本健吉」集がある。昭和の文芸評論を代表する四人が収められていると言ってていいであろう。山本健吉については、冒頭で述べたようなキリスト教との関係があった。他の三人については、どうであろうか。この巻の目次を見て、注意をひくのは、内村鑑三の名が二つも出てくることである。中村光夫の集に、『志賀直哉論』より、とあり、その中の、内村鑑三の章が収められている。

河上徹太郎の集にも、『日本のアウトサイダー』より、とあり、その中の内村鑑三の章が収められている。この事実は、何か深く考えさせるものを持っていないであろうか。昭和を代表する四人の文芸評論家の重要な作品を選んで並べたら、内村鑑三を扱った章が二つも入ったのである。内村以外には、もちろん、誰も二回も出てこない。

中村光夫は、戦前からの二葉亭四迷研究を深め、戦後、『二葉亭四迷伝』と『風俗小説論』という二つの大きな仕事をのこした。『志賀直哉論』、『谷崎潤一郎論』も、力作である。

その批評の基底にあるものは、日本的自然主義に対する激しい嫌悪である。志賀直哉も谷崎潤一郎も、自然主義的なものに大きく言えば含まれる。『風俗小説論』は、日本的自然主義の具体的なあらわれである私小説というものを根源的に批判したものであり、『二葉亭四迷伝』は、そういうものに対峙して生き、そして死んだ天才に対する心からのオマージュである。

日本の近代の時代思潮の中で、闘って死んだ人物、これを、若い頃の二葉亭論では、中村は、一人のキリストのように書いている。

『志賀直哉論』の中の、内村鑑三の章も、すぐれたもので、中村の内村理解が深かったことをよく示している。中村と内村といえば、興味深いエピソードを思い出す。島木健作が、戦争末期、ついに疎開を考えて、鎌倉の家の荷物を整理したとき、中村は島木から『内村鑑三全集』をもらったという。この全集を読んで、『志賀直哉論』の中の、内村の章を書いたのである。そう思うと、何か不思議な感銘を受ける。中村光夫は、死の直前、カトリックの洗礼を受けた。

河上徹太郎の内村論は、名著『日本のアウトサイダー』の中のものである。この『日本のアウトサイダー』は、文芸評論とキリスト教の関わりを考える場合、最も重要な作品と言えるであろう。「序」に、次のように書かれている。


私は以前から我が明治以来の文学にあるアウトサイダーの系譜を辿って見たいと思っていた。しかもそれにはもう一つ重要なモメントが絡んでいる。元来アウトサイダーとは字義的にいって異教徒・異邦人の謂である。すなわちキリスト教徒でないという意味だ。つまり西欧ではインサイダーがキリスト教徒であって、概念の対立がはっきりしている。ところで日本では明治以来キリスト教がはいって来て、明治の文学者の過半は若い時その教えを受けているくらいだが、一体この教えはわが国民の精神生活にどの程度にしみこんでいるだろうか？

これが、河上がこの文芸評論を書くに至ったモチーフだが、中原中也、萩原朔太郎、昭和初期の詩人たち、岩野泡鳴、河上肇、岡倉天心、大杉栄、ととりあげて来て、最後は、内村鑑三である。冒頭に、「さて今度は内村鑑三だが、私はかねがね彼を『日本のアウトサイダー』の最も典型的なものと目指していたのである」と書かれている。

そして、最終章「正統思想について」の中では、日本の近代とキリスト教の問題を考えるに際して重要なことが論じられている。

ここで私は、われ人ともにいい古したテーゼを繰返しつつ、明治におけるキリスト教の正体を簡単に再吟味する義務があるようだ。何故ならざっと見渡しても、明治の文学者・社会運動家その他文化界一般の代表者のほとんど全部が一度はキリスト教の門をくぐっていることは、私の今までの列伝を見ても明らかである。しかも特徴的なことは、その先ず全部が新教であること、それから大部分が入信後間もなく離教していることである。教会史を見ても、明治二十年代は内村鑑三の「不敬事件」で象徴されるように、国粋主義の時代で布教に障碍が大きかったが、三十年代には実績大いに上り、この分では十年もたてば日本国民の過半がクリスチャンになるのではないかと牧師達を楽観させたのであった。それが今日では教会の会員数は数十万、もし信仰の熱度というものが量り得るものなら、それは決して他の社会的情熱に比して高いとはいえないものなのである。（中略）
　これらの概観からいえることは、明治の日本には近代物質文明と、ヒューマニズムと、キリスト教が一緒になって輸入されたのであり、近代日本が専らこれによって形作られたのなら、歴史的に見て前二者の本質をなすものがキリスト教である以上、近代日本の正統思想はキリスト教である、と仮にいうことが一応許されるのである。これは実際にキリスト教の布教状態がどうであろうと、又この精神や教養がわが国でどのように理解され、誤解されていようと、関りないのである。（中略）私は日本にはインサイダーはいないという建前であり、ただ正統思想をキリスト教、或はキリスト教的なものに置いたとなると、現実にあるキリスト教の正統的なものはどんなものかと窺って見たのである。そして、伝統即ち正統ではないけれど、伝統のないところに正統はないといえるのであろう。わが国では正統はただアウトサイダーの希望の中だけにあるのだ。

「近代日本の正統思想はキリスト教である」とか「わが国では正統はただアウトサイダーの希望の中だけにあるのだ」などは、決定的に重要な言葉である。河上徹太郎も、カトリックとして死んだ。

三　小林秀雄と内村鑑三

小林秀雄は、何といっても昭和の文芸評論を代表する人物であるが、「触発・拒絶といった範囲」でとらえられるであろう。小林がドフトエフスキイを論じながら、ついに中断したこと、それは、キリスト教がわからないからだと江藤淳との対談ではっきり述べたこと、そして、その発言は、晩年のライフワーク『本居宣長』執筆中であったことなどは、よく知られたことなので、ここではくりかえさない。キリスト教から、宣長の国学への道は、興味深い道のりであるが、『本居宣長』完成後、正宗白鳥について書き出し、それが絶筆となったが、そこでまたキリスト教のことを問題にしたこと、まさに「触発・拒絶」の劇であるが、これはすでに多くの論者によって指摘されていることである。

ここでは、小林秀雄の内村鑑三観について書いてみようと思う。小林とキリスト教の関わりの複雑さが、そこによくあらわれていると思われるからである。

小林秀雄には、内村鑑三論と呼べるものはない。また、小林の内村についての言及は、その言及が含まれた文章全体に比べると、確かにあまりに短いので、それほどの印象を残さずに読みおえてしまう読者も多いかもしれない。

実際、小林秀雄が内村鑑三について何か言っていたか、すぐ思い浮かばない人が、小林の愛読者の中でさえ、かなりいると想像される。
しかし、その言及を抜き出してみると、たとえて言えば音楽の、大変感銘の深い、短いパッセージのような発言として、浮かび上がってくるのである。そこから言えることは、小林が、内村を高く評価していたことである。
有名な「歴史と文学」の中で、スタンレイ・ウォッシュバアンが書いた乃木将軍についての本のことに触れて、次のように言っている。

僕は乃木将軍といふ人は、内村鑑三などと同じ性質の、明治が生んだ一番純粋な痛烈な理想家の典型だと思つてゐますが、彼の伝記を読んだ人は、誰でも知つてゐる通り、少なくとも植木口の戦以後の、彼の生涯は、死処を求めるといふ一念を離れた事はなかつた。

その他の、小林の内村についての発言は、対談の中にある。河上徹太郎との対談「白鳥の精神」の中で、次のようなやりとりがある。

河上 君は、キリスト教のお世話にあんまりなっていないけど、僕はお世話になっているからね。白鳥さんはなんかあるんだよ、つながりが。
小林 なんかあるって……。

河上　だから、つまり、僕は白鳥さんがキリスト教を肯定したとも否定したとも言わないのだ。僕より君の方が自由に言えると思うのだな。

小林　何をさ。

河上　キリスト教をさ。

小林　ああそうか。僕はさっき言ったようにね、やっぱり、たいへん日本的な、内村鑑三以来のクリスチャンじゃないかな。あの人の信仰の表し方というものには、さっき君が言ったように、たいへん日本的なものがあるのだな。外国のすれたクリスチャンよりも、非常に純粋なんじゃないかというところまで考えるのだよ。

正宗白鳥が、「内村鑑三以来のクリスチャン」であるということは、小林の白鳥に対する深い敬愛の念を考えるなら、近代日本における「日本的な」「非常に純粋」なクリスチャンは、内村鑑三と正宗白鳥の二人であると言っているのに等しい。

そして、正宗白鳥が、ある意味で、内村鑑三の弟子であることを思えば、内村に対する小林の評価は、ここで最高の高みにまで達していると言っていい。

「正宗白鳥の作について」は、六章までが『文學界』に発表され、七章は、原稿用紙一七枚の未完のものが、没後発見された。

第三章は、全部が内村鑑三をめぐって書かれているが、その中で、小林秀雄の内村鑑三観がうかがわれる箇所を引用してみよう。内村の『代表的日本人』に触れて次のように書いている。

此の英文著作の独逸語版が刊行された時（明治四十年）、著者は、独逸の読書界、殊に第一作「余は如何にして基督信徒となりし乎」を読んだ人々の為に、第二作の解説を書いてゐる。――「此の書は、現在の余を示すものではない。これは現在基督信徒たる余自身の接木せられている砧木《だいき》の幹を示すものである」と。（中略）「砧木の幹」とは何か。内村に言はせれば、「裸体の未開人」として、私はこの世に生まれて来たのではないといふ意味だ。――「母の胎に宿らざりし先に、種々なる感化が余を形成したのである」――内村の基督信徒としての物の言ひ方で言へば、――この「選びの業《わざ》は我が国民のうちに二千余年来はたらき、遂に余もまた主イエス・キリストの仕者《つかへびと》として選ばるるに至つた」となるわけだ。わが国民をわが国民たらしめるのに二千余年働きつゞけて来た歴史の人間形成力と言つてもいゝものを考へる以上、これは我が国語の働きと不離なるもの、或ひは一体をなすものと考へざるを得ない。さういふ誰にも測り難い、誰にも逃げられない力に直面し、これから眼を離すことが出来なくなるやうな状態に、内村を引き入れたものは、彼を「異邦人」として、「流竄」に処した基督教国に於ける基督信徒との生活体験であつた。

彼は、飽くまでもこの個性的な具体的な体験に即して推論し、結論を得た。彼に言はせれば、体験の内部にあつて、単純に健全に悟性を働かせて得た此の結論は言ふ、――「余は、基督教外国宣教師より、何が宗教なりやを学ばなかつた。すでに、日蓮、法然、蓮如、其他敬虔なる尊敬すべき人々が、余の先輩と余とに宗教の本質を知らしめたのである」と。

孤立を強ひられた意識の裡に、手に入れた結論が反響し、その共鳴の運動が、内村自身も驚くほど鮮明に、「砧木の幹」の美しさを描き出してみせた。この作が名作たる所以を言ふのに、さういふ言ひ方をしてもいゝやうに思はれる。描かれた人間像は、西郷隆盛に始まり、上杉鷹山、二宮尊徳、中江藤樹とつゞき、これを締め括る日蓮上人が一番力を入れて描かれてゐるが、装飾的修辞を拭ひ去つたその明晰な手法は、色彩の惑はしを逃れようとして、線の発明に達した優れた画家のデッサンを、極めて自然に類推させる。これらの人々の歴史上の行跡の本質的な意味と信じたところを、このやうに簡潔に描いてみせた人はゐなかつた。これからもあるまい。（傍点内村）

「なかつた」というばかりではない。「これからもあるまい」とまで小林は書いている。小林は「ニイチェ雑感」の中で、ニイチェは「無比な散文」をのこしたといい、「こんな散文を書いた人は、彼の前にも後にもない」という表現をつづったが、それを思い出させるような、最高の讃辞である。そして、小林は、この第二章を、次のように結んでいる。

内村は「聖書之研究」の巻頭に、長年にわたつて短文を掲げたが、読んでゐてたまたま眼に止まつた文がある。此処で挙げて置くのに適当なものと思はれたから。――「伝道他なし、イエスキリストを紹介することなり、彼の人格を紹介することなり、彼の事業を紹介することなり、人をして彼を其すべての方面に於て知らしむることなり、福音宣伝とは単に道を伝ふるといふが如き漠然たる事にあらず、もちろん教勢拡張と称するが如き政治家めきたる事にあらず、イエスキリストと称する明確なる人格の明確なる紹介なり、余輩は伝道に従事すると称して空を撃つが如き業に従事するにあらざるなり」と。――正宗氏は小説家のモデルについて深く考へたが、その深く思ひをめぐらした意味で、内村といふ思想家のモデルはイエス・キリストであつた。

ここで、引用された内村の短文は、「伝道の明確」と題されたもので、一九一〇年（明治四十三）五月の『聖書之研究』に書かれたものである。「読んでゐてたまたま眼に止まつた」と小林は書いているから、この「正宗白鳥の作について」を書くに際しては、内村の全集にも眼を通したものと思われる。全部を精読したのではなく、この「所感」などの短文を読んでいったものと想像されるが、その中で、この「伝道の明確」を発見し、これを内村の本質を表わすものとして、引用するところなどには、小林の真骨頂が発揮されている。たしかに、この「伝道の明確」こそ、内村鑑三の生涯の事業の要約である。

内村鑑三のことを、「明治が生んだ一番純粋な痛烈な理想家の典型」と言い、「日本的な」「非常に純粋」なクリスチャンと観た小林秀雄は、このように深く、「明確」な理解を示したのであった。『本居宣長』を書いている最中に、「結局キリスト教というのはわからない」と思ったと語った小林は、しかし一〇年後の絶筆「正宗白鳥の作について」の中でこのような透徹した内村鑑三観を披瀝した。「キリスト教というのはわからない」といった小林秀雄は、内村鑑三は、あるいは「代表的日本人」内村鑑三において「あらわれた」キリスト教は、「わか」ったのである。

四　亀井勝一郎と福田恆存

昭和を代表する文芸評論家としては、上述の四人の他に、亀井勝一郎の名も挙げなくてはならない。亀井は、中でももともと宗教性の強い人間であり、仏教についても多くの作品をのこしているが、キリスト教関係では、やはり、内村鑑三についてくりかえし書いている。

例えば、「非寛容の精神」という文章の中で次のように書いている。

寛容の美徳といふが、寛容とは何か。相手の心の奥をよく推察し、その意をくみ、決して軽率には断定しない心がけはむろん美しい。さうあらねばならぬが、私は自分に即して言ふのだが、人間の寛容は非寛容と同じ程度の危険を伴ふといふことである。人間の寛容を疑ふと云ってもよい。何故なら、それは実に屢々、拒絶を知らぬ精神の怠惰を意味してゐるからである。

> ものわかりがよいと言はれることは結構だが、ものわかりのよすぎる人間が多いのではあるまいか。つまり寛容の名において、際涯のない妥協を伴ふことを私はおそれる。仏教的寛容は屢々、これを犯してきた。
> 明治のキリスト教が堕落したとき、それはものわかりがよくなつて社交的になつたときである。（傍点原文）

そして、亀井は、「明治から現代までの様々な人物を通して、かゝる精神的能力（非寛容の精神のこと――引用者註）を正当に行使しえた人を挙げるとすれば、私は第一に内村鑑三に指を屈したい」と書いているのは、さすがである。「明治のキリスト教」、あるいは一般にキリスト教が、「堕落」するのは、どういう風にか、それに対して内村鑑三はどのように違っていたか、についての正確な理解がある。

もう一人、戦後の文芸評論家の中で、触れないわけにはいかないのは、福田恆存《つねあり》である。この保守派の論客のように見られて、今でも右からも左からも評価の高い、この人物は、実は自ら言うように、「無免許のカトリック」であった。福田恆存の思想を支えているのは、「絶対」の観点だが、これはキリスト教から来ているのである。そういう例は、いくつも挙げられるが、ここでは、まず「絶対者の役割」の中から、次のような箇所を引用してみよう。

「和魂洋才」といふ文化主義者は、精神と物質とを器用に腑分けして、西洋人とつきあひ、文明の利器は輸入してもクリスト教は断らうとした。なるほど、現代の日本にクリスト教勢力は大してのびてゐないかもしれませんが、文明の利器をどんどん輸入し、その技術まで立派に身につけるにいたつて、私たちはやうやく何かが不足してゐることに気づきはじめた。ひよつとすると、クリスト教を受け入れなかつたことがまづかつたのではないか、さう思はれるのです。

もう一例。「個人主義からの逃避」は、次のように結ばれている。

神のない日本、絶対神を必要としなかつた日本人、さういふ主体の分析にまで迫らなければ、どうにもなりません。さらに、それをみごとに分析しえたところで、それだけでどうなるといふものでもない。が、その自覚なしに、近代文学がどうの、近代精神がどうのといつても、いたづらに混乱をまきおこすだけで、すべては無意味であります。個人主義といふこと一つを採りあげても、それは神といふ前提なくしては生じえないし、それに徹しようとすれば、どうしても神の問題にぶつからなければならないはずです。個人主義ばかりではない。民主主義にしても、自由にしても、平等にしても、すべてが神の問題に結びついてゐる。

たゞ、神などをもちだすのは、私も日本人の一人として、いかにも大仰で照れくさい。が、それを照れくさいとして避ける気もちが、あるひは、それを「観念論」として軽蔑する態度が、ますます私たちをして西欧の精神と文学とを理解せしめなくしてゐることだけは事実です。その意味では、もう一度、明治の精神に立ちかへってみる必要がありはしないでせうか。クリスト教に真向うからぶつかってみる必要がありはしないでせうか。

漠然と日本の伝統などといったものにもたれかかっている保守派とは、全く違う。この「無免許のカトリック」福田恆存が、内村鑑三について触れているのは多くはないが、例えば、「個人と社会」の中で、次のように出てくる。「現代の平和論者」を批判しているくだりである。

のみならず、平和はたんに戦争のない状態といふ消極的な意味しかもちえない。相対主義の考へかたでは、どうしても、そこから脱け出られません。それが積極的な理想にまで高まるには、個人倫理の絶対性と相ふれなければならぬのです。現代の平和論者が内村鑑三とまったく異るゆゑんです。

このように、内村を高く評価している。それにしても、河上徹太郎にしても、中村光夫にしても、小林秀雄にしても、亀井勝一郎にしても、さらに福田恆存にしても、何故内村鑑三なのであろうか。京極純一著『植村正久』の最後には、次のような注が書かれているが、たしかにこれは「最も苛酷な」文章である。

植村正久にとって最も苛酷な逆説は、日本プロテスタンティズム第二期においては、「無教会主義」が本来「教会」の果たすべき預言の機能を果たしたこと、しかもそれは、「教会」を否定し、コイネーに直結し、パーソナル・コミュニケーションの中で、「主体」と「志」の再生産を支えた「無教会主義」によって可能であった、ということである。

昭和の文芸評論家の中でも優れた人物たちが、精神的に、「相渉」ったのが、他ならぬ内村鑑三であったということも、この「最も苛酷な逆説」の一環であろう。文芸評論家の本領は、レッテルにまどわされずに、真贋を見抜くことにある。河上、中村、小林、亀井、福田といった本物の文芸評論家は、内村鑑三というキリスト教における本物とだけ、「相渉」ったのである。

最後に、井上良雄という存在を挙げておかねばなるまい。昭和初期の文芸評論界に彗星のように現われ、消えていった、この不思議な人物は、バルト神学を通してキリスト者になり、文芸評論の筆は、一切とらなくなった。この文芸評論への潔癖なる別れは、近代日本の文化状況の中で、真のキリスト者であることと文芸評論家であることとの間にある緊張、あるいは危機を極限まで示していると言えるであろう。しかし、文芸評論を一切書かなかったことによって、この特異な存在は、存在自体が逆説的に、あるべき文芸評論の姿をヴィジョンとしてあらわしているとも言えるのである。

参考文献

『内村鑑三全集』全四〇巻、岩波書店、一九八〇―八三年
『山本健吉全集』全一六巻、講談社、一九八三―八五年
『中村光夫全集』全一六巻、筑摩書房、一九七一―七三年
『河上徹太郎全集』全八巻、新潮社、一九六九―七二年
『福田恆存全集』全八巻、文藝春秋、一九八七―八八年
『亀井勝一郎全集』全二一巻、講談社、一九七一―七五年
『小林秀雄全集』全一五巻、新潮社、二〇〇一―〇二年
梶木剛編『井上良雄評論集』国文社、一九七一年
京極純一『植村正久――その人と思想』新教出版社、一九六六年

（二〇〇六年八月）

Ⅲ　富岡鉄斎と内村鑑三

〈扉図版〉
「講演前の内村鑑三の仰瞻」
（石河光哉作　一九四九年）

一　京都、便利堂

一　富岡鉄斎の長男謙蔵

内村鑑三の「日記」の、大正七年のところに、次のような記述が見える。鑑三、五十七歳である。

十二月二十四日（火）曇（中略）○京都大学講師富岡謙蔵氏の死を聞いて悲んだ〔ママ〕、余は氏の英語の手解《てほど》きを為したる者、故に氏は余に対し終りまで師礼を尽した、然し余は氏が余より英語を学んで更らに重要なる者を学ばざりしを悲む〔ママ〕、願ふ天の父彼の霊を守り彼に平康《やすき》を賜はんことを。

この「富岡謙蔵氏」とは、富岡鉄斎の長男謙蔵のことである。富岡謙蔵が、まだ四十六歳の若さで死んだのは、前日の二十三日のことであるから、鑑三のところへは、富岡家からすぐに連絡が入ったのであろう。「師礼を尽した」人だからである。鑑三の「日記」に、このようにその人の死が書き留められ、「悲」しまれているのは、知人友人の中でも限られており、鑑三の富岡謙蔵に対する親愛の情は、深かったことが察せられる。

実は、私が内村鑑三についての批評文を『三田文学』に書いていた六、七年前には、この「日記」の記述も当然、読んでいたわけだが、特に気にも留めないで読み過ごしていた。というのは、富岡謙蔵なる人物が、鉄斎の息子だとは、私はまだ知らなかったからである。迂闊な話である。

しかし、その後に、鉄斎に対する関心が鑑三研究とは別のところから高まってきて、鉄斎に関する基本的な文献である小高根太郎の『富岡鉄斎』を読んだときに、鉄斎の息子が謙蔵という名前であることを知った。そして、次のような記述に出会って、鑑三の「日記」が、思い出されたのだった。

謙蔵は幼時身体が弱かったせいか、あるいは鉄斎が学校教育を喜ばなかったせいか、当時すでに開かれていた小学校には通わず、父から教育を受け、十歳のころには、すでに『資治通鑑』を読みこなすほどの学力を備えていた。そのころ、後に相国寺の管長になった橋本独山が鉄斎に入門し、白文の漢籍を試みられて難色を示したところ、鉄斎は「謙蔵でも、このくらいのものは読むぞ」と一喝したそうである。その後、公卿華族の学校であった平安義黌に入って普通学科を学び、やがて鉄斎の友人伊藤如石について経学をおさめ、また敷田年治について国語・国文を研究し、内村鑑三について名古屋・東京に遊学して英語を学び、また栗田寛について国史を学んだ。

内村鑑三が富岡鉄斎の息子謙蔵の、英語のいわば家庭教師であったことは、鉄斎研究においては周知の事実なのであろう。しかし、内村鑑三研究の側ではこのことに触れているものを眼にしたことがまだない。これは恐らく、以前の私と同じく、世の鑑三研究家が鑑三の「日記」の中に出てくる富岡謙蔵が、富岡鉄斎の息子である、というきわめて興味深い事実に気がつかなかったからではないか、と推察される。また、仮に気がついたとしても、鑑三研究は、思想や文学、あるいはキリスト教の面に限定されがちで、絵画などの美術や音楽といった広い文化の領域にまで及ばない傾向があるからである。

一方、鉄斎研究の側でも、謙蔵が死んだときに、鑑三が「日記」にその死を「悲」しむ記述をしていることを知らないようである。あるいは、知っているとしても、特別な関心をひかれてはいないようである。この鑑三の記述については、鉄斎研究関係の本の中で見かけたことはない。鉄斎といえば、美術、鑑三といえば、キリスト教、といった悪しき通念が、人間の精神の深い部分をとりのがしてしまう。息子謙蔵を介しての、鉄斎と鑑三の往来は、それぞれの精神のクリティカルな面に光をあてるように思われる。

小高根太郎は、同書の中でまた次のようにも書いている。

鉄斎はその子謙蔵を内村鑑三につけて英語を学ばせたが、キリスト教徒である内村は、天皇の写真に敬礼することを拒絶して、世間一般から国賊呼ばわりされていた。しかし鉄斎は、そんなことに頓着しない太っ腹なところがあって、悪名の高い内村に、わが子の教育を託したのである。

これは明治二十四年一月九日に起きた、いわゆる第一高等中学校不敬事件のことである。当時、三十一歳で第一高等中学校の嘱託教員であった内村鑑三は、この事件によって、不敬漢、国賊とののしられ、天下に枕するところがない悲境に追い込まれた。札幌、千葉、大阪、熊本などを転々としたあと、明治二十六年八月に、三十三歳で京都に居を構えた。このような、世間一般からすれば、不敬漢、国賊の鑑三を、大事な一人息子の家庭教師に選んだのは、はたして「太っ腹」からだけであろうか。もし、本当に、「太っ腹」からだけと考えられているとしたら、鉄斎研究の側の、鉄斎の思想の理解の深浅について、疑惑を懐かざるを得ない。一体、鉄斎の思想、あるいは人間性について、どれだけ探究されているのであろうか。その絵の偉大さについては喋々と論ぜられながら、その思想については決して、充分な理解がなされていないような気がする。鉄斎自身、絵書きではなく、学者として見られることを強く望んでいたではないか。

鑑三以外の家庭教師についていえば、鉄斎の友人伊藤如石についてはまったく詳しく分からないが、国語・国文を教えた敷田年治は、文化十四年（一八一七）生まれの国学者である。天保七年（一八三六）生まれの鉄斎より、十九歳年上の先輩である。謙蔵を教えたころは、もう八十歳に近かったであろう。帆足万里・渡辺綱章に学び、嘉永六年（一八五三）江戸に遊学し、文久三年（一八六三）和学講談所に勤務した。明治十四年伊勢の神宮教院の学頭に迎えられ、神宮皇学館の創設に尽力し、同校の学頭となった人物である。

国史を教えた栗田寛は、江戸時代末期から明治時代にかけての史学者である。天保六年（一八三五）生まれだから、鉄斎より一つ年上である。水戸に生まれ、安政五年（一八五八）、彰考館に出仕し、廃藩後も『大日本史』志表の編纂に従事した。その後、久米邦武のあとをうけて帝国大学文科大学教授に任ぜられたりして、明治三十二年に歿している。謙蔵を教えたのは、六十歳くらいのころであろう。さすがに、鉄斎の人選にかかる教師たちである。これに、内村鑑三を加えると、なんと贅沢な教育を、謙蔵は受けたものか、と改めて驚かされる。こんな教育は、現在の教育制度の下ではありえまい。

鉄斎の友人伊藤如石や、敷田年治と栗田寛は、年齢的にいっても、教養の面からいっても、鉄斎ときわめて近い人々であって、鉄斎が自ら依頼できる間柄であったと推察される。しかし、この三人に比べると、内村鑑三の場合は、大分違うように思われる。

息子の謙蔵に、あえていえば古色蒼然たる教師たちによる伝統的学問の他に、英語を学ばせる必要を感じたのは、時代の動きとして当然のことと思われるが、その際、鉄斎の知友の範囲には、英語の教育を任せられる人材は、恐らくいなかったのであろう。世代的にいって当然である。そこで、紹介してもらったりして、探すことになったのであろうが、当時の京都にも、英語の教育くらい、できる人物は何人もいたことであろう。英語がよくできる人で、キリスト教徒でない者もいたであろうし、世間の評判もよい人物もいたであろう。それが、何故、よりによって不敬漢、国賊のキリスト教徒内村鑑三が選ばれたのであろうか。ここに、「太っ腹」というだけではすまない鉄斎の人間と思想の興味深さが現れてくるのだが、それを考えてみる前に、まず、鉄斎と鑑三が結びつくに至った経緯をたどらなければならない。

二　便利堂主人中村弥左衛門

数年前、宝塚市の清荒神清澄寺にある鉄斎美術館に行ったとき、美術館の外に鉄斎の絵の複製や絵葉書、鉄斎に関する書籍などを扱っている小さな売店があったので、のぞいてみた。並べられている絵葉書を手にとってみると、便利堂の製作であることが印刷されていた。それで、ふと売店の正面を改めて見てみると、便利堂の出店であることが分かった。ここで扱っている鉄斎の絵の複製などもすべて便利堂の製作によるものに違いない。特に、私の眼をひいたものは、『鉄斎筆録集成第一巻』と題された大部な本であった。全五巻が予定されているとのことである。これは、鉄斎が安政六年二十四歳から大正十三年八十九歳で歿するまでの六十六年間にのこした二百冊余りの、備忘録・日記・紀行文・所見録などの記録物を、はじめて活字にしたものである。これまで、小高根太郎の『富岡鉄斎の研究』などに一部紹介されたこともあるが、それはごく一部であり、実質的にはこの本がはじめて鉄斎の文人としての面目をうかがうに足るものとなる。私がこれに関心を懐いたのは、この筆録集成の中に、鑑二についての記述が何かあるかも知れないという期待からであったが、鉄斎と鑑三の往来のあった明治二十年代後半は、第一巻には収められておらず、第二巻以降はまだ刊行されていないので、確認することはできない。いずれにせよ、このような書籍を刊行するのは、立派な仕事であり、この出版がやはり便利堂なのである。第一巻の序文の中で、源豊宗という人が、「一見漢字だらけの本書は、名にし負う鉄斎の著書とはいえど、必ずしも多数の読者を期待し難そうに思われるが、それを敢えて出版を決意した便利堂の学問的熱意は多とするに余ある。」と書いている。鉄斎と便利堂の関係は、ずいぶん深いものがある。

便利堂といえば、美術印刷の技術の高さで有名な会社であり、例えば、東京国立博物館で売られている絵葉書は、便利堂の製作である。昭和五十年に便利堂が自ら出した『便利堂の事業——便利堂小史』（以下『便利堂小史』と略記）によって、その歴史を知ることができる。便利堂の創業者は中村弥二郎、中村家の次男である。長男は、弥左衛門である。他に、二男一女があった。父は、中村弥作といい、代々御所へ出入りした錫屋であったが、明治維新を機に家運は傾いていった。明治二十年頃、次男弥二郎が、新商売として貸本屋を始めた。貸本、売本兼出版業として推移し、明治三十四年に長兄弥左衛門が継ぎ、四年後の明治三十八年にコロタイプ印刷工場を創め、やがて売店を廃して、工場一本の経営となる。大正十四年弥左衛門の歿後、原色版印刷部門を併設し、その後は美術印刷及び出版の地位が向上していく。その高い評価としては、例えば島木健作の「日記」の昭和十九年九月十二日のところに誌された、『日本名画譜』の仏画篇を買ったときの感想「立派な出来である。京都の便利堂が力をこめてやつただけのことはあると思つた。」が、あげられよう。

この『便利堂小史』の中に次のような記述がある。

大正時代に入ると、元年に「鉄斎画賸《よう》」という図録を受注している。発行者は大阪の中村梧一氏とある。後日、弥左衛門は鉄斎先生の眷顧を受け、先生に会心の作が成れば、直ちに便利堂に命じて之を撮影するようになり、又「鉄斎先生遺墨集」全三冊（大正十四年）「鉄斎先生試筆帖」（大正十四年）を自刊するようになるが、或いはそういう機縁も初めは前記の注文図録の製作等によって生じたものであるかも分らない。

鉄斎の孫の富岡益太郎の「祖父鉄斎の思い出」は、「父鉄斎のこと」（富岡とし子）「祖父富岡鉄斎」（富岡冬野）とともに、益太郎編の『鉄斎の思い出』に収められているが、この昭和四十六年刊行の非売品の本の印刷も、便利堂である。その益太郎の文章の中に、次のように書かれている。

写真もそのころ、宅へよく出入していた便利堂の主人中村弥左衛門さんが、毎年きまって写真技師を連れてきて、祖父母や一家の撮影をしてくれるのが、年中行事となっていました。

さて、この便利堂が、また内村鑑三ときわめて深い関係にあったのである。内村鑑三に親しんだ者にとっては、よく知られた事実である。『便利堂小史』には、次のような記述がある。

弥二郎の性格は企画性に富み、一見奇抜に思われることでも平然と実行するところがあり、入洛される東都の名士等にも紹介状を持たずに訪問し、知遇を得るようなことが屡々あったそうで、内村先生との交渉の始まりもその伝であったようである。

また、次のようにも書かれている。

内村先生は明治二十四年、一高に於て御真影奉拝を拒んだ出来事により、東京を追われた形で、京都に国内亡命されたのであるが、その折に弥二郎が畏敬を以て接近し、兄弥左衛門と諮り自宅の離れ家を提供してお世話をした。

もう一箇所、引用する。

さきに弥二郎が京都へ亡命された内村鑑三先生に自宅の離れ家を提供し、大いに便宜を計った事を記したが、上京後の弥二郎は内村先生に対する一辺倒の気持が無くなって、むしろ疎遠になるに反し、京都の弥左衛門が内村先生に深く傾倒した。内村先生と弥左衛門との間に往復した手紙の数はおびただしく、簡単な季節の挨拶や贈答に関するものもあれば、内村先生の京都での小トラブルの後始末等に関する混み入ったものなども残されている。晩年弥左衛門はキリスト教信者になったが、それは次々と何人もの子供を病気で失って行く不幸もあるが、内村先生の感化とに依ったのではないかと思われるのであるが、書簡中に直接その事に触れたものは見出せない。現在、内村先生の嘗て住まれた建物は他所へ移されたが、その跡には内村先生自筆の滞在記念の碑石が置かれている。この碑石は弥左衛門が大正十二、三年頃に建てたものである。碑文はすべてローマ字で“Taizai Kinen 1895～6 U.K.”と簡略に彫りつけられている。

鑑三が、「日記」などで「便利堂主人」といっているのは、やはり弥二郎ではなく、弥左衛門の方である。恐らく、中村兄弟との最初の出会いのきっかけは、弥二郎であったと思われるが、その後長兄弥左衛門ともつきあうようになったのだろう。『便利堂小史』にも、弥左衛門は、「長らく親戚の呉服商に修業に出ていたが、結局肌に合わず、又某家へ一度養子縁組が決ったが不調になり、その頃は（多分明治二十八、九年頃から）実家へ戻り、便利堂の仕事に参加していた」とある。弥二郎が鑑三と知り合ったのは、明治二十六年夏頃であったと思われる。

鑑三は、その「便利堂主人」のことを、「私の親友」「余の大切なる友人」「余の京都在留中の恩人」「義侠憐愍の人」「京都在留の際、余の窮乏を救ふて呉れた」人などといっているが、京都時代の「飢餓と苦闘の三年間」において、鑑三を生活的にも援助したのである。月々二十五円を貸与したとされる。今でいえば、十万円くらいであろうか。これは、のちに返済したのであるが、鑑三の有名な講演『後世への最大遺物』の最初の版が出たのは明治三十年のことで、やはり便利堂からであったのは、返済の意味合いもあったのかも知れない。

この「飢餓と苦闘の三年間」は、鑑三の生涯においてもきわめてクリティカルな時期で、『代表的日本人』や『余は如何にして基督信徒となりし乎』などの英文著作を刊行した。この京都での住所は、明治二十六年の夏に移ってきたときには、妻しづの実家岡田家のところに寄遇したものと思われる。これは、下立売室町にあった。そして、すぐ、八月十六日には、そこから西へ四百メートルほど行ったところの下立売小川西入ルに移った。ここに明治二十八年の夏頃までの二年間住んだあと、鑑三の著作による生活もいよいよ窮して、さきに書いたように、便利堂主人中村弥左衛門の家（新町通り竹屋町下ル）の離れを提供してもらったのである。月々二十五円の援助の他に、この家賃もお世話になったのであろう。この新町通り竹屋町下ルの家は、今は便利堂の社屋と工場になっており、"Taizai Kinen 1895～6 U.K."の石は、玄関を入った左側にある。私も、六、七年前、鑑三の京都における生活の跡を訪ね歩いた折、この石の前でしばらく佇んだものである。鑑三の大正十四年の「日記」には、次のような記述がみえるが、この短い文章の深さを思うべきである。

一月二十四日（土）晴（中略）○京都便利堂主人中村弥左衛門永眠の電報に接し、悲み《〔ママ〕》に堪へなかつた。

三　鑑三と鉄斎の対座シーン

さきに引用した富岡益太郎の「祖父鉄斎の思い出」によれば、鉄斎のところへ弥左衛門が「よく出入していた」のは、大正のはじめの頃からであるような印象を受けるが、たしかに美術印刷の仕事を始めたのは、その頃からだから当然であろう。しかし、美術印刷の仕事で「よく出入」するようになる前から、鉄斎と中村弥左衛門、弥二郎の兄弟は、往来があったと思われる。「弥二郎の性格は企画性に富み、一見奇抜に思われることでも平然と実行するところがあり、入洛される東都の名士等にも紹介状を持たずに訪問し、知遇を得るようなことが屢々あった」くらいだから、京都の「名士」であった鉄斎のところへも行ったことであろう。また、当時、貸本、書籍販売を業としていた便利堂は、三条富小路角もしくは三条富小路西入ルにあったか、現在の新町通り竹屋町下ルにあったのだが、いずれにせよ、室町通り一条下ル薬屋町の鉄斎の住所から、それほど離れていないので、無類の読書家だった鉄斎が、書籍の収集の場として便利堂を使っていたことは充分考えられる。このような関係がすでにあったから、美術印刷に進出したとき、鉄斎の絵の複製というい い仕事をとれたのだろう。

そして、私は、この中村兄弟を通して鉄斎は鑑三のことを聞き知ったのであろうと推測している。弥左衛門は明治三年生まれ、弥二郎は明治五年生まれである。鉄斎の息子謙蔵は、明治六年生まれであるから、中村兄弟と同じ交友圏にあって、謙蔵の方から話が出たのかも知れない。いずれにせよ、謙蔵の英語の家庭教師に鑑三がなることになる機縁には、便利堂主人が存在していたことに間違いはないと思われる。

国木田独歩の有名な『欺かざるの記』の中に、鑑三、謙蔵、中村の名前が出てくる条りがある。独歩は、例の佐々城信子との破局のあと、鑑三を頼って京都にやってきた。このときの鑑三と独歩との興味深い往来については、「内村鑑三と国木田独歩」(『日本思想史骨』構想社刊所収)で論じたが、独歩が三カ月弱の滞在のあと、帰京するにあたって、鑑三の主唱で送別会が開かれた。明治二十九年八月二十六日のところに、次のように書かれている。

明日、帰京に決し、今日晩食に内村鑑三君主唱となりて富岡、横浜、中村の諸氏余のために送別会を某楼に開かれ、鶏肉を飽食したり。

この「富岡」とは、謙蔵であり、「中村」は、弥左衛門か弥二郎であろう(恐らく、弥左衛門の方と思われる）。独歩も、この二人と同世代である。謙蔵や中村兄弟が交友関係にあったことは、この記述によっても明らかだし、その中に、「先生」として鑑三もいた訳である。

ここで、明治二十六年の或る日、三十三歳の内村鑑三と五十八歳の富岡鉄斎が鉄斎の家で、向いあっている光景を想像してみる。息子の家庭教師を選ぶに際して、直接会ってみないということは考えられないからである。この鑑三と鉄斎の対座のシーンは、明治の精神史においてもきわめて重要なものの一つであろう。人間が、人間を見るとはどういうことか、明治の精神において、人間を評価するとはどういうことであったか、が鋭く感じられるからである。

不敬漢、国賊のキリスト教徒、内村鑑三は京都の判事岡田透の娘しづと明治二十五年十二月に結婚し、その関係で京都に住むことになったのだが、その岡田透が死んだとき、次のような文章を書いている（大正二年九月）。

余の妻の父なる岡田透は八月一日を以て此世を去つた、彼は三河人であつた、模範的の古武士であつた、彼は日本第一の弓術家であつた、弓の術よりも其精神を知つた者であつた、彼は「信者」ではなかつた、然し単純にして潔白なる人であつた、彼は曾て彼の女を余に与へし理由を述べて曰ふた、

余は内村に多くの敵があると聞いた、故に余は余の女を彼に与へたのである

と、此簡単なる理由の下に彼は彼の愛女の一生の運命を余に委ねたのである、余が逆境にあ

り日に斯かる理由のために余と縁を結びし彼は又余の知己なりと言はざるを得ない、今や此人亡し、余に涙なき能はずである。（傍点原文）

鉄斎という人間にも、この岡田透という「古武士」に共通するところがあるのであって、鑑三という、不敬漢、国賊と世間から烙印を押された男を、息子の家庭教師として選んだことには、岡田透が娘の夫として鑑三を認めたこととアナロジーがあるように思われる。鉄斎は、余は内村に多くの敵があると聞いた、故に余は余の息子を彼の教育に任せたのである、とでもいったのではなかろうか。このような、人間と人間の対し方、向い合う姿勢というものが、人間の社会を真に内側から支える力であり、そういう澄んだ視線が、いわば地の塩として人間の社会の腐敗を防止し、生きるに値するものとするのである。

このように、鉄斎と鑑三の関係が分かると、鑑三が京都で開かれた第四回内国勧業博覧会で、陳列品の英文説明書きに雇われたという話もまた、或る意味を持ってくる。これは、京都時代の鑑三の窮乏を象徴するものとしてよくとり上げられるが、何故、博覧会のアルバイトなのか、はこれまで考えてもみなかった。しかし、この博覧会で鉄斎が第二部審査官を命ぜられ、書と篆刻を審査したことを知ると、このアルバイトの話も鉄斎の方からもち出されたものではないか、と想像されるのである。

約三年間の京都生活に別れをつげて、鑑三が名古屋英和学校の教師として名古屋に移ったのは、明治二十九年九月のことであった。政池仁の『内村鑑三伝』には、『名古屋学院史』から、次のような記述が引用されている。

内村が、短時日の間に学校に残した足跡は、既述のようにまことに大きなものがあり、その退任は惜しんでも余りあるものであったが、人々は同氏今後の「文筆による霊の戦い」に活躍を祈りつつ、その赴任を見送ったのであった。この時生徒数名は同氏のあとを慕って上京したという。

富岡謙蔵が、「内村鑑三について名古屋・東京に遊学して英語を学」んだという記述を思い出すと（細かいことをいえば、文面だけからは名古屋時代から学んだようにもとれるが、現実的には京都時代から教えてもらっていなければ、名古屋、東京での遊学もありえなかったであろう）、このとき謙蔵は名古屋英和学校に入学はしなかったと思われるが、家庭教師は続けてもらっていたのであろう。そして、東京にもついていったとき、「生徒数名」の中に数えられたかも知れない。いずれにせよ、鑑三と謙蔵の関係は、たんなる家庭教師と生徒の関係をはるかに超えたものであり、ここまでたどってくれば、冒頭の鑑三の「日記」の文章が、より深々と感じられるであろう。

（一九九五年七月）

二　大田垣蓮月

一　蓮月と富岡鉄斎

内村鑑三は、大正五年（一九一六）十二月の『聖書之研究』に、「京都の会合」という文章を書いている。これは、十一月に行われた、『聖書之研究』の「京都読者会」に出席したときの旅行記である。

山姫《やまひめ》は霧《きり》の帳《とばり》に隠《かく》れゐて
紅葉《もみぢ》の袖《そで》やほのめかすらん

余輩は蓮月尼の此歌に現はれたる期待を以て十一日即ち土曜日の朝京都に着いた、而して余輩の期待に違《たが》はずして霧は三十六峰を包《つつ》み紅葉は其間にほの見えた、翌十二日の安息日は日本晴れの好天気、今年最終の日和《ひより》であつた、遠近より会せし兄弟姉妹五十余名、此所《ここ》にも亦《また》温かき霊的家族を発見したのである、朝は約翰《ヨハネ》第一書三章一—三節の講義、午後は家族の懇話会、夜は会食会、実に終日の黄金日であつた、若し不足を言ふならば自分の講義の不満足なりし事であつた、其他は凡《すべて》が満足、凡《すべて》が感謝であつた、十三日は独り近江の石山寺を訪ひ紫式部の源氏の間に秋月の清きを偲び、帰途は小蒸気にて湖水を渡り、比良《ひら》と比叡《ひえい》との雄姿に親しみ、夜は又京都に加拉太《ガラテヤ》書五章五節の講義を試みた、十四日は嵐山に友に導かれ、十五日は旧友二人と共に宇治郡日野の山奥に鴨長明の方丈の故蹟を訪ふた、余が若しキリストを信ぜずして彼れ長明の如くに弥陀に頼みしならば余も亦今頃は世を避け山に隠れて詩歌琴絃に静かなる日を送つたであらう、余は友人の旧廬を訪ふの心を以て儒者松苗が建しと云ふ方丈石の側に立つた、十六日は終日友人を訪ひ、夜又第三回の講義を試み、十七日朝多くの友人に祝福されながら感謝の帰途に就いた、嵐山、上加茂の紅葉《もみぢ》は唐紅《からくれなゐ》の如くに紅《あか》くあつた、然し乍らキリストに在る兄弟姉妹等の愛は其れよりも猶《な》ほ紅くあつた、古き日野山の詩人《ポエット》と石山の女詩人《ポエテス》とは慕はしくあつた、然し乍ら現今《いま》在る信仰の兄弟姉妹はそれよりも猶ほ慕はしくある、キリストを信ずる我等は理想を今人に求めて古人に求めない、最も親しき友は歌の友ではない、信仰の兄弟姉妹である、余輩に取りては京都は其歴史の故を以て貴くない、其の現今《いま》ある所の愛を以て働く所の信仰の故を以て貴くある、而して斯《か》かる信仰を余輩は現今の京都に於て見たのである。

富岡謙蔵は、前章冒頭で引用した鑑三の「日記」で「余は氏が余より英語を学んで更らに重要なる者を学ばざりしを悲む〔ママ〕」といわれていたから、ここにある「キリストに在る兄弟姉妹」には入っていない。鑑三のいう「更らに重要なる者」とは、いうまでもなく「キリストの福音」のことだからである。

しかし、「十四日」に鑑三を「嵐山」に「導」いた「友」、あるいは鑑三と「共に宇治郡日野の山奥に鴨長明の方丈の故蹟を訪ふた」「旧友二人」、もしくは「十六日」に鑑三が「終日」「訪」うた「友人」の中のいずれかには、謙蔵は入っていたように思われる。謙蔵は、「余に対して終りまで師礼を尽した」人だからである。

さて、この鑑三の文章で、注意をひくのは冒頭の大田垣蓮月の歌である。鑑三の文章に、歌が引かれているのは、きわめて珍しいからである。鑑三もたしかに、明治三十年代に「古今集擅評」とか、「古歌と信仰」「山桜かな」といったものを書いているが、これらは古歌を使って、信仰を説いているもので、歌そのものに関心がある訳ではない。「古今集擅評」の冒頭に「余は歌人にあらず、故に歌道は余の全く弁へざる所なり」とあり、この文章の署名は、よりによって「ぶいき」とある。その由縁について、「常に自ら謂へらく、雅致の感念〔ママ〕に欠乏する者にして余の如きは世界に稀れなりと。故に古人の秀作に接するも、其字句の美、着想の妙を覚る能はず、徒らに金玉を瓦礫視するの偏ありて、風流男女の憤怒に触れしこと今日まで其幾回なりしを知らず。蓋し余の歌名（余も亦歌名を有す）『無意気《ぶいき》』の号は、余の無風流を咎められし余の親友植物学者ドクトル宮部金吾氏の余に賜はりし綽名《あだな》なりとす。」と書いている。

この「ぶいき」についての、自らの説明は、「何故に大文学は出ざる乎」などを書いた鑑三の、日本の文学に「何故に」、ダンテ、ゲーテ、シェイクスピア、といった「大文学」が「出」ないのかという問題意識から、少し強調されたものだろう。「字句の美、着想の妙」などを有難がっている「風流男女」からは、決して「大文学」は生れないという苦い思いが、このようないい方をさせたのである。

ここで、鑑三の「ぶいき」を示すものを「古今集擅評」の中から引いておこう。小野小町の「うたゝねに恋しき人を見てしより夢てふものは頼みそめてき」についてである。

是れ恋歌の秀として伝へらる、驚き入りたる次第なり。若し然らんには、日本人の愛（恋）には国の愛なく、真理の愛なく、人道人類の愛なくして、単に男女の痴情的愛あるのみ。若し然らんには、小野小町は今代の女郎文学の祖師にして、和歌なるものは骨なき髄なき柔弱なること、海月《くらげ》、蝸蝓《なめくじ》の如き粋人、貴族、惰族の類の玩弄物なり。辞句の配列術を以て歌学なりと信ずる人は、行きて小町を崇拝せよ。然れども、詩歌に万有の調和を求めんと欲する者は、行きてイブセン、ホイットマンに学べ。

この「ぶいき」は、富岡鉄斎の精神にも決して縁遠いものではなく、かえって親近性があることをここで注意しておきたい。鉄斎の絵とは、或る意味で「ぶいき」なものなので、「いき」な日本画の流れの中で、鉄斎の絵の孤高さは、この「ぶいき」から来るのである。鉄斎や鑑三の精神は、決して九鬼周造の『「いき」の構造』の直六面体などに収まってしまうものではない。「ぶいき」の方に話がそれてしまったが、いいたいことは、鑑三の歌に関する教養が一般の人と同じくらいのものだったということである。『古今集』や有名な古歌を知っていたという程度である。

そこで、問題は、大田垣蓮月の歌にもどるのだが、そういう鑑三が、何故大田垣蓮月の歌を書きしるしているか、ということである。

大田垣蓮月は、いうまでもなく江戸時代後期の歌人である。活躍した時期からいえば、江戸後期というよりも、幕末維新期といった方がいいかも知れない。寛政三年（一七九一）に生まれ、名は誠（のぶ）。出家して蓮月と称した。伊勢藤堂家分家藤堂某の庶女といわれ、生後直ちに京都大田垣伴左衛門光古の養女となった。八、九歳のころ亀岡城主に勤仕し、薙刀・鎖鎌・剣術・歌舞・歌・裁縫など、人に教えるに足る芸が七つあったといわれるくらい、子供の頃から聡明で、かつ非常な美人であった。十八歳で結婚した養子婿は不縁で去り、もうけた一男二女はいずれも早世、二度目の夫とは一女を挙げたが再び夫の死に遭った。時に三十三歳。剃髪して蓮月といい、仏道修行の生涯に入ったが、やがて娘も養父も他界、全く天涯孤独の身となり、和歌諷詠を事とした。そして、自活の道を求めて陶器を作り、みずからの歌を釘で彫った。これが蓮月焼と呼ばれて、人々に珍重されたものである。
この蓮月と鉄斎の関係は、これまた周知のものである。鉄斎が蓮月を知ったのは、鉄斎が二十歳、蓮月が六十五歳の安政二年(一八五五)のころとされる。その因縁については、小高根太郎の『富岡鉄斎』に、次のように書かれている。

そのころ富岡家は、聖護院村に別宅を持っていたらしいのであるが、その家が蓮月のわび住居に近いせいで、鉄斎の父は蓮月をよく知っていたらしい。そこである時、蓮月から転居の相談を持ちかけられ、衣棚の店によく中食に立ちよっていた曹洞宗の雲居山心性寺の住職、原坦山に話したところ、快諾を得たので、蓮月はこの心性寺に移り住むこととなった。この坦山という僧は、禅の方でも書の方でも有名で、後に長崎の皓台寺の住職になった京璨禅師の弟子で、彼自身もなかなかの人傑で磊落な人であった。心性寺は現在廃寺になっているが、京都の東の白川村にあり、あまり高くないが、将軍地蔵の南麓で、村から数町はなれた淋しい山寺で、その後方の山には小沢芦庵の墓があった。ところで、この人里はなれた山寺に、年老いた尼一人住むことに、大田垣家の当主の人が心配し、また蓮月が陶器を作るにも、粟田から白川まで八キロもあり、土を運んだり製品を運んだりするのに是非手伝いのものが一人いるということになり、大田垣家の当主や坦山や鉄斎の父が相談して、若い鉄斎を蓮月と同居させることにしたのである。

蓮月と鉄斎との交際は、明治八年（一八七五）、蓮月が八十五歳の高齢で死ぬまで、二十年の長い間つづいた。鉄斎、このとき四十歳。蓮月は、若い鉄斎によく手紙を送り、いろいろと忠告をしたりしている。若くて大変気が短かかった鉄斎が、蓮月の謙虚で慈悲深い性格にふれて、人格的な感化をうけたといわれる。

小高根太郎の同書には、「また彼女は鉄斎の絵が売れないのを心配して、自分の歌を半紙に書いて鉄斎に渡しておき、鉄斎の絵と合装して一幅にするように処置しておいた。それによって鉄斎は一時の急をしのぐようなこともあったらしく、蓮月の歌と鉄斎の絵を合装したものは、今日なお相当沢山のこっている。」とも書かれている。

このように、蓮月と鉄斎の関係をみてきて、鉄斎の絵と蓮月の歌の合装のことを知ると、鑑三が何故、蓮月の歌を知っていたか、についての糸口がつかめたようである。「山姫は霧の帳に隠れゐて紅葉の袖やほのめかすらん」という蓮月の歌と鉄斎の絵が合装された一幅を、鑑三は見たことがあり、そして恐らく所有していた、というのが、私の推測である。

これを裏付けるものは、昭和二年二月二十五日発行の『蓮月尼全集』である。そもそも、蓮月の歌集には、『海人のかる藻』（明治三年）があるが、その秋の部に、「もみぢばのにしきの上にかけてけりとほ山姫のきりの薄ぎぬ」という類似歌がある。鑑三は、このような歌集を読んだこともないだろうし、歌そのものが大分違っている。しかし、蓮月がおびただしく書きのこした短冊色紙等からとられている、この全集の拾遺には、その秋の部に「山びめは霧のとばりにい〔ママ〕かくれて紅葉のそでやほのめかすらん」がある。鑑三の引用とは、少し違っているが、この全集の編者が書いているように「尼には特に類似の歌が多い」のであり、かえってこのことは、鑑三がこの歌を、全集にとられたのとは別の短冊色紙などで見たことを証しているだろう。それには、恐らく鉄斎の絵が、合装されていたに違いない。

では、鑑三は、その短冊色紙をどこで見たか、あるいはどのようにして手に入れたか。もはや、いうまでもあるまい。鑑三は、鉄斎から恐らくもらったものと私は考えている。鑑三が、謙蔵に英語を教えたのが、鉄斎の家に出向いてであったのか、鑑三の家であったのかは分からない。鑑三の家であったにせよ、鑑三と鉄斎は時々は顔を合わせたはずである。少なくとも、謝礼（月謝）は、もらいにいっていたはずだからである。謙蔵に持たせるような失礼なことはしなかったであろう。

そして、或るとき、雑談のあと、鉄斎は鑑三に、一枚の短冊色紙をあげたのであろう。まさか、これを月謝のかわりにしたといった空想は面白くない。鉄斎は、蓮月との合装のものの一つを、あげるほど鑑三のことを気に入っていたのであろう。それは、もちろん息子謙蔵に対する教え方に満足していたことでもあろうが、そういうことにとどまらず、鑑三の人間に対しても親しみを感じていたに違いない。

その短冊色紙を鑑三は、京都から名古屋、東京と移るに際しても、大事に持っていたのではないか。「京都の会合」を書いたのは、大正五年、鑑三五十五歳、京都時代からすでに二十余年が経っていた。久しぶりに京都に着いて、この蓮月の歌を思い出したとき、鑑三は鉄斎のことも思い出していたであろう。挨拶に行って、久闊を叙したかも知れない。鑑三が「訪」ねた「旧友」の中には、謙蔵もいたのだし、謙蔵と鉄斎は、同じ敷地内の母屋と「御隠居」に住んでいて、大正五年には鉄斎もまだ八十一歳で、いよいよ最晩年の至高の境地に達しようとしていたからである。

二 「騒」げる魂の持ち主

大田垣蓮月は、嘉永二年（一八四九）五十九歳になってから、九歳年下の六人部是香《むとべよしか》の門に入り、是香が文久三年（一八六三）に亡くなるまで、十数年にわたり歌の添削を乞うたとされる。六人部是香は、平田篤胤の門人である。文化三年（一八〇六）に生まれ、京都乙訓郡向日神社の社司で、六人部節香の子、文政六年（一八二三）十八歳で平田篤胤に入門し、国学に研鑽し、平田派関西の重鎮となり、のち孝明天皇にも進講した。晩年、職を子の是房に譲り、京都三本木に神習舎を興し、多くの門人を教授した。歌学にも造詣が深く、歌格研究の大家でもあったが、蓮月が歌の添削を乞うたのもうなずける人物である。

蓮月は、勤王の志があつかったといわれるが、そういう思想的基調が六人部是香に近づけもしただろうし、その教えをうけることで強化されたことでもあろう。

平田篤胤およびその門人たち、さらには没後の門人たちの思想については、日本思想史学者村岡典嗣が、かつてきわめて明晰に論じた。「平田篤胤の神学に於ける耶蘇教の影響」を書いて、平田の神道には、マテオ・リッチの『畸人十編』経由のキリスト教がとり入れられていることを明らかにしたあと、平田の門人、佐藤信淵、大国隆正、六人部是香、鈴木重胤、岡熊臣や、没後の門人、矢野玄道、権田直助、さらには直接の学統上のつながりを有しないが思想的発展として、渡辺重石《いかり》丸《まろ》、南里有鄰、鈴木雅之などを研究した。今日、平田本人はまだしも、門人や没後の門人に至っては、日本思想史上のいわばブラックボックスで、ほとんど無視されているのが現状であろう。

村岡が明らかにした、この平田派の思想運動の核心については、『日本思想史骨』（構想社刊）に収めた論文で詳しく書いたけれども、一言でいえば、「耶蘇教」キリスト教とのぶつかりあいの中で、日本の古神道が、一神教への形態をとろうとして模索したということである。彼らの思想は、今、読んでもほとんど意味を整理することができない。一神教への呻き、とでもいうべきもので、思想としては完成されたものはないといっていい。

六人部是香については、村岡はその『神道史』において、岡熊臣、矢野玄道及び権田直助と一緒にして論じている。「主として終末観の方面に於て平田神道を発展せしめた人々として、四人に就いて述べる」と書いて、六人部の神学を祖述しているが、ここでそれを引用してもほとんど思想としての感銘を与えないと思われるので、省略する。最後に「かくの如くにして、彼の神道説は終末観の方面に於て発展したと共に、幽冥教と言ふ点に於て、一層徹底したのである。而して彼自ら直接に有した耶蘇教の教理に関する知識が、ここにも有力な原因であつた事は、その著順考論中にも証跡が少くない。その他彼が天文舎密生理始め西洋の科学の知識を有した事も、同様である。」（傍点引用者）と書いている。

矢野玄道については、「矢野玄道、権田直助は共に明治二十年まで長らへ、明治初期に沾らいた平田神道の代表者で（中略）両者の神道説は幽冥観の方面に於て六人部と略ゞ同じであると共に、その説に多少の発展が存する。」と述べているが、この平田篤胤没後の門人、矢野玄道は、他ならぬ富岡鉄斎の友人である。矢野玄道は、文政六年（一八二三）生まれだから、鉄斎より十三歳年長である。小高根太郎の『富岡鉄斎』には、慶応元年（一八六五）のところに「この年の二月、武田耕雲斎がとらえられ、斬罪に処せられた。鉄斎は直接耕雲斎を知っていたかどうか明らかでないが、友人の国学者矢野玄道と共に、その死を悼んでいる。」とある。

鉄斎も、周知の通り、先に平田篤胤の門人として名を挙げた大国隆正に、『古事記』や『日本書紀』、『祝詞』などを学んで、神道思想をきわめている。鉄斎も、平田派の一人といってもいいし、その交友関係をみてもそれを裏付ける。青年期の鉄斎が、志士の間に立ち混じって活動したのも、もちろんこの思想的基調によるものであろう。天誅組の藤本鉄石や松本奎堂、あるいは平野国臣なども、交際範囲に入っていた。同じく小高根太郎の本には、「鉄斎の友人であった藤本鉄石・松本奎堂が大和（奈良県）五条で天誅組の乱を起して戦死したのは、この年の八月である。鉄斎は、その筆記の中に鉄石の略伝を書いているが、その人柄については『人トナリ淡白ニシテ慷慨憂憤ス。……平生無用長物ヲ貯ヘズ。玉堂ノ小山水ヲ掛ケ、又古屋石四―五品ヲ蔵シ、筆硯塵埃ニ混ズ。』と述べているから、平素からかなり親しく往来していたものらしい」とある。
さて、鉄斎の友人矢野玄道の弟子に、松岡帰之《きし》という人物がいる。この人のことが、内村鑑三の「日記」の、大正八年のところに出てくる。

十一月二十日(木)晴(中略)余の信仰上の長兄なる京都松岡帰之君より書面あり甚だ有難かつた、君は由緒ある神官の家に生れ国学に精通し、長らく司直の職に在り、明法官を以て人に敬せらる、此人にしてイエスの謙遜なる弟子と成らる、我国に於て得難き仁である、君の書翰に曰く

……『聖書之研究』十月号ノ十誡ノ総論、次デ本月号五条御講演ハ何トモ讃様《タヽヘヤウ》ナキ渾身渾霊ノ歓喜、手ノ舞足ノ踏ムヲ知ラズ、実ニ我国ノ殊更ナル神ノ幸ハ此孝道ノ根柢扶植ニ有之コトヽ信ジ候、(中略)

コヽニシノビ候有之、ソハ小生ノ故師矢野玄道翁ニ有之候、翁ハ古陋ナル国学者デナク、孝明天皇ニ祭政一致ノ大本ヲ進講申上シ人ニテ、其進言(慶応元年中)ニ西洋ノ教化書(当時支那訳聖書ナラン)ハ天子必読ノ書ナリト申上ラレ候。(中略)

是は寔《まこと》に有難い言辞《ことば》である、余は年長者松岡君に先生と呼ばるヽの資格なき者である、然し純日本人たる君に斯く余の主張を賛成せられて余は大いに自ら心を強うする者である。

平田派の神道の内実が、いかなるものかを知った眼からすれば、矢野玄道が、漢訳で聖書をすでに読んでいたことは、別に驚くべきことではないだろう。孝明天皇が、この時点で聖書を読んだかどうかは、興味のひかれるところであるが、いずれにせよ、この平田派の神道の流れの中から、松岡帰之のような「純日本人」が、「イエスの謙遜なる弟子」となる事態は、自然なことだったのである。

矢野玄道が、聖書を「天子必読ノ書ナリ」としているのだから、友人鉄斎も当然読んだものと思われる。鉄斎の有名な言葉「万巻の書を読み、万里の道を徂《ゆ》き、以て画祖をなす」を思い出せば、この「万巻の書」には聖書も入っていたわけである。鉄斎の思想は、儒教・道教・仏教・神道を一丸にしたようなものである、とよくいわれるが、こういういい方はずいぶんいいかげんで手抜きをしたといっていいように思われる。一丸とか、渾然とした、とかいえば格好はつくが、正確ではない。この神道の内実には、キリスト教が入りこんでいたし、一神教的な激しさを持っていた。鉄斎の思想は、たんにごちゃまぜだったのではない。そういう渾然としたものを導くモチーフとしては、平田派の神道があったのである。そして、その平田派の神道とは、一神教的なものに変えられた神道であって、普通いわれる神道ではなかった。

もう一つ、内村鑑三の「日記」から引用しよう。大正十年のものである。

六月十二日（日）小雨　　梅雨の空も朝丈けは晴れて中央の集会は平常以上の盛会であつた、

聴衆堂に溢れ、空椅子は一脚もなく、起立して聴講する者も尠くなかつた、研究の題目は羅馬《ロマ》書三章二十五、六節であつた、（中略）講演終て壇を降り来れば一人の老婦人の頻りに泣いて余に感謝する者があつた、後にて聞けば彼女は齢七十五歳、或る有名なる神職の女《むすめ》であると云ふ、彼女の感謝せしは余が今日語りし言の彼女の父が彼女に教へしものに酷似するが故なりとの事であつた、余も之を聞いて非常に感謝した、古き日本の神道にパウロの道義論に酷《よ》く似たる者ありとは不思議である、又感謝すべきである、日本教化の希望は茲《ここ》にある、我等の勤労は無益ではない。

ここでも、村岡に教えられた我々は、「不思議」とは思わないであろう。この「老婦人」は、大正十年に七十五歳であるから、弘化三年（一八四六）頃の生まれということになろう。そうすると、「彼女の父」である「或る有名な神職」は、一八一〇年前後の生まれということになるだろうか。六人部是香は、一八〇六年生まれであった。私は、この「或る有名な神職」は、六人部是香ではなかったか、という空想にさそわれるのである。「余が今日語りし言の彼女の父が彼女に教へしものに酷似」していることは、当然ありえたであろう。

富岡鉄斎は、明治九年（一八七六）五月に、大和石上《いそのかみ》神社の少宮司に任ぜられた。「今ようやく石上神社の神官になることが出来て、かねてから抱いていた神社復興の志を、幾分でも遂げることが可能になったのだから、やはりうれしく感じられたであろう。」（小高根太郎『富岡鉄斎』）鉄斎は、公務の余暇に、附近に散在する歴代天皇の御陵をはじめ、南朝遺跡を熱心に訪ねたりしている。また、石上神社のこわれた回廊を、私費で修理したいという願書を県庁に提出したりしているが、このような鉄斎の熱狂ともいうべき行動は、周りの普通の神官とは合わないこともあったであろう。なんといっても鉄斎は、平田派の神道家なのである。

同年の十二月には、堺市にある、大鳥神社の大宮司に任命された。官幣大社である。平田派の神道家として、鉄斎の感激も察せられる。妻春子にあてた手紙に、「拙者も、おもひがけなき、ありがたき仕合、但し神の御こゝろ也。」と書いている。当時すっかり荒れはてていた大鳥神社を、鉄斎は氏子の有志をつのって画会を作り、自分の書画を売ったりして、復興に力を注いだ。さらに、堺市にあるその他の、見るかげもない状態になっていた、神社を再建するなどしている。

伝記的には、明治十四年（一八八一）に、兄敬憲が死に、それに伴う家庭の事情により、辞表を出し、依願免官になって、神官生活は四十一歳から四十六歳までの足かけ六年で終った、ということになっているし、「それは彼のもっとも得意な時代であった。」（小高根太郎『富岡鉄斎』）と評されるが、私はここに疑念を懐くのである。鉄斎が、神官を辞めたのははたして家庭の事情からであろうか、また、単純に「得意な時代であった」といえるか、どうか。

というのは、島崎藤村の『夜明け前』の主人公、青山半蔵を思い出すからである。青山半蔵のモデル、藤村の父島崎正樹は、天保二年（一八三一）生まれ、鉄斎より五歳の年長である。ほとんど同世代といっていい。さらに、島崎正樹は、平田篤胤没後の門人であり、思想的には鉄斎と共通したものをもっていたわけである。信仰としては、平田派の神道が、ほとんど一神教に近づいていたことは、『夜明け前』の中の有名な「一切は神の心であらうでござる。」という言葉からも感ぜられる。先きに引用した鉄斎の妻春子にあてた手紙の中の「神の御こゝろ也。」も、普通に考えられる神道からは、出てこないものである。

周知の通り、青山半蔵は、待ちに待った御一新に、次第に絶望していき、飛驒の水無神社の宮司になるが、平田派の神道家としての熱狂は報われず、木曽に帰っていく。そして、ついに発狂し、座敷牢で死ぬ。「御一新がこんなことでいゝのか。」というのが、青山半蔵の絶望であった。

御一新のとき、鉄斎は、大田垣蓮月に長文の冊子を送っているが、その中で、御一新によって古代聖代の世が再現するものと期待している。『夜明け前』には、「古代復帰の夢はまた彼（半蔵）の胸に帰つて来た。遠く山県大弐、竹内式部等の勤王論を先駆にして、真木和泉以来の実行に移つた討幕の一大運動は最早こゝまで発展して来た。」とあるが、古代聖代の復古を夢見る平田派の思想は、半蔵も鉄斎も共通していた。

鉄斎も、「御一新がこんなことでいゝのか。」という嘆息を共にしたであろうし、神官を辞めたのも、たんに家庭の事情のためとは思われない。やはり、明治新政府の、文明開化路線、およびそれに伴う平田派などの復古的思想の軽視への反発が、真の理由であろう。このとき、鉄斎ももしかすると発狂の一歩手前にあったということは、充分ありうる。

しかし、鉄斎には絵があった。神官を辞めたあと、死ぬまで住むことになる室町通一条下ル薬屋町に居を定め、絵の世界に没入していく。この裏に、時代の流れに対する平田派の絶望があるとはいえないであろうか。或る意味では、鉄斎もすでに狂っていたといえよう。絵を画くことで正気になっていたということではないか。美術評論家が鉄斎について書いた文章などを読むと、よく事もなげに、鉄斎のユーモアとかヒューマニズムなどといったいい方がされているが、それはあまりにも現代人の好みに迎合した物言いではないか。もっと鉄斎は、「奇怪」な男のはずである。

さすがに、小林秀雄は「鉄斎の気質は、疑ひなくわが国の文人画家の気質なのであるが、時代の影響といふものは争はれぬもので、壮年期に明治維新の革命を経験したこの人の気質には、先輩とはよほど違つた、神経の鋭い、性急な、緊張したものがあつた様に思はれ、四十歳頃の写生帖は、さういふ気質そのまゝのデッサンに充ちてゐるといふ気がする。」(「鉄斎I」)と書いている。また、鉄斎を激賞する文章を書いた内藤湖南が、側近の者には、鉄斎の絵は騒がしいと評したという話を書いているが、この「騒がし」さは、「神経の鋭い、性急な、緊張したものがあつた」ということに通じているだろう。鉄斎の魂は、「騒」いでいたのである。八十九歳で死ぬまで「騒」いでいたといっていい。

一方、鑑三の文章、特にキリスト再臨運動の頃の文章を読んで、鑑三の文章は「騒がしい」と評する人がいても、決しておかしくはない。鑑三の魂も、どうしようもなく「騒」いでいたのである。鉄斎も鑑三も、「騒」げる魂の持ち主であった。

そして、この明治維新に絶望していた、平田派の門人、鉄斎は、明治新政府によって、不敬漢、国賊とされた内村鑑三のことを、真の意味で、不敬漢、国賊だとは決して思わなかったはずである。鉄斎は、不敬漢、国賊であるにもかかわらず鑑三を、謙蔵の家庭教師にするほど「太っ腹」であったのではない。そもそも、不敬漢、国賊などとは考えなかったのである。鉄斎と鑑三という、「騒」げる魂にとって、「敬」神とはもっと深い次元のものだったからである。

（一九九五年十月）

三　内藤湖南

一　「独学の人」

富岡謙蔵は、前述したように、父鉄斎の教育方針によって、鉄斎の友人伊藤如石について経学を修め、敷田年治について国語・国文を研究し、栗田寛について国史を学んだ他に、内村鑑三に英語を教わった。このような錚々たる家庭教師たちに教育を受けたあと、謙蔵は、明治三十年から、同志社尋常中学校で国語を教えることとなる。

明治三十年には、謙蔵は二十四歳であり、鑑三は二月に名古屋を去って、東京に移り、『万朝報』の黒岩涙香の懇請に応じ、英文欄主筆となった。鑑三のジャーナリスト時代が始まるわけである。謙蔵は、このころから東洋史を独学している。同志社女学校専門部や、浄土宗宗立中学校でも教鞭をとった。鑑三は東京で活躍し、謙蔵は京都にいるわけだから、一応家庭教師と教え子という関係は終わったが、その後も謙蔵は、鑑三に対して「終りまで師礼を尽した」のである。

明治三十年から三年経った三十三年に、謙蔵は、内村鑑三との関係とはまた違った意味で、重要な出会いをする。その人は、内藤湖南である。鑑三と入れ違いに、湖南が現れてきたという感じである。

湖南内藤虎次郎は、いうまでもなく、近代日本における傑出した東洋史学者である。湖南自身は「他流試合」といっているが、日本史についても独創的な見解を述べている。『日本文化史研究』や『先哲の学問』などは、そのすぐれた成果である。

湖南は、慶応二年（一八六六）に、秋田県鹿角《かづの》郡毛馬内《けまない》に生まれた。南部藩の支藩桜庭《さくらば》家の家臣の家柄である。文久元年（一八六一）に高崎藩の武士の子として生まれた鑑三とは五歳違いだが、同じ佐幕派の藩の出身である。十二歳年上の鑑三は、謙蔵にとって「師」であったであろうが、七歳年長の湖南は、先輩格の友人という感じであったと思われる。専攻も、同じ東洋史であった。

湖南と鑑三は、面白いことに『万朝報』では通説と違い、入れ違いなのである。湖南の年譜（例えば、『日本の名著』四十一巻の『内藤湖南』）を見ると、明治三十一年のところに、「四月、台湾日報社退職。五月、黒岩涙香主宰『万朝報』の論説記者となる。幸徳秋水・堺枯川・内村鑑三らと同僚たり。」とある。また、同書の解説は、小川環樹が書いているが、その中に「五月、万朝報社の論説記者になった。内村鑑三や田岡嶺雲・幸徳秋水・堺枯川（利彦）などと同社であった。それらの人たちと湖南がいっしょにいたことは、われわれの想像をさそうのだが、残念ながら確かなことをつかむ材料はまだ見つからない。」とある。

しかし、「確かなこと」は、湖南と鑑三が同じ時期に『万朝報』にいなかったことである。入れ違いなのである。鑑三は、前述したように明治三十年一月に『万朝報』に入社したが、翌三十一年五月（まさに湖南が入社した月）に、退社している。これは、恐らく自ら『東京独立雑誌』を創刊するためである。鑑三が主筆となって、この雑誌は六月に創刊号が出た。そして、湖南が退社するのは、明治三十三年の四月である。『東京独立雑誌』が廃刊となり、鑑三が、涙香の懇請により再び『万朝報』に、今度は客員として迎えられるのは、まさに湖南が退社したあとの、明治三十三年の七月なのである。

だから、鑑三と湖南は、同僚であったことはない。鑑三と、幸徳秋水・堺枯川などは同僚だったことがあるし、湖南と後者の人物たちが同僚だったことも事実だが、鑑三と湖南は、奇しくも入れ違いに終わった。

この、或る意味ではささいな、通説の事実誤認に私がこだわったのは、鑑三と湖南が『万朝報』で入れ違いであったことが、鑑三と湖南の精神がなしとげた業績の領域の違いを象徴するように思えるからである。また、鑑三から湖南へと、謙蔵の交わりの範囲が変っていったことが、鑑三が「余は氏の英語の手解《てほど》きを為したる者、故に氏は余に対し終りまで師礼を尽した、然し余は氏が余より英語を学んで更らに重要なる者を学ばざりしを悲む〔ママ〕」と評した、謙蔵の精神の道程とつながっているように感じられるからである。

湖南は、『万朝報』を明治三十三年四月に退社したあと、七月、大阪朝日新聞社に二度目の入社をし、論説を担当する。このころ、謙蔵と知るようになった。湖南、三十四歳、謙蔵、二十七歳である。

『内藤湖南全集』全十四巻は、昭和四十四年から五十一年にかけて、筑摩書房から刊行されたが、その書簡の巻には、富岡謙蔵あてのものが、ずいぶん多い。この全集の書簡の蒐集は、かなり不充分なようであるが、それにしても謙蔵あてのものの量が眼をひく。全集で、謙蔵あて書簡の最初のものが出てくるのは、明治三十六年である。三月四日頃とあり、大阪から出している。「数日内東上途次貴地へも立より可申候前月末黒板兄過訪大に心経残石をふりまはし申候これは多分天宝元年のものと見当つき申候楊守敬の日本訪書志、留真譜二書着甚だ快余期面悉」とあるように、その書簡のほとんどが、東洋史関係の話題、特に貴重な古書や書画の入手などに関してである。

湖南は、有名な古書蒐集家であり、無類の読書家であった。謙蔵については、小高根太郎の『富岡鉄斎』に、「鉄斎が得た毎月数千円にのぼる揮毫料は何に使われたかというと、それは主に謙蔵の研究費に使用されたのであった。謙蔵は鉄斎以上の古書蒐集家であった。鉄斎は珍しい古書を沢山持っていたが、特に高いものは持っていなかったし、また買いもしなかった。昔の作家の書画にしても、そうであった。ところが謙蔵は父の資力に助けられて、後に国宝に指定された敦煌《とんこう》出土の『景教《けいきょう》一神論』、唐代古写本の『王勃《おうぼつ》集』『毛詩正義《もうしせいぎ》』、重要美術品に指定された『永楽大典』、宋版

『新編翰苑《かんえん》新書』『栄花物語』『新葉和歌集』『古今和歌集註』『異本枕草子』などの高価な善本をどしどし買いこんだし、また当時研究に熱中していた漢代の古鏡や、清朝の王時敏《おうじびん》・王鑑《おうかん》・王翬《おうき》・王原祁《おうげんき》・呉歴《これき》・惲南田《うんなんでん》らの有名画家の作品を手に入れた。」と書かれている。

この『王勃集』については、湖南は「富岡氏蔵唐鈔王勃集残巻」という文章をのこしているが、その中で「故富岡桃華（謙蔵の号─引用者註）君所蔵の王勃集は、実に上野神田二氏の蔵本と同種にして、興福伝法の印ある古写本なり。大正六年の事なりしが、東京にて赤星鉄馬氏が其の家蔵書画を挙げて售出《うり》したるに、其目録中橘逸勢集と題せる一巻を載せたり。其の写真銅版によりて、余は既に上野神田二氏の物と同種の王勃集なることを知りしが、君も亦早くも之を認めて、意必得に在り、重価を惜まずして之を購はんとせしが、遂に五千八百金を出して之を得たりしなり。君は又之を景印して同好に贈るに意ありしが、未だ果さずして、大正七年道山に帰せられたり。」と書いているが、謙蔵や湖南の蒐集とはどういうものだったかの雰囲気が伝わってくる。

このように、湖南と謙蔵は、「同好」として親友といっていい仲であったろう。全集の書簡の中には、明治四十年のものとして「絵葉書に書いたものであるが、発信せず富岡家に蔵するもの、白鳥、富岡の自署の外は湖南の筆」と註記された、一月二日付のものには、「明治四十年一月二日夜桃華庵ニ会シテ東洋学ノ振興ヲ談ズ」と書かれ、白鳥庫吉、内藤虎次郎、富岡謙蔵の署名がある。

小高根太郎の本には、「この年（一九一〇）には謙蔵が敦煌出土の経巻を調査するために北京に出張を命ぜられた。彼は四十五年（一九一二）には満洲に、大正三年（一九一四）には北京に、同六年（一九一七）には華中に出張した。彼は、そのたびに画論などの書籍、筆・墨・絵具・紙その他の文房具、あるいは蘇州の菫《すみれ》、西湖の梅や水仙など、鉄斎の喜びそうなものを土産に持って帰った。」とあるが、この最初の北京行、次ぎの満洲行、それと大正六年の華中行は、湖南と同行している。

湖南は、謙蔵との交友を通して、鉄斎とも親しかった。鉄斎の画集などに序や跋を多く寄せている。富岡益太郎の「祖父鉄斎の思い出」にも、「祖父は聾ながら、なかなか話ずきでして、宅へこられた内藤湖南先生などとお話をして、興がのってくると、顔をあかくして体を乗りだしながら、せきこんでしゃべりました。」とある。『日本の名著』の『内藤湖南』の巻の口絵には、鉄斎の犧榿《ぎさ》図《ず》が採用されている。その説明には、「大正十三年七月、湖南は長男乾吉・石浜純太郎を伴い、学術視察のため欧州へ旅立った。その時、湖南の親友富岡鉄斎が餞別代りに贈ったのが、この絵である。墨色・色彩ともに冴えた傑作で、湖南はのちに自ら賛を書いている。鉄斎の子謙蔵も湖南門下の学者だった。鉄斎はこの年の暮八十九歳で没した。」とある。

話が前後したが、富岡謙蔵が、京都帝国大学文科大学講師に任命されたのは、明治四十一年のことである。東洋史と金石学を講ずることになった。この謙蔵の講師任命には、もちろん謙蔵の学識の深さが与っていたに違いないが、前年湖南が、同じく京都帝国大学東洋史学の講師になったことが背景にあるであろう。湖南が推挙したはずである。湖南は、翌々年、教授となる。前述したように、異例な教育を受け、学校教育と全く縁がなかった謙蔵のような人が、国立大学の講師になるということは、現在でも極めて稀なケースであろうが、当時は全く珍しかったに違いない。

そもそも、湖南の場合が異例のことであった。それまで、ジャーナリストや外務省からの調査嘱託などをして生活してきた湖南を、前年の明治三十九年に開設された京都帝国大学の講師に呼んだのは、初代校長狩野亨吉の意向であったであろう。この狩野亨吉という不思議な男がいなければ、この変則な人事は、いかにすでに湖南の学識の評価が高かったとはいえ、不可能であった。

大学時代、夏目漱石と交友し、生涯漱石から敬服された、この異色な合理主義者は、安藤昌益の発見者でもあったが、著作は『狩野亨吉遺文集』としてまとめられたものしか、のこさなかった。生涯独身で、京大の学長を辞したあと官につかず数奇な生活を送ったこの唯物論者は、人間の能力を、学歴や肩書にとらわれず、見抜く眼力の持ち主であった。民間学者として湖南の他に、幸田露伴も、明治四十一年、二年に招き、露伴は、日本文学史を講じている。

謙蔵の学問的業績としては、死後『古鏡の研究』が出版された。大正九年二月刊である。湖南の熱意により、故人の一周忌の記念として、富岡家によって自費出版された。『古鏡の研究』という題名は、鑑三の『聖書之研究』と同じく素直でけれん味がなく、著者の精神を象徴している。題簽は湖南の揮毫であり、湖南の親愛の情が察せられる。湖南は序文を寄せているが、その中で次のように書いている。


支那の古金器中に於て、鏡鑑は考古学上特種〔ママ〕なる位置を占むる者と謂ふべし。蓋し商周の銅器の如く、文献の未だ備はざる時代の遺物として、之によりて上古史の闕文の大部分を補ふべき者たるに非ずして、已に備はりたる文献によりて、其の徴証を挙ぐるを得べき時代の遺物として、必ず之と相須つて考究せらるべき者たること是なり。故に其の研究者は、宜しく豊富なる文献上の智識を具して、之を利用すること左右源に逢ふが如くするの素養なかるべからず、而して有史以前の遺物を研究すべき普通の考古学の方法によりてのみ之を為さんことは、頗る迂闊且つ危険なりとせざるべからず。吾友富岡桃華君が古鏡の研究に於て、空前の成功を収めたるは、実に其の特種《〔ママ〕》なる位置を最も早く了解し、而して其の当世匹罕なる豊富なる文献上の智識を傾倒せるに因る。

また、同書には、後学の喜田貞吉という人も「『古鏡の研究』の発行を聞きて」と題した序文を寄せているが、その中で次のように書いている。

> 君は我が鏡鑑の研究者中に於て、其の博識と卓見とに於て、確かに第一人者にておはしき。蓋し君は此の方面の研究に於て、最も適当なる資格を有し給ひしなり。第一に漢文の読書力に長じ給ひし点に於て、第二に鑑定眼識に秀で給ひし点に於て、第三に豊富なる材料を有し給ひし点に於て、第四に研究に要する余暇と熱心と資力とを十分有し給ひし点に於て。
> 君は実に其の卓越せる読書力を以て、多数の古書を読破せられたりしのみならず、他の容易に

得難き書籍をも、財を吝まず購読せられて、常に新知識を得るに怠り給はざりき。其の鑑定眼識に於て秀で給ひきといふも、固より君の天賦の能力の然らしむる所なりとは云へ、一は以て君が豊富なる材料を座右に備へつゝ、更に資材を惜まず多数の鏡鑑を購入しつゝ、日夜実物に接して其の製作上の気分に特別の親しみを有し給ひし結果なりと信ず。

この謙蔵の「資格」は、まさに鉄斎の教育方針の結果であるとともに、鉄斎の息子であることによる「資力」によって、得られたものといえよう。謙蔵の学問は、湖南のいうように「有史以前の遺物を研究すべき普通の考古学」ではなかった。今日の教養レベルではとてもなすことができない、高度な文化史であったといっていい。

同書の三つ目の序文で、浜田青陵が「凡そ古鏡の研究に三方面あり。一は其の質料の化学的研究にして、金属の性質合金の成分等を明にするにあり。二は其の形状文様の型式学的研究にして、形態と文様の発達変化を理論的に配列するに在り。三は其の銘文の文献的研究にして、記銘の意義を究め又た史実との交渉を知るにあり。此の三者の研究を綜合するに於いて、始めて古鏡の研究を完くするを得べし。」といい、謙蔵は「先づ古鏡の銘文の文献的研究より始めて、遂に型式学的研究に及ばんとし」たと評している。

謙蔵が目指したものが文化史であって、「普通の考古学」ではなかったことは、ここにも現れているように思われる。「普通の考古学」、あるいは謙蔵以後の「進化」した、今日の考古学は、重視するものが謙蔵とは逆で、「其の質料の化学的研究にして、金属の性質合金の成分等を明にする」ことだからである。X線をあてたりしているばかりである。

この『古鏡の研究』は、昭和四十八年に臨川書店によって復刊されたのだが、その「復刊にあたって」の中で、「いまや原本は全く得難く、若い考古学者の間にはこの書を知らないものも稀ではないようである。」とあるが、さもありなん、である。

謙蔵の古鏡の研究態度の豊かさを思っていると、ふと骨董における青山二郎が思い出される。青山二郎のような男が、昭和に生きたことは或る意味で奇蹟だが、富岡謙蔵のような存在が、明治・大正にありえたことも実に奇蹟のようなことに思える。この奇蹟は、父鉄斎という存在の大きさと懐の深さにさかのぼれるものである。

また、湖南は同じ序文の中で、「予が交友中、異常の記性と鋭利なる観察力とを有し、博覧にして且つ検索の敏速なること、君が如きはあらざりき。然るに其少時好む所多方にして、博洽《はっこう》を務め、駁雑を厭はざる者の如くなりしを以て、世人は動《やや》もすれば其の守約に欠けたるにあらざるやを疑ひしが、晩年其の長処を考古学に専注するに及び、其の蘊蓄せる智識は、珠串絲連して、旁證碻鑿、着々として其の成績を挙ぐること、物を嚢に探るが如くなりき。」と書いているが、これは湖南が自分のことも一緒に語っているような気がする。先きに触れた『日本の名著』の小川環樹の解説の中に、「雑誌および新聞の記者としてくらしつつ、まず仏教の研究にうちこみ、かたわら日本と中国の書籍をひろく読みあさっていた湖南の学問は、たしかに雑学というほか名づけようはなかったであろう。」と書かれているが、京大教授になって学問に集中してからのことについては、「かれのもっていたすべての知識と能力は、東洋史学という一つの部門に集中し、中国を中心とした文化史の形で凝集し結晶してゆく。やっと安住の職業と土地へ行きつき、これまでの苦しかった経験は、どれもがまわり路だったように見える。しかしその路の紆余曲折はむだではなかった。そこで拾い集めた外見は異質な雑多なものが、そのままかれの学問の養分となっていた。」と評されている。そして、小川環樹は、湖南が、京大の同僚であった一学者に語った、次のような言葉を書き誌している。

自分は若い時分から……ふつうの官学コースをとらなかった。そのため、むだなよけいな本を読んだ。それが今となってみるとなにかの役にたっているように思われる。

この「独学」という、学問形成の在り方の共通性も、湖南と謙蔵の共感のベースとしてあったであろう。湖南の学問の良さというものは、この「独学」から生まれている。「独学」というものが、積極的な意味を持ちえたというのも、また「明治の精神」の良さであった。謙蔵を「独学」させた鉄斎も、大独学家であった。様々な学問についてだけではない。絵についてすら、鉄斎は「独学」だったのである。

そして、ここで鑑三を引き合いに出すと、鑑三のキリスト教も、誤解を恐れずにいうならば、「独学」のキリスト教であった。鑑三のいわゆる「無教会主義」も、ここから自然に生まれて来たものに他ならない。いうまでもなく、鑑三は、神学校などを卒業したわけではない。札幌農学校を出た科学者であった。そして、最高の意味で、聖書を「独学」しつづけたのであり、神と「独」りで向い合ったのである。

湖南も、謙蔵も、そして鉄斎も、鑑三も「独学」の人であった。「独学」が自分勝手な方向へおちこむことなく、それぞれの領域の正統に「相渉」ることができたのが、「明治の精神」の、あえていえば凄さである。今日では、傍流にすぎない「独学」者か、大学院という学者製造工場で大量生産された、つまらない規格品が、ほとんどであるといっていいだろう。

二　『景教一神論』

富岡益太郎の「祖父鉄斎の思い出」には、「父は非常に癇癪持で、礼儀正しく、義理堅い人でありまして、幼時の父を大変かわいがってくれた老婢の墓参を彼岸にはかかさず、近くの人力車宿の老父が病気で恢復がむつかしいと告げられたときも、私をつれて長いなじみであった老車夫を病床に見舞いました。」とある。

内村鑑三に対して、「終りまで師礼を尽した」のも、この人間性から出たものであろう。

では、この「師礼」の内容はどのようなことであったのか。たんに年賀状を出しつづけたり、鑑三が京都に出向いたときに、挨拶に行くといったようなことでは、「師礼」というほどでもあるまい。

私は、富岡謙蔵は、内村鑑三の『聖書之研究』を、終生とりつづけたのではないか、と思っている。『聖書之研究』は、いうまでもなく鑑三が、明治三十三年、三十九歳から死ぬまで出しつづけた個人雑誌である。通算三五七号。『聖書之研究』は、ごく一部の期間を除いて月二回発刊され、直接購読が原則で、過半数が郵送された。だから、購読者への郵送用の名簿があったはずで、それを見れば、どのような人間がこの雑誌を読んでいたかが分かって大変興味深いのだが、残念ながらこの名簿はのこっていない。しかし、昭和十年に出た『内村鑑三伝』(益本重雄・藤沢音吉共著)の別冊附録として「内村先生に倣ふ人々」と題された小冊子があって、ここに最終号の段階(昭和五年四月二十五日号)での名簿と思われるものが掲げてある。ここには二九一八人の名があり、書店では大体一六〇〇部前後売れていたようだから、『聖書之研究』は、人口が現在の半分くらいの時代に、約四五〇〇部発行されていたことになる。

さて、県別に分類されたリストを見ていて、京都市のところに来て、私はあっと思うとともに静かな感動を覚えた。ここには、前章で触れた松岡帰之の名も当然見えたが、富岡利子という名があったのである。富岡利子とは、富岡謙蔵の妻富岡とし子のことではあるまいか。とし子を利子と漢字をあてて書くことは、女性の名前の場合、当時よく見られたところであろう。京都市に、他の富岡姓の購読者がいると推定するよりも、富岡とし子が、この郵送用の名簿では、富岡利子と表記されたものと考える方が、妥当であろうと思われる。

となると、富岡謙蔵は、大正七年の死まで「内村先生」の『聖書之研究』をとりつづけていたのであり、謙蔵の死後は昭和五年三月二十八日の鑑三の死のあと出た最終号まで、未亡人とし子がとりつづけていたことになる。謙蔵は、自分が死んだあとも、購読をつづけるように、妻とし子に言いのこしていたのであろうか。それとも、とし子自身が『聖書之研究』の読者となっていたのであろうか。それは、分からない。

謙蔵は、ただ「師礼を尽し」て、「内村先生」の『聖書之研究』をとりつづけただけなのか、それとも読んでいたのであろうか。全く読まないということは、考えられまい。そうすると、鑑三の「氏は余に対し終りまで師礼を尽した、然し余は氏が余より英語を学んで更らに重要なる者を学ばざりしを悲む《〔ママ〕》」という言葉も、もっと深く読みとらなくてはならなくなる。謙蔵は、東洋史や古鏡の研究に打ち込みながらも、いつも鑑三から聞いたキリスト教のことが気になっていたのではないか。そして、精神の奥底では、「更らに重要なる者」に近づいてはいたように思われる。

富岡とし子は、佐佐木信綱の竹柏園に入門した歌人でもあった。昭和三十五年に『王兎』という歌集を出しているが、それに、昭和三十四年九月に書かれた、佐佐木信綱の序がついている。その中で、次のように書いている。

鉄斎先生も、若くして蓮月尼と交はられた時代から折々に歌をよまれたとのこと。大正時代に令嬢の冬野さんが入門されて、その短い生涯を、「微風」から「空は青し」に閉ぢめるまで、竹柏園女流の第一線に活躍されたのであるが、とし子刀自は冬野さんより数年おそく春子母刀自と同じ頃入門され、爾来精励をかさねゆるぎない自己を歌道に確立されるとともに、昭和二十三年以降、心の花京都支部歌会を守り育てて来られた。（中略）

いま、請はれるままに読みもてゆく君の歌稿のなかに、ゆくりなくも、次の一首を見出でた。

夜を徹し敦煌出土の一神論うつし終へつるはるかなる日よ

静かなとし子刀自に、このやうな日もあつたのかと驚かれもする。これは、夫君桃華先生のいはれるままに書写されたのであらうが、かういふ情熱と意欲とを内に秘めてこそ、いまの富岡刀自が、正しく此処に居られるのであらう。

私がこの歌集を読んだとき、印象にのこったのがこの歌であったので、佐佐木信綱がとりあげているのに暗合を感じたが、私がこの歌に注目したのは、佐佐木信綱とは違った意味でである。ここに出てくる「敦煌出土の一神論」が、注意をひくのである。

謙蔵が、鉄斎の絵による資力にも助けられて、貴重な文物を買い集めたことは先きに書いたが、後に国宝に指定された敦煌出土の『景教一神論』もその中に入っていた。ここで、とし子が「一神論」といっているのは、この『景教一神論』のことである。

景教とは、周知の通り、キリスト教の一派であるネストリウス派の中国での名称である。西暦四三一年のエフェソス公会議で異端とされたネストリウス派は、西域から中国に伝わった。唐の太宗の貞観九年（西暦六三五）、その首都長安に、ペルシア地方より阿羅本を団長として公式の宣教師団が派遣されて以来、布教活動が行われ、漢文による景教経典がいくつかのこされている。『景教一神論』は、その中でも特に貴重なもので、前述したように国宝に指定されたほどのものである。

それを、恐らく相当の金額で手に入れたのが、謙蔵である。景教の研究では、佐伯好郎の大著『景教の研究』（昭和十年）が有名だが、その中にも「景教経典一神論は大正六年京都帝国大学講師富岡謙蔵氏の蔵に帰したる敦煌石室より出でし漢文の景教経典である。」と書かれている。「万物見一神。一切万物。既是一神。」と始まり、「一神」の教理が、述べられている。

仏教を深く研究し、「ヤソ嫌い」だった湖南だったら、この『景教一神論』を手に入れることに、謙蔵ほど執着しなかったのではないか、と思われる。

この四百五行の経典を、富岡とし子は、「夜を徹し」、「夫君桃華先生のいはれるままに書写」したという。謙蔵は、この経典を読みながらどう思ったであろうか。古鏡の研究とは違った感動を受けていたのではあるまいか。昔、鑑三から聞いたキリスト教のことを思い出したりもしたろう。ここで、謙蔵は、「文化史」を突き抜けたところにあるものに触れようとしていたといっていい。妻とし子が書写し、謙蔵がそれを読んでいる「夜」の光景を思い浮かべるならば、「更らに重要なる者」に謙蔵は、後ろ向きに近づいていたといってもいいような気がする。謙蔵の早過ぎる死は、翌年の大正七年十二月二十三日に迫っていた。

鑑三は、『聖書之研究』をとりつづけている謙蔵の精神の、このような道程を察していたのではあるまいか。そう思って、鑑三の「日記」の文章を注意深く読みなおしてみると、「更らに重要なる者を学ばざりしを悲む〔ママ〕」という言葉は、全く無縁な精神に対しては発しないものであることに思い当たる。そして、晩年「キリスト者」になった便利堂主人の死に際しては、先きに引用したように「京都便利堂主人中村弥左衛門永眠の電報に接し、悲み〔ママ〕に堪へなかつた。」と書くにとどめた鑑三が、謙蔵の場合は「更らに重要なる者」に後ろ向きに近づきつつある精神だからこそ、「願ふ天の父彼の霊を守り彼に平康《やすき》を賜はんことを。」という祈りをささげたのであろう。

（一九九六年一月）

四　美と義

一　「義」の画家レンブラント

内村鑑三に、「美と義」と題された文章がある。大正十二年の「八月十九日、軽井沢鹿島の森に於て述ぶ」と付記されていて、その日の説教にもとづく、短いものだが、内容的には本質的問題に絞り込まれた、大変重い文章である。次のように書き出されている。

○文明人種が要求する者に二つある。其一は美である、他の者は義である。美と義、二者孰《いず》れを択《えら》む乎《か》に由て国民並に其文明の性質が全く異るのである。二者孰れも貴い者であるに相違ない。然し乍ら其内孰れが最も貴い乎、是れ亦大切なる問題であつて、其解答如何によつて人の性格が定《き》まるのである。
〇国としてはギリシヤは美を追求する国でありしに対してユダヤは義を慕ふ国であった。其結果としてギリシヤとユダヤとは其文明の基礎を異にした。日本は美を愛する点に於てはギリシヤに似て居るが、其民の内に強く義を愛する者があるが故に、其国民性にユダヤ的方面がある。伊太利《イタリヤ》、仏蘭西《フランス》、西班牙《スペイン》等南欧諸邦は義よりも美を重んじ、英国、和蘭《オランダ》、スカンダナビヤ諸邦等北欧の諸国は美よりも義に重きを置く。美か義か、ギリシヤかユダヤか、其選択は人生重大の問題である。

（傍点原文）

「美か義か、ギリシヤかユダヤか」これが、実は「人生重大の問題」なのである。あらゆる問題は、この根本問題に淵源を有する。この第一問題が、「重大」な問題であると認識する、デカルト的にいえば、ボン・サンス「常識」こそが、今日まず必要とされるであろう。

そして、「日本は美を愛する点に於てはギリシヤに似て居るが、其民の内に強く義を愛する者があるが故に、其国民性にユダヤ的方面がある。」という指摘は、日本あるいは日本人を考える上で、決定的に重要な点である。大ざっぱにみれば、「日本は美を愛する」ように見える。例えば、日本美術史の方面で考えてみても、「美」だらけである。いわゆる「日本的美」というものが、特徴として、はっきりあらわれている。また、人生の美学などと、すぐ口走る。

しかし、「其民の内に強く義を愛する者がある」のである。日本の歴史には、このような少数派ともいえるし、かりに「美を愛する」日本人を日本人らしい日本人とすれば、日本人離れしているともいえる人間が、時々出現する。これが、日本の歴史を一本の背骨のように貫いており、表層的にみれば、骨抜きになった、「美」だらけの日本を、かろうじて支えているのである。「ギリシヤに似て居る」が、「其国民性にユダヤ的方面がある」ことが、日本を、或る意味で複雑なものにしており、日本の背骨を、見えにくくしているといえよう。

この背骨が、誰の眼にもはっきり見えるのが、富岡鉄斎や内村鑑三を語るときに、その背景として視野からはずしてはならない幕末維新期なのである。この時代こそ、「其民の内に強く義を愛する者」が輩出した時期だからである。

つづけて、鑑三は、次のようにいう。

○美の美はしきは勿論言ふまでもない。殊に我等日本人として美を愛せざる者は一人もない。美は造化の特性である。神は万物を美しく造り給うた。花や鳥が美しくある許りでない。山も川も、海も陸《くが》も、天空《そら》も平野も、すべて美しくある。そして単に美しいと云はるゝ者のみが美しいのではない。醜しと云はるゝ者までもが美しいのである。克《よ》く視れば蛇も蟇蛙《がまがへる》も美しくある。岩も礫《こいし》も美しくある。物として美しくない者はない。「諸《もろく》の天は神の栄光を現はし、大空は其聖手《みて》の業《わざ》を示す」と歌ひて、我々は造化に顕れたる神の美を歌ふのである。讃美歌は神の美の讃歌である。美はたしかに神の一面である。美を知らずして神を完全に解する事は出来ない。

このように、「美」の価値を充分に認めた上で、しかし、鑑三は次のように論を展開する。

○然し乍ら美は主《おも》に物の美である。肉体の美である。花と鳥との美である。山水の美である。水晶と宝石の美である。即ち人間以下の物の美である。然るに茲に人間と云ふ霊的存在者が顕はれた時に美以上の美が顕はれたのである。之を称して義と云ふ。義は霊魂の美である。物の美とは全く性質を異にしたる美である。そして霊が物以上であるが如くに義は美以上である。人間に在りては、其外形《かたち》は醜くあるとも、若し其心が美しくあれば、彼は本当に美しくあるのである。預言者が最上最大の人格者を言表《いひあら》はしたる言葉に「我等が見るべき麗はしき容《すがた》なく、美しき貌《かたち》なく、我等が慕ふべき艶色《みばえ》なし……我等も彼を尊まざりき」とある（イザヤ書五十三章二、三節）。しかも此人が最も優《すぐ》れたる人であつたのである。ソクラテスは最も醜き人であつた。然るに彼はギリシヤ人中第一人者であつたのである。パウロは身長《せい》の低き、まことに風采の揚がらざる人であつた。然し彼の主たりしイエスキリストを除いて、彼よりも大なる人は無かつたと言ひ得る。其他すべて然りである。人間に在りては其美は内に在りて外にない。人の衷なる美、それが義である。茲に於てか義は美よりも遥かに大なる美である事が解る。

（傍点原文）

「花と鳥との美」といえば、昨年（一九九五年）、或る文化賞が、「江戸の花鳥画」とか題された研究に与えられたのを思い出す。このような「花と鳥との美」を、詳しく、いわゆる比較文化的研究という軽薄な操作を駆使して、もっともらしく論じ立て、そこに「日本の美」、あるいは「日本文化の精粋」があるかのように思い込むのが、今日の通弊である。まさに、「江戸」への回帰という退嬰的心情の産物であり、またそういう心情の蔓延的状況への、意識的か、あるいは無意識的な迎合である。

さて、鑑三は、この文章の最後の部分を次のように結んでいる。

○義は美以上である。然し義は決して美を退けない。義は美と両立しないやうに思ふは大なる間違である。真個《ほんたう》の美は義の在る所に於てのみ栄える。世界第一流の芸術家は、極めて少数の者を除くの外は、凡て義を愛する人であつた。ラファエルも、ミケル・アンゼローも、レオナード・ダ・ギンチも、すべて義に強い人であつた。世界第一の劇作家は言ふまでもなくシェークスピアである。そして彼の強い道徳的方面を見ずして、彼の劇を解することは出来ない。作曲家としてハンデルも、メンデルゾーンも、ベートーベンも尽《ことごと》く神を畏れ義を愛する人であつた。天主教徒がプロテスタント教徒を非難する時に常に後者に於ける芸術の欠陥を指摘するが、然しプロテスタント教徒は其芸術に於て少しも天主教徒に劣らざるのみならず、多くの場合に於て、後者の達し得ざる所に達する。レムブラントのやうな画家は天主教国に於ては起らない。

ここで「レムブラント」は、最高の評価を得ているが、たしかに、レンブラントは、鑑三のよく用いる言い方を使えば、「特愛」の画家であった。鑑三の文章の中で、レンブラントの名が登場する最初のものは、明治三十四年から三十五年にかけて書かれた「我主耶蘇基督」である。鑑三、四十歳のときである。その中で、「和蘭の福音的画家レムブラントの作は幾度か余の眼より同情の涙を引けり」とある。

二番目のものは、明治四十年の「新年の珍客」である。「新年に入りてより四人の珍客は余輩の小なる書斎に入り来つた」と書き出され、四人の人物の肖像画を、自分の書斎に掲げたことを明らかにしている。その四人とは、第一が「レムブラント」であり、第二は「ベートーベン」であり、三番目は、「ルーテル」で、最後は「カント」である。「レムブラント」については、次のように書かれている。この中で、「神を無視し、キリストを嘲ける」「今の平民主義者」というのは、例えば幸徳秋水が『基督抹殺論』を著したことを思い起せばよい。

珍客の一人は和蘭国人として紀元千六百八年に生れたる画家レムブラントである、彼は画界に於けるカルビンと称せられし者であつて、新教的思想を筆と色とに現はした者である、彼はオレンジ公ウイリアム、コロムウエル、ワシントン等にも劣らない平民主義の主道者である、彼は好んで商人、職工等、所謂る下層の民と称せられたる者を画いた、彼は勿論、彼の霊魂の救主イエスキリストを画いた、彼は今の平民主義者のやうに神を無視し、キリストを嘲けるやうな者ではなかつた、彼は平民主義を其根本に於て解した者である、彼の理想の平民は言ふまでもなくナザレの大工イエスである、彼は此人を神の子として拝した、故に自身が平民の画家となつたのである。

余の室に入来りし彼は彼自身が画いた者である、歳の恰好《かつかう》は凡そ三十前後、上唇に髭が生《は》えたばかり、毛帽を横に被り、襟元の装飾《かざり》は乱れて、我れ世に関せずと言はんばかり、若し世に独立独創の美術家がありしとすれば彼である、彼は画家であるより寧ろ「人」である、余が彼を愛し、敬し、自身は美術とは関係最も浅き者たるに関はらず、彼れレムブラントを余輩の理想の人として仰ぐは彼の「人類性」の非常に深かりしが故である、彼れ今其肖像に由て余輩の室に入来れり、余輩は今より後、彼に励まされて、色を以てせざるも、墨を以て、彼に類するの思想を誌上に画かんとす。

（傍点原文）

鑑三が「レムブラント」について触れているものの三つ目は、大正六年の「路加伝講義」であるが、その中で、「彼れの筆に成りし名画にイエス夕方多くの病者を癒し給ふの図がある、一幅の絵画に過ぎずと雖も人の信仰を起さしむるに於て異常の力を有つて居る、実に神の真理を伝ふる為には多くの神学者伝道師と雖も芸術の一天才に及ばないのである、之れ単純なる信仰の然らしむる処である。」と書いている。そして、四つ目のものは、ここで触れている絵について繰り返しているもので、大正十一年の「キリスト伝研究」の中に出てくる。この「キリスト病者を起し給ふ」の絵について、「見れば見る程其意味の深さが見取れる。何人も其一葉を室内に掲ぐべきである。」とさえ言っている。「自身は美術とは関係最も浅き者」と自らいうように、美術、あるいは西洋美術にそれほど関心があったとは思われない鑑三が（事実、鑑三の文章でその他の画家に言及されているものは、実質的にはほとんどないといってよい）、かくまで「レムブラント」に心ひかれたのは、レンブラントが、「美」の画家ではなく、いわば「義」の画家であったからであろう。

ポール・クローデルが、美術論集『眼は聴く』の中で、「わたしは、視線に快い色調の花束をつくり出す以外の目的を有すると信じることこそ、画家の芸術の名誉であると考える。他のすべての芸術と同様、絵画も魂にとって表現の代行者であるために存在するのだ。それに、美に到達するための最良の道が、美を探し求めることだというのは確かなことではないのである。」（山崎庸一郎訳）といい、このような考えの例証として、レンブラントの「嵐」を挙げているのが連想される。

レンブラントは、「美を探し求める」ことはしなかった。「義」を求めた。「義」を求めることが、実は「美に到達するための最良の道」だったのである。「義」の画家は、「美」の画家、すなわち「美を探し求める」画家の「達し得ざる所に達する」のであり、鑑三の「特愛」するレンブラントこそ、このような「義」の画家の典型に他ならない。

二　富岡鉄斎と「正気」

「義」の画家という視点を手に入れてはじめて、富岡鉄斎が本当に分かってくるように思われる。画家とは、おおよそ「美」の画家である。しかし、その中に、「義」の画家という異様なる者が、まれに出現する。「美」の画家、いいかえれば普通の画家として、鉄斎を見ている限り、鉄斎の深奥の本質は決して見えてこないであろう。

この点を鋭く指摘したのは、他ならぬ保田與重郎であった。保田は、その著『日本の美術史』（昭和四十三年）の最後の章を「奉讃鉄斎先生」と題した。冒頭に、「鉄斎先生は近代の大芸術家であるに止らず、日本の美術史上第一流の偉人である。明治の栄光は、この人一人によってよく支へられたといっても過言でない。鉄斎先生一人あるによって、明治の光栄は、どの時代にも劣らないであらう。」と書き、鉄斎を「美」の画家としてしか見ようとしない、当今の通念を、次のように厳しく批判している。

鉄斎先生は明治の偉人だが、維新の人といふ方がふさはしい。本来の大学者が、たまたま書画の大家となった。万巻の書をよみ千里の道を踏破するといふことは、東洋文人の修業の第一階、文人の小学校教程とされてきたが、近世それをまことに実行した文人墨客の第一人者は鉄斎先生だつた。自らも学人を以て任じ、自分の絵画は教育の低い人々を教導する方便とされた。日本の美術史上の第一級の絵画、国史三百年にして初めて出現した民族の宝だつたその画を、先生は庶民教育の方便と言ひ放つたのである。鉄斎先生は自分を勤皇家でありたいと願はれた。その勤皇の志を現して、いくらかでも人を道徳の世界へ導くことが出来るやうにと念じて、その絵を描かれた。古より神仏の偶像をつくってきた無名仏師の誠心と共通したこの一点の肝腎を除いて、鉄斎先生は世にあり得ないのである。その思想と念願をさけて、鉄斎先生の絵を見ようといふやうな考へ方は、人道に忠でない、又勇気を了解せぬ卑怯者である。さういふ本人の志を無視した考へ方を何のためにする必要があるのか明らかでないが、さういふ見方では、作品のこころに通ふことわりもなく、胸のいたむ思ひには所詮通じない。まして美の実体や詩の本質にふれて、生死を越える境に入ることなどたうていあり得ない。さういふ美の鑑賞は、ただ気分的な気楽な雰囲気だけの軽薄の感傷主義であらう。

「何のためにする必要があるのか明らかでない」という、控え目な言い方を、昭和五十二年に書かれた「鉄斎先生の書」の中では、はっきり「それを云ふことは当節ではまづいのだといふことをよく知つてゐる」からだ、と言い切っている。その「鉄斎先生の書」では、次のような言い方をしているのである。

鉄斎先生は、道徳の信実とその歴史を伝へて大切にされた。この点、今の人は忘れたか失つたのか、鉄斎先生のもつてをられた、東洋風の人倫思想を没却して、つまり先生の全人的表現を考へずに先生の芸術を論じてゐる。それは無いのだ。鉄斎先生は、明治聖代のごくあたりまへの日本人たるものと、その基盤をひとつにされた巨人だつた。先生の根柢は武家でもないし公家でもない。知識人でもない。日本の常の人に相通じるものが先生の底であつた。

忠孝第一の先生の勤王思想をはづして鉄斎先生を論じてゐる人たちは、そのことを知らないのでなく、それを云ふことは当節ではまづいのだといふことをよく知つてゐる筈である。自分は学問をしてゐるといふことが、先生の自負だつた。画かきでない、学者だと云ふ。鉄斎先生が勤王家であるかどうかは、別にとかく弁ずる必要はない。その書がすぐれてゐるだけが大事なのだ、かういふ論が現代風である。偉大な人の偉大な作品は、その人の全人の表現であるといふ意味がわからなくなつたのだ。徹底した勤王家で東洋文人風の文雅を尊んだ。これが鉄斎先生の基本である。敬神崇親の維新伝統の勤王家といふことを除外すれば、鉄斎先生の書も画も無かつたのである。

小林秀雄は、鉄斎についてすぐれた批評文をいくつかのこしていて、鉄斎の精神において「明治維新の革命を経験した」ことの重要性を鋭く指摘したことは、すでに引用した。しかし、小林の鉄斎論は、まさに「美」についての批評としてはほとんど完璧であるといえるとしても、「義」の視点は、欠如しているといわざるを得ない。「現代風」の「かういふ論」に、やはり近づいてしまっている。例えば、「鉄斎Ⅱ」の中で、次のように書く。

絵かきとして名声を得た後も、鉄斎は、自分は儒者だ、絵かきではない、と始終言つてゐたさうだが、そんな言葉では、一体何が言ひたかつたのやら解らない。絵かきでないといくら言つても、本当に言ひたかつた事は絵にしか現れなかつた人なのだから、絵の方を見た方がはつきりするのである。

鉄斎は、まず讃を読んでくれ、といっていたそうだが、「現代風」は、「絵の方を見」るのである。それは、身も蓋もない言い方をすれば、大体小林秀雄の世代あたりから、漢文の白文を読めなくなったという事実があるはずである。讃を読もうにも読めないのである。ここに、近代日本における、深い意味での教養の断絶があり、例えば「勤王思想」などの継承は、言葉の上からも難しい。たしかに、絵に現れた範囲での鉄斎の思想というものが、真に鉄斎の思想といえるものであり、それはまた、鉄斎の「義」についてもいえることだが、「維新伝統の勤王家といふことを除外すれば、鉄斎先生の書も画も無かつた」ことの方が大事なことである。

小林秀雄の批評が、最終的に「美」の批評であり、「義」の批評の究極にまでは達しなかったことに、その鉄斎論が、「現代風」の「かういふ論」の弊を逃れられなかった真因があるだろう。「美か義か、ギリシヤかユダヤか、其選択は人生重大の問題」において、「美」を選んだということである。

小林秀雄の美術批評ですら、このような問題を持っている。いわんや、今日の凡百の美術評論家においてをや、である。保田が、「鉄斎先生の書」の中で「今の世間、美術批評もわびしいが、美術研究もさびしくなるばかりである。」といったとおりで、図像学的研究という、いわば子供の絵解きに興じている今日の美術評論家などは、鉄斎の「美」を論ずることさえおぼつかず、まして鉄斎の「義」とぶつかれる人が果しているか、はなはだ疑問である。

では、「勤王家」とは何か。鉄斎の「勤王の志」とは、「勤王思想」とは何か。ここで、私は保田が先に引用した「奉讃鉄斎先生」の末尾に誌した文章を、思い出さざるを得ない。保田は、鉄斎に対する蓮月の愛情を、「どういふことばで現せばよいのか。」といい、次のように結んでいる。

人の心の大切なものを表現するためには、我々は新しいことばのくみ立てを、とりあへず数箇は創造せぬ限り、つい百年前の人のえらさを説くことも出来ないといふ状態になつた。今や私はただ革命の文章を祈念するのである。

今日、「勤王思想」について「説くことも出来ないといふ状態になつた」ことは、真の鉄斎が書かれていないということでもある。「勤王」という、誤解を招きやすい言葉は、現代ではよほど注意して使わなくてはならないのはたしかだが、前に論じた、青山半蔵の「勤王」、友人藤本鉄石の参加した天誅組、平田学徒としての鉄斎といった点を考えていけば、自ずから、正しい理解を得られるだろう。

また、この保田の「祈念」は、鑑三におけるキリスト教についてもいえることで、今日のキリスト教の通念では、鑑三のキリスト教を「説くことも出来ないといふ状態となつた」。ここでも、「革命の文章」が必要とされるのである。

ここでは、鉄斎の「勤王」とは、「正気《せいき》」から立ち昇るものである、といっておきたい。保田與重郎は、内村鑑三と岡倉天心の二人を扱った「明治の精神」の中で、次のように書いた。

内村鑑三の明治の偉観といふべき戦闘精神も、日本に沈積された正気の発した一つである。純粋に主義の人、しかもその「日本主義」は「世界のために」と云はれた日本である。彼はそのために所謂不敬事件をなし、日露戦役に非戦論を唱へ、排日法案に激憤した。アメリカ主義を排し、教会制度に攻撃の声を放ちつゞけた。

「正気」といえば、すぐ思い出されるのは、水戸学の藤田東湖の「正気歌」である。

天地正大気　天地正大の気
粋然鍾神州　粋然として神州に鍾《あつ》まる

秀為不二嶽　秀でては不二の嶽《みね》と為り
巍巍聳千秋　巍巍として千秋に聳ゆ
注為大瀛水　注いでは大瀛《だいえい》の水と為り
洋洋環八洲　洋洋として八洲を環る
発為万朶桜　発しては万朶の桜と為り
衆芳難与儔　衆芳与に儔《たぐ》い難し
凝為百錬鉄　凝りては百錬の鉄と為り
鋭利可断鍪　鋭利　鍪《かぶと》を断つ可し
藎臣皆熊羆　藎臣《じんしん》は皆熊羆《ゆうひ》にして
武夫尽好仇　武夫は尽く好仇なり

と、はじまる有名なもの（あるいは、悪名高きもの）だが、当時、志士の間に広く歌われた。特に吉田松陰門下には愛誦するものが多かったといわれる。志士たちと交わった鉄斎も、当然知っていたであろうし、この歌が持っているパトスは共有していたと思われる。鉄斎が、「百錬」とも号したことが思い出される。また、鉄斎が選んだ、謙蔵の国史の先生が、水戸学の最後の世代である栗田寛であったことも思い出されてよい。

一方、鑑三の「所感」の中に、「初夢」というものがある。これは奇しくも、先に引用したレンブラントの出てくる「新年の珍客」がのっている『聖書之研究』（明治四十年一月十日号）と同じ号に発表されている。これは、鑑三の「正気歌」ともいうべきもので、形式にそれを模していることがはっきりしている。それは、鑑三の世代においては、藤田東湖が自然な読書範囲に入っていたから、当然のことである。鑑三の実質的な処女作『基督信徒の慰』の中に『之を文天祥の土窖《どこう》に比すれば我が舎は即ち玉堂金屋なり、塵垢の爪に盈《み》つる蟻虱の膚を侵すも未だ我が正気に敵するに足らず』と勇みつゝ幽廬の中に沈吟せし藤田東湖を思へ」とあり、東湖と正気が出てくる。鑑三がここで引用している文章は、東湖の『回天詩史』にあるから、当時、幕末維新期の志士たちに広く読まれた東湖の著書を鑑三もまた読んでいたわけである。保田が「鉄斎先生は明治の偉人だが、維新の人といふ方がふさはしい。」と書いたことは、鑑三についてもいえるのである。「初夢」は、次のようなものである。

恩恵の露、富士山頂に降り、滴りて其麓を霑《うるほ》し、溢れて東西の二流となり、其西なる者は海を渡り、長白山を洗ひ、崑崙山を浸し、天山、ヒマラヤの麓に灌漑《みづそゝ》ぎ、ユダの荒野に到りて尽きぬ、其東なる者は大洋を横断し、ロッキーの麓に金像崇拝の火を滅し、ミシシピ、ハドソンの岸の聖殿を潔め、大西洋の水に合して消えぬ、アルプスの嶺は之を見て曙の星と共に声を放ちて謡ひ、サハラの砂漠は喜びて蕃紅《さふらん》の花の如くに咲き、斯して水の大洋を覆ふが如くヱホバを知るの智識全地に充ち、此世の王国は化してキリストの王国となれり、我れ睡眠より覚め独り大声に呼はりて曰く、アーメン、然かあれ、聖旨《みこゝろ》の天に成る如く地にも成らせ給へと。

鑑三においては、「正気」は「恩恵の露」と言い換えられ、また、それは「神州に鍾まる」ものではない。世界にひろがっていくべき「日本の天職」として「正気」はある。このように、東湖の「正気歌」と鑑三の「初夢」は、内容的に究極的な点では違っているが、それが、「正気」に根差したものであることは同じである。

富岡鉄斎の絵も、「日本に沈積された正気の発した一つ」といっていいであろう。「美か義か、ギリシヤかユダヤか、其選択は人生重大の問題」にあたって、鉄斎も鑑三も、「義」を選んだ人であり、そういう日本人が、「日本に沈積された正気の発した」人である。鉄斎の、日本の美術史における孤高さも、結局ここに由来している。「美」だらけの、「美」を選んだ画家たちだらけの美術史において、鉄斎は「義」を選んだからである。例えば、鉄斎の富士は、たしかに「正気」が「巍巍として千秋に聳ゆ」るもので、北斎の富士とは決定的に違うのである。北斎の富士は、やはり「美」の中にあり、この方が、日本人の好みにかなうものであり人気も高いが、鉄斎の富士は、孤高である。「日本は美を愛する点に於てはギリシヤに似て居る」ために、「正気」は、「沈積」していることが多いが、「其民の内に強く義を愛する者があるが故に」、「正気」は、時折り発現する。日本の歴史において、伏流水のように「正気」は存在する。そして、「正気」に覚醒し、「強く義を愛する者」が少数派だが、途切れることなく出現すること、これが、日本の歴史の希望である。

（一九九六年四月）

Ⅳ　内村鑑三の磁場

〈扉写真〉内村鑑三と柏会のメンバー

後　列＝左より、樋口実、金井清、黒崎幸吉、塚本虎二、膳桂之助、不明、高木八尺、黒木三次

中央列＝左より、川西実三、沢田廉三、森戸辰男、三谷隆正、鶴見祐輔、藤井武、椎津盛一

前　列＝左より、笠間杲雄、石川鐵雄、前田多門、内村鑑三、岩永祐吉、三辺金蔵、武富時敏

（政池仁『内村鑑三伝』教文館より）

鑑三・ダンテ・白鳥——内村鑑三の「大文学論」と正宗白鳥

一 「人間解放の文学」の終焉

今日、敢えていえば、日本人が世界や人間について何か書くとすれば、それが何であろうと東日本大震災のことに触れなければならないであろう。

ましてや、その対象が日本のこと、あるいは日本人のことに関係する場合は、大震災のことを踏まえるのは必須である。特に、それが近代の日本人の精神史の問題であれば、考察の本質に通じる重要な前提になるであろう。

というのは、この大震災とそれに伴う福島原発事故は、日本の近代化の問題を根柢から問い直す衝撃を持ったものだからである。日本は、六年後（二〇一八年）に明治維新から百五十年の記念すべき年を迎える訳であるが、日本の近代化百五十年の営為の結末が、今日の大震災後の暗澹たる状況であったというのは、余りに悲しいものではなかろうか。

この終局に立った視点から、日本の近代百五十年を振り返る、あるいは問い直すことが、日本人の精神の再建には必要である。話を日本の近代文学に絞っていくとしても、この観点からの読み直しが求められるであろう。

明治維新からの文明開化、そして敗戦を経ての高度成長路線というものが、この大震災を機に根本的な問い直しがなされなければならないときに、明治・大正・昭和の近代文学も、これまでの評価の視点ではない、新しい評価軸から読み直されなくてはならないということである。保田與重郎が、「文明開化の論理の終焉について」を語ったのは、昭和十五年前後のことだが、この言説は敗戦とその後の保田に対する冷遇の中で、とりあげられることもあまりなく、戦後六十余年の時間は過ぎ去った訳である。しかし、今回の大震災を機に、「文明開化の論理」が、根柢から見直されなくてはならなくなったのは間違いない。

そして、この読み直しの作業は、今後始められるであろうが、その結果、日本の近代文学史がいずれ大きく書き換えられるであろうという予測を私は持っている。

中村光夫は、『明治・大正・昭和』(昭和四十七年)の中で、「近代文学が人間解放の文学だとしますと、人間の解放が敗戦の結果、文学とは縁のないところで出来上がってしまった。それは完全にできたとは云えないけれども、少なくとも明治・大正の文学者が意識したところよりもかえって徹底した形で実現してしまったと云えるかと思います。だから、近代文学は、知らない間にその使命を果たしてしまった。ところが新しい使命というものはまだ見つからない。こうなると文学の通俗化というか、娯楽化というか、そういうことが一種の必然であるということも考えられるわけであります。」と書いている。

今日の文学の状況をみると、まさに予言的に響く言葉だが、日本の近代文学が「人間解放の文学」であるという規定は、今日の文明的危機の中で、日本の近代文学を振り返るとき、重要なものである。

大震災が問い直しを迫る日本の近代化とは、つまるところ「人間の解放」であったということであり、大震災後の日本とは、この「人間の解放」の時代が終わった時代ということに他ならない。だから、「人間の解放」の役割を果たした、あるいはその方向に沿った文学の意義は、「必然」的に薄れていくのであって、近代文学の中で「人間の解放」とは違った意味が込められていた文学こそが、今後は高く評価されるようにならなくてはならないであろう。

この「人間の解放」の文学の中心に存在していたのが、自然主義文学に他ならない。これが、周知の通り日本の近代文学の方向を決定づけたのであり、この自然主義というものは、たんに狭い意味の自然主義文学といわれるものにとどまらず、その後の文学の根柢をなすものであった。

だから、日本の近代文学の見直しということは、自然主義文学隆盛以前のものに注目するということになるが、その際、尾崎紅葉などの硯友社文学を再評価するような試みがなされたことが、過去にあったことが思い出される。しかし、今日の日本の精神的危機の状況にあっては、そのような見直しはほとんど無意味である。硯友社文学には、近代日本における精神的風俗は描かれているかもしれないが、深い精神の劇はないからである。

そこで、私は、明治二十年代、それも日清戦争の頃の日本にあらわれたものに注目していきたいのであるが、中でも内村鑑三のいわゆる「大文学論」をとりあげたいと思う。この鑑三の言説は、近代日本文学史を問い直すときに、最も重要なものであろう。

「大文学論」とは、普通、「何故に大文学は出ざる乎」と「如何にして大文学を得ん乎」の二つの論文で語られた「大文学」に関する言説のことである。前者は、雑誌『国民之友』の明治二十八年（一八九五）七月十三日号、後者は同じ雑誌の十月十二日号と十九日号に掲載された。

「何故に大文学は出ざる乎」は、冒頭に『国民新聞』同年六月九日の「落葉片々」欄に記された「時勢と文学　以太利復活の大風雲はダンテを産せり、アリオストを産せり、タッスを産せり、日本大膨脹の下一の大文豪を産するなき耶」を掲げている。このような呼びかけに対する内村鑑三の苛烈なる否定の返答がこの論文であった。当時、日清戦争の勝利に伴い、この手の「大膨脹論」的文学論、あるいは日本主義を振りかざした「国民文学論」がひろがりだしていたのである。それに対して、鑑三は日本に「大文学」など生まれる訳がないと断じたのである。

鑑三は、「若し文学とは思惟の創作を言ふならば今日の日本に文学ありと言ふを得る乎」という。そして、次のように続けている。

那威《ノルウェー》の小なるも尚ほイブセンを有するに非ずや、洪牙利《ハンガリー》は吾人と人種を同ふして尚ほモリッツを有するに非ずや、露国の未だ代議政体を有せざるに已にプーシキン、レルモントフの誇るべきあるに非ずや、然るに膨脹的大日本に一大世界的文学者あるなし、宜べなり日本膨脹論者が彼の自説を吹聴するに当て痛く此大欠乏を感じ、声を張り挙げ筆を尖らかせ、毎日毎号大文学者の産生を絶叫するや。

然れどもオ、日本膨脹論者よ汝は大文学者を得ざるなり、汝の声は野に呼べる人の声なり、余は恐る汝世の終りまで絶叫するとも今日の儘の日本よりは一ダンテ一ゲーテはさて置き一ポーポ一ゴールドスミスをも得ること難からん、乞ふ余をして爰に汝の失望の理由を述べしめよ。

そして、鑑三はその「理由」として四つのことを挙げている。その第一は、「文学とは高尚なる理想の産」であるが、日本には「理想」となるべき「プリンシプル」がなく、「之を受ろの社界」もないからである。第二は、日本の教育が青年たちに「独創の意見を懐くの不利と危険とを教へ」て、「兵隊的服従」を強いたからである。第三は、「抑も大文学なる者は世界的思想の成体」であるが、日本人は「世界的思想」を学ばず、「世界文学なる者の攻究」をしてこなかったからである。第四は、「文学とは真面目なる職業」であるが、日本では文人というと「粋なる人」であり、「花柳に遊ぶ」ような人を指しているからである。

「如何にして大文学を得ん乎」は、この「何故に大文学は出ざる乎」の裏返しであり、この四つの「理由」に対応した提言がなされている。しかし、今日の日本で深く受け止めなければならないのは、「何故に大文学は出ざる乎」で挙げられた日本における問題点であろう。まず、この指摘された問題点を十分に深く把握しなければ、日本人は「大文学」に対して覚醒しないからである。

しかし、このような鑑三の言説は、大上段からの批判とか原理的な考えととらえられて、文学にはふさわしくないもののようにあしらわれるのが、常である。今日でもそうであろうし、この鑑三の「大文学論」が発表された当時もそうであった。

そして、「自然主義文学」という、いわば「小文学」の跋扈となるのであり、それは本質的に今日まで続いている。「人間解放の文学」という、もう消費期限の過ぎたお題目に、文学が縋り付いている限り、「小文学」が商業主義のジャーナリズムの需要に応えて生産され続けるであろう。「余は恐る汝世の終りまで絶叫するとも今日の日本の儘の日本よりは」決して「大文学」は創造されないということである。

二 「ポジ」のクリスチャンと「ネガ」のクリスチャン

「何故に大文学は出ざる乎」で注目されるべきは、ダンテのことが多くとりあげられていることである。「大文学者」として、「シェクスピヤ」「ゲーテ」「イブセン」「トルストイ」などの名前は、いってみれば慣習的にあげられているが、特に意味深く出てくるのは、ダンテの名である。数えてみると、ダンテの名は、二十二回も出てくるのである。「大文学の出でざる理由かくのごとし。」といって、四つの理由をあげた後、具体的に日本では理解されないであろう「大文学者」としてダンテが論じられている。ゲーテではないことも、重要な点である。鑑三にとって、「大文学」とは、敢えてあげれば、ダンテの『神曲』だったのである。

ゲーテとダンテを論じた鑑三の著作といえば、『月曜講演』である。「何故に大文学は出ざる乎」を発表した三年後の明治三十一年の一月、神田の基督教青年会館で月曜日の夕に行った講演の記録である。「第一章　カーライルを学ぶの利と害」「第二章　ダンテとゲーテ」「第三章　米国詩人」「第四章　文学としての聖書」という構成である。

第二章の「ダンテとゲーテ」の中でも、ゲーテよりもダンテを重んじているが、ダンテの『神曲』を読んだときのことを次のように書いている。

余輩始めて『神曲』を読むや、終夜安眠する能はざりしこと屢々なりき。其は読んで愉快の情に堪へざりしが故に非ず、戦慄して恐怖の念に堪へざるが故なり。自殺して死せる者、末の日に復活し、既に其の身躰は形を成したれども、其の霊魂は未だ空に懸かる己が躰に宿らずとて苦痛悲惨の様名状すべからざるを写し、又宛がら群蛙の泥中より頭を持ち上げたる如く、夥多の霊魂、沸騰せる青瀝の中より頭を延べて「ダンテよ、ダンテよ」と叫喚する一条の如きに至っては、恐懼座ろに我を襲ひ、覚えず身を慄して四辺を顧み、我も亦其の恐ろしき叫喚の声を聞くものに非らざるかを疑はしむ。

鑑三がダンテの『神曲』を深い共感を持って読んだことを示している回想だが、ゲーテについてはこのような愛情を感じていない。逆に、ゲーテの「品性」に対して批判的である。「ダンテは中古時代の弁護者にして、ゲーテは即ち近世紀の弁護者なり。」といっているが、「近代人」に対する厳しい批判者であった鑑三は、ゲーテをその「近代人」の代表的存在としてとらえたのである。この「ダンテとゲーテ」の章を次のように結んでいる。

固より何れも天才なるに相違なけれど、ゲーテは特に天才を以て称すべく、ダンテは寧ろ品性を磨きたる人なり。人悉く天才たるは難し、されど己が品性を高めて人生を喜観し、主義を以て世に勝つ事は、勉めて能はざる事に非ず。故に天才ならん事を望んで、品性を磨く事を心懸けず、盛に弁論を縦横自在するに妙を得て、堅く主意に立つて初一念を失はざるに拙なき今日の我社会に対しては、特にゲーテの智を紹介せんよりも、ダンテの徳を紹介するの急務なるを感ず。

この鑑三の『月曜講演』を二十歳の青年として聴講して、深い影響を受けたのが、やがて「自然主義」の作家となる正宗白鳥であった。晩年の白鳥が書いた『内村鑑三』は、既に傑作としての評価は定まっているが、今日の近代日本文学史を問い直す必要がある時代においては、ますます重要な著作といっていいであろう。「青年期の私に最も感銘の深かつた内村の講演は、明治三十一年（私の二十歳の時）一月から、月曜日毎に神田の青年会館で開催された文学講演であつた。私は早稲田近傍の下宿屋から其処まで、千里を遠しとせず通つて行つた。」と回想している。

そして、このダンテについての内村の講演は特に印象深かったようである。「私は、この時講演者内村鑑三の感慨深げな説明振りによつて、はじめてダンテについて、その一端を伺ひ得たのであつた。」と書いている。次に引用する白鳥の描写は、そのときの鑑三の講演の姿が彷彿するような文章である。

ダンテが故郷フローレンスを追放されて、諸国を流浪してゐた時に或山寺に上り、その回廊や柱や棟木などを見たり、物思ひに耽つたりしてゐると、山僧の一人がその様子を不思議に思つて、「汝何を求むるか」と質問した。ダンテは、静かに首をめぐらして、山僧達を見て「ピース」と答へた。この時の内村の態度表情「ピース」といふ思ひを籠めた発音を半世紀後の今、今見る如く今聞く如く記憶してゐる。演劇を蔑視した内村の演説振りには劇的効果があつた。「汝何を求むるや」「ピース」これは劇的シーンであつて、内村はそれを名優の如くに表現してゐた。あの頃の内村は、まだ若くはあり、ダンテについては造詣深くはなかつたのだ。しかし、その「神曲」は心読してゐたのだ。自己をそこに見ていたのだ。「求安録」の扉の裏に、この「ピース」問答が英文のまゝ記載されてゐる。心の平和を求むるに汲々としてゐることが推察される。

このように鑑三のダンテ講演を聴いた白鳥に、深いダンテ論があるのはある意味で当然かもしれない。しかし、近代日本においてゲーテを好む人は多かったし、ゲーテを理解することができた人もそれなりにいたであろうが、ダンテを深く理解した日本人が極めて稀であったことを思えば、この白鳥のダンテ理解はやはり、白鳥におけるキリスト教、あるいは内村鑑三の問題を考慮に入れなければ分からないであろう。

福田恆存は、「近代の宿命」の中で、「日本に近代などありはしなかった」と断じ、「今日ぼくたちは近代の確立をなしえなかつたことを反省してゐる。が、そのまへにぼくたちはぼくたちの中世をもちえなかつたことについて悔いるべきではなからうか――ぼくたちがぼくたちの神をもちえなかつたことを。」と書いている。これは、ゲーテは学んだが、ダンテを理解できなかったということにつながっている。

白鳥は昭和二年の三月、四十八歳になって、「ダンテについて」を書いている。これは、白鳥の傑作であって、自殺の数カ月前の芥川龍之介が深い感銘を受けたのは、よく頷けることである。芥川は、「文芸的な、余りに文芸的な」の中の、「正宗白鳥氏の『ダンテ』」と題した二十一章で、冒頭に「正宗白鳥氏のダンテ論は前人のダンテ論を圧倒してゐる。」と書いている。また、「正宗氏はあの論文の中にダンテの骨肉を味はつてゐる」とも書き、深い共感を示している。やはり、この白鳥のダンテ論に対する芥川の透徹した理解には、いわゆる「末期の眼」が感じられるといっていいであろう。その頃、芥川が「西方の人」「続西方の人」を書いていたことや、内村鑑三の弟子の室賀文武と親しく交際していたことも、考えあわせるべきであろう。(注)「ダンテについて」の中でも、鑑三の講演に触れて、「少年の頃すでに名前だけを知つてゐたダンテに関して、具体的の知識を最初に与へて呉れた者」の一つは、「内村鑑三氏の『文学講演』であつた。内村氏は、例の不敬事件に基いた迫害を誇張して考へ、自己を『国人に棄てられし』人としてしまつて、ひそかにおのれをダンテに比べてゐたらしく、峻鋭の語調は、年少にして感じ易い、思慮の単純な私の心胸を、少なからず刺激したのであつた」と書いている。

白鳥は、「私は「神曲」に親しんでゐる。」とか「馴染み深いダンテ」といっているが、その『神曲』をいかに愛読してきたかについて、次のように書いている。

私は今、薄葉に印刷された、携帯に便利な、ケリー英訳の「神曲」を座右に置いてゐる。韋《い》篇《へん》三たび絶つと云ふほどでなくつても、方々が手垢に汚れてゐる。“dog eared Virgil” といふ言葉を、学窓でマコーレーのミルトン論訳読の際に学んだことを覚えてゐるが、私の所持してゐる「神曲」は、私の“dog eared Dante”である。扉に、鉛筆で小さく、三十八年六月十九日といふ、丸善で買つた時の日附が記されてゐる。沙翁全集や近松全集すら持つてゐないほどに、蔵書に乏しい私も、二十余年間、この英訳「神曲」は手離さないで、旅中にもたびたびこれを懐に入れて、あちらこちらの一曲あるひは一章を、恣まゝに読誦してゐたのである。外国の書籍のうち、私がこれほどに親しんだ者は他に一つもないと云つていゝ。

このように親しんできたダンテについて、白鳥は日本人にとって、「近代思想の権化」ゲーテのようにはダンテが読まれてこなかったことを次のように指摘している。

シェークスピアのハムレットなんかに随喜渇仰したゲーテは、ダンテの「地獄篇は嫌悪すべく、煉獄篇は茫漠たり、天国篇は倦怠を齎す」と云つてゐるさうである。近代思想の権化であつたゲーテには、中世紀の陰気な思想や感情が厭はしく思はれたのであらうが、ゲーテをも黴の生えた前代人として取扱ふやうになつてゐる日本の現代には、尚更ダンテなどの迎へられよう筈はない。全体彼れは、西洋の文学者のうちでも、最も日本向きでない一人なのだ。

ここでいわれている、ダンテが日本向きではないという指摘は、今日の、日本の近代あるいは近代文学を問い直すという問題意識においては、重要なものである。日本の近代は、西洋から学んだとよくいわれるが、これは誤解を招く言い方である。日本は、西洋から日本向きのものを取り入れたに過ぎない。これは、文学に限らず、絵画や音楽についてもいえることであろう。精神史的な面でいえば、キリスト教の受容の仕方に多くの問題を残しているのである。

白鳥は、ダンテの『神曲』が、「自伝的」であるにもかかわらず、「自分の子供や妻や兄弟については一言半句も記していない」ことに注目している。そして、その背景に「中世紀の人生観」があるといい、日本の近代文学の主流、自然主義文学と「正反対の文学」を見てとっている。

人間の実際生活、すなはち外形的生活は、さして重んずべきものではないので、重んずべきはたゞ心霊の生活だけであつた。だから、今日の日本の小説のやうに、自分の煩瑣な日常生活をゴタゴタと書く必要はなかつたのである。自分の個人的行為を喋々と語ることは恥とされてゐたのだ。

「ダマスクスへ」が私戯曲である如く、「神曲」も私戯曲である。しかし、それは、自己日常の行動をゴタゴタと書並べた日本の私小説などとは、正反対の文学である。それで、今日の雑誌文学を読厭いた私は、屢々目を「神曲」などに注ぐやうになつた。

このような白鳥の文章を読んでいると、いわゆる「自然主義文学者」正宗白鳥というレッテルがいかにうわべだけのものかということが改めて分かってくるのであるが、白鳥の精神の奥深い所まで目の届いた批評として、小林秀雄と河上徹太郎との対談「白鳥の精神」をここで、とりあげるべきであろう。白鳥が死の床で、「アーメン」と告白した上で、八十三歳で死んだのは、昭和三十七年十月のことであるが、この対談はその後になされた。

河上は、冒頭で「自然主義者とは言えない人だな。」といっている。そして、小林は、つぎのような発言をしている。

小林 あの人にとって自然主義とは、現実は九尾の狐だということさ。たとえばリルケが言っているようにね、神様というものを見るのにね、僕らは人生を写さなくてはならないだろう。そういうときには、僕らの写真機というのはネガだというのだな。ネガなんだよ。神様というものはポジなんだよ。ところが、ネガがなければポジがないのだよ。ピッタリとネガに合うポジなんだ。そういうことを手紙のなかに書いている。同じ気味合いのものが、正宗さんの思想にあるかもしれない。聖書というのがあるのだよ。聖書という一つの観念があってね、一日黙々とネガを撮って歩いて、寝る前に聖書を読むのだから着物の柄なんてたいしたことはないのだ。でも、どんな柄を着たって人間だからな。そういうふうな写真を撮っていくわけだよ。それが非常な好奇心をもって撮られている。そういうところにあの人の「私」があるのだろう。僕は昔、私の社会化などという言葉を使ってたいへん誤解されたけれども、そんなところに「私」はありはしないからな。「私」は「私」を超越する。社会を超越する。

この「ネガ」という面白い表現を使うならば、正宗白鳥の文学は、「小文学」としての「自然主義文学」などではなく、「大文学」の「ネガ」なのである。そう考えてくると『内村鑑三』とともに戦後の白鳥の代表作である『自然主義盛衰史』の最後のところで、「自然主義文学のやうな、いつまでも解決のない文学の境地に永遠にさ迷つてゐるのは遺憾であるが、それを如何ともし難いのである。貧寒なる文学、愚かなる迷える文学として、我自然主義文学を回顧する外ないのであるが、さうかと云つて、この種の文学を踏みにじつて仁王立になつてゐるやうな、人間救護の、解決ある大文学はまだ何処にも現はれてゐないではないか。」という文章に、「大文学」の文字がでてくるのがとても意味深く感じられる。

「大文学は何処にも現はれてゐない」。しかし、「大文学」の「ネガ」は、正宗白鳥の文字に「現はれて」いるのである。内村鑑三の「大文学」への期待は、正宗白鳥の「大文学」の「ネガ」として実現された。その他には、「小文学」があっただけである。

そうすると、小林秀雄が、対談で次のようにいったことの重みは、伝わるであろう。「やっぱり、たいへん日本的な、内村鑑三以来のクリスチャンじゃないかな。」内村鑑三と正宗白鳥が、近代日本における代表的なクリスチャンだという。この卓見は、キリスト教についての世間的な理解を遥かに「超越」している。内村鑑三という「ポジ」のクリスチャンと正宗白鳥という「ネガ」のクリスチャンが、ダンテという「大文学者」を深く理解したのである。

日本の近代文学の歴史を、文明開化と「人間の解放」という平板な画面の上で、眺める時代は、東日本大震災を機に終わったのである。「神」の「ポジ」と「ネガ」の弁証法的な精神の磁場として、とらえ直さなければならないであろう。そのとき、「自然主義文学」というものが、白鳥を初めとして、「ネガ」の「大文学」として見えてくるかもしれない。これまで高く評価されていたものが、単なる「人間の解放」に役だっただけということになるかもしれない。

いずれにせよ、鑑三と白鳥という稀有な精神は、ダンテを深く理解できたという点で、近代日本の精神風土を「超越」しているのであり、近代日本文学史の問い直しは、鑑三から白鳥へと引かれた線を基軸した視点からなされなければならないであろう。

（二〇一二年三月）

（注）芥川龍之介と室賀文武との関係については、次章「芥川龍之介と室賀文武」に内村鑑三のことを軸に論じた。

芥川龍之介と室賀文武——天才と使徒について

私は、芥川龍之介のよい読者とはいえない。若い頃に少し覗いたばかりで、その後もほとんど手にとることなく今日まで来てしまった。

それは、昔読んだときに余り感銘を受けなかったからに違いないが、当時小林秀雄の批評に深く魅了され、大きな影響を受けていたので、小林の芥川に対する評価の低さにも基因したのかもしれない。

周知の通り、小林は『大調和』の昭和二年九月号に「芥川龍之介の美神と宿命」を発表したが、その中で芥川を「神経的存在」と呼び、「彼は決して人の信ずる様に理智的作家ではないのである。神経のみを持ってゐた作家なのである。」と書いていた。

その後私は、三十三歳で内村鑑三と邂逅し、『内村鑑三』を上梓して本格的な出発をしたが、その内村は、芥川の自殺について、昭和二年の「日記」に次のように書いている。

七月二十五日（月）曇　新聞紙は文学者芥川龍之介氏の毒薬自殺を報ず。自分は氏を知らずと雖も、氏に対し深き同情なき能はずである。有島の場合に於けると同様に、近代思想は人をして茲に至らしめざれば止まない。神なし、義務なし、責任なしと云ふ。近代人が死を急ぐは当然である。人の罪と云ふよりも寧ろ思想の罪である。近代思想はあたら人間を殺しつゝある。

（傍点原文）

芥川龍之介は、たしかに日本の近代における、「近代人」の一つの典型であろう。小林は、後世の文学史家が芥川について「この文学的解体期は一人の犠牲者を生んだ」と評するだろうと書いていた。日本の近代とは、一言でいえば「解体期」に他ならない。

だから私は、『内村鑑三』の中で、夏目漱石の弟子であり、かつ或る意味で森鷗外の弟子でもあった芥川龍之介を、日本の近代の一帰結であると書き、「近代人」の悔恨として、「内村さんは実に偉い。明治の第一人者である——僕もなア、早くから内村さんに就いて学んでおくと好かつたのだがなア。」という芥川の言葉を引用しておいたのである。

この発言は、室賀文武が『芥川龍之介全集』の月報（昭和十年二、三月）に寄稿した「それからそれ」の中にあるものである。

これを引用した当時は、室賀文武という人物について、内村鑑三の弟子の一人といった程度の認識しかなかったのだが、今回、この室賀文武と芥川龍之介の交渉を調べてみて、とても興味をひかれた。私の芥川に対する関心は、ここに焦点化するような気がする。

室賀文武については、宮坂覺氏の「芥川龍之介と室賀文武――『芥川龍之介とキリスト教』論への一視点」に詳しい。実に興味深い人物であり、このような人間が芥川龍之介の側に置かれたことに、私はほとんど天の配剤めいたものを感じる。これは、芥川のどんなに巧みに作り上げられた小説よりも心を打つ。

室賀文武は、たしかに内村鑑三の弟子であり、内村美代子『晩年の父内村鑑三』に付された「内村聖書研究会会員名簿」にその名前が見える。春城と号した俳人でもあった室賀の『第二春城句集』には、「献恩師内村鑑三先生之霊」と前書して「花の上の白雲の上の天青し」の句がある。だから、前述した内村の「日記」の中に「自分は氏を知らずと雖も、氏に対して深き同情なき能はずである。」とあったのは、室賀から芥川の話をいろいろ聞いていたからかもしれない。

それにしても、室賀文武のような人物は、内村鑑三の弟子にしか出そうもないタイプである。内村の門下には、斎藤宗次郎とか、この室賀のような弟子が、かなり生まれている。これは日本の近代の精神史における偉観、あるいは奇観といってもいい。

斎藤宗次郎は、平成十七年に岩波書店から『二荊自叙伝』（上下二巻）が出たが、厖大な自叙伝の一部（大正十年―十五年）である。この中に宮沢賢治との交友が記されている。一説では「雨ニモマケズ」のモデルともいわれて、その人柄と生涯は、実に内村の弟子と呼ぶにふさわしい。

斎藤宗次郎にしても、室賀文武にしても、一言でいえば、エクセントリックな人間ということになるであろう。ここで誤解を避けるためにすぐ付け加えておくと、このエクセントリックという言葉を私は、普通使われるような、奇人、変人の意味でいっているのではない。

もちろん、世間一般から見れば、そのような印象を与えるのは間違いないが、斎藤や室賀について、エクセントリックというとき、そういう次元を超えた意味を持っているのである。

eccentric とは、ec・centric であり、ec＝ex である。つまり、center から「外に」あることである。常軌を逸している、あるいはそういう人、すなわち変人、奇人の意味に普通、使われる。

しかし、eccentric という言葉について、二十世紀最高のプロテスタントの神学者カール・バルトが実に深いとらえ方をしている。バルトの場合は、もちろん、exzentrisch とドイツ語になるが、これをバルトは、「中心を外に持って」と釈《と》くのである。『和解論』（井上良雄訳）の中で、「使徒」について「彼らは、いわば『中心を外に持って』（exzentrisch）生きる。」と述べている。そして、「人間がその中心においてこそ自分自身のもとにいないということが、信仰というものの事情である。また、われわれは、次のように言ってもよい、すなわち、人間は、ただ自分自身の外部においてだけ自分の中心におり、従って自分自身のもとにいるのだ、と。」と書いている。

このような意味で、斎藤や室賀はエクセントリックなのであって、たんなる奇人、変人ではない。バルトのこの思考は、キルケゴールの「天才と使徒の違いについて」を念頭に置いていると思われるが、たしかに芥川龍之介は天才といえるが、一方室賀文武は使徒的人間ということになるであろう。

このような室賀のことを芥川は、「最も善良な人」と呼んだという。芥川の妻、文の回想には、「主人も変り者の室賀さんのことに好意を持っていて、『文さん、文さん』と呼んで、たずねて来た『文さん』と二人で長い間話しこんでおりました。／主人は『文さん』のことを、家へ来る人たちのうちでも、最も善良な人だとも言っておりました。」とある。

ここで芥川という天才は、使徒と出会ったのである。そして、「神の愚《おろか》は人よりも智《かしこ》く、神の弱《よわき》は人よりも強ければなり。」（コリント前書第一章二十五節）という究極的な逆説に近づいたに違いない。

しかし、「西方の人」を読んだ室賀は「大いなる失望を感ぜざるを得なかった」。ここに芥川龍之介の悲劇と「宿命」があったのであるが、芥川が室賀を「最も善良な人」と分ったことの意味は大きいように思われる。たしかに芥川は、そのとき「神の愚」に触れたからである。芥川龍之介の逆説的な偉大さは、この一点にかかっている。

それにしても、芥川龍之介が、室賀文武を通して内村鑑三と関係したというのは、実に感銘深い事件である。宮沢賢治が斎藤宗次郎と交友したことも同様である。

「海ゆかば」の作曲家・信時潔《のぶときき よし》について調べたときも、実父吉岡弘毅が、いわゆるサムフイ・クリスチャンの一人で、内村と深い交友があったことを知って、こんなところにも内村が出てくるのかと驚いた。画家の富岡鉄斎について書いたときも、息子の富岡謙蔵が内村から英語を習い、鉄斎と内村との間に接触があったことを発見して、その交友関係の広がりに心打たれたことがある。

これは内村鑑三という人物の影響力の大きさということばかりではなく、そのような交渉を成り立たせる或る精神的気圏が、近代日本に存在したことを示している。これの発掘は、近代日本精神史の重要なテーマとなるに違いない。

その精神史的風景の中に、この芥川龍之介と室賀文武の交友は、深い意味を孕んだ事件の一つとして位置づけられることであろう。

（二〇〇八年八月）

宮沢賢治と内村鑑三

一　はじめに

宮沢賢治が、きわめて宗教的な人間であったことは、論を俟たない。賢治の作品が、「宗教文学」といってもいいほどに、高い宗教性を持っていることも、改めて論ずるまでもないことである。賢治は、何よりもまず、熱烈なる法華信者であった。あえていえば、或る面では、狂信的なところまで行った人である。しかし、賢治の文学と行動が、その深い（ある意味では、狂信的な）法華信仰から、生まれたものであることは確かであり、宮沢賢治という人間は、今日の普通の人間（漠然とした無信仰に生きている）などが、安易に近づくことが本当は出来ないタイプである。

にもかかわらず、今日、賢治が異常ともいえるブームの中にあるとしたら、賢治の文学が持っている「様々なる」要素――幻想、夢、神秘的な雰囲気、自然回帰など――が、現代の時代思潮にマッチするものであるからにすぎず、賢治の本質である法華信仰は、それほど問題とされない。それは、今日、「宗教」というものが、あまり触れない方がいいものという扱いを一般に受けていることと関係するだろう。しかし、宮沢賢治マイナス法華信仰は、ほとんど零といってもいいのである。

このように、賢治における「宗教」は、きわめて重要な問題であるが、果して賢治の「宗教」は、法華信仰であるとだけいってすむのであろうか。もちろん、中心に法華信仰があるのは、間違いない。しかし、キリスト教も無縁ではなかった。周知の通り、『銀河鉄道の夜』には、キリスト教的なイメージが多彩に書かれている。

宮沢賢治とキリスト教の関係については、佐藤泰正氏が「宮沢賢治とキリスト教――内村鑑三・斎藤宗次郎にふれつつ」という論文で、興味深い考察を加えているが、私はこの小論において、宮沢賢治とキリスト教の問題を、内村鑑三との関係から考えてみたいと思っている。賢治のキリスト教との接触は、この内村鑑三ルートによるものだからである。

賢治は、鑑三に会ったことはなかった。しかし、鑑三の弟子二人(照井真臣乳と斎藤宗次郎)と関係を持ち、「内村氏の著書なども沢山読ん」でいた(佐藤泰正氏宛て宮沢清六氏書簡)のである。そして、その接触から、具体的には、作品として、鑑三の「デンマルク国の話」が賢治の「虔十公園林」に影響、あるいはヒントを与えたのではないか、ということを最後に論じたいと考えている。

二　照井真臣乳

賢治と鑑三の関係が、まず間接的に出来るのは、明治四十年（一九〇七）、賢治十一歳のとき、すなわち花城尋常高等小学校五学年に、担任が照井真臣乳になったことである。堀尾青史氏の詳細をきわめた『宮澤賢治年譜』によれば、照井真臣乳は明治六年（一八七三）生まれ、昭和二十四年（一九四九）に没している。[1] そして、次のように書かれている。

一八九五（明治二八）年里川口尋常小学校訓導になり、一九二三（大正一二）年南城小校長へ栄転するまで二八年間奉職、一九三〇（昭和五）年引退まで計三五年間花巻で教育につくした。熱心なクリスチャンで名利を求めず粗衣をまとい、儀式のときだけ内村鑑三から与えられたという茶色の礼服を用いた。花城校には校長が二人いるといわれたほど愛校心に燃え、また正邪を明らかにするにきびしかった。

賢治を受け持った照井は、その習字や作文をしばしば同じクリスチャンの斎藤宗次郎に見せたという。その秀逸を愛したのであろう。

照井真臣乳という人間の人となりが彷彿とするような文章だが、内村鑑三の「基督教」、いわゆる無教会主義の「基督教」が生んだ弟子たちの中の、一つの典型といってもいいだろう。こういう小学校教師が、花巻に、あるいは地方地方にいた時代なのである。照井自身が書いた文章が、のこっている。明治三十六年（一九〇三）、照井、三十歳のときのものである。『聖書之研究』は、いうまでもなく内村鑑三の主宰した雑誌だが、この年の七月二十三日号（四十二号）の「雑録」のところにのっている。この「雑録」は、「誌上の講談会実験録」と題され、読者二十三名の寄稿文がのせられており、照井のものはその一つである。

「余の信仰の経歴」と題している。次に住所「陸中国稗貫郡根子村大字西十二丁目二十一番戸」と書かれ、「小学校教師　照井真臣乳」とある。以下に、全文を引用する。

余は信仰薄きものなれば余の有儘を表白し敢て内村先生並に講談会諸兄姉の余のために一片の祈禱を天父に捧げられんことを請ふ、余は神道職の家に生れし独子也、余は父の命により師範学校に入学し、去る明治二十八年其業を卒へり、されど高尚なる希望も慰安も与へられざれば余はこの重大なる職を軽しめ、無分別にも政治家を夢想し『日本』及び『日本人』などは最も愛読したりき、会々『日本主義』の発刊するあり、余は之を読みし後『東京独立雑誌』[2]の出陣するや大に之を歓迎したりき、而して余が机上終に『独立』の占有する所となり、余の陳腐なる思想は打破せられたり、余は他人を改良せんと欲して却て其呑まるゝ所となれり、余の行為は忽にして乱れたり、余の費用の多くは酒料となれり、堆積せる書籍は売り払はれたり、酒を被り不義を敢てするに至りき、危機一髪とは実に斯る時を云ふならん、嗚呼感謝す、神は穢れたる余を棄て給はざりき、余は初めて過去の大なる罪過に苦痛と煩悶とを重ね、世に又となき罪の人なるを自覚するに至れり、而して神は余が畏敬する内村先生を通して其著書に『研究』に『朝報』に余に対し改悔を教へ給ひき、疑惑の中に穢れたる余は神を認め天国を希望し純潔なる生涯を送らん事を志すに至り、忽ちにして余の行為に変化を来せり、小説を読みし余は聖書と歴史とを読むに至れり、徹夜飲酒に耽けりし余は禁酒主義を実行するに至れり、俗人に近けられし余は新聞誌上にも誹謗せらるゝに至れり、労働を卑みし余は労働を尊ぶに至れり、而して余は日々難苦に向ひつゝあるも祈り戦ひ聊かなりとも歓喜の裡に人生の快味を感じ居るは是れ偏に神の深き大なる恩恵の然らしむる所なり、嗚呼神の力は偉なるかな、余が如く穢れたるものをも救ひ給へり、しかも余は弱くして愚かなるものなれば余の行為境遇に卓立せず、日に自我の行をなすこと実に多し、希くは神よ尚一層の力を与へ給へ、余は爾に頼るにあらざれば片時も立つ能はざるものなり、今や国民の堕落其の極に達せんとする時に当り、基督信徒の責任重且つ大なるを感ずる愈々切なり、余は謹て祈る、内村先生並に講談会諸兄姉の健在にして主の栄光をこの地上に現はすの器となし給はれんことを。

耶蘇紀元千九百三年六月二十四日

また、明治四十年（一九〇七）、照井が賢治の担任になった年、照井三十四歳のときは、『聖書之研究』の八月十日号（第九十号）と十二月十日号（第九十四号）に寄稿している。前者は、「余は『聖書之研究』より何を得し乎（読者十名）」の欄にのせられたものである。これも全文を引用する。「陸中　照井真臣乳」と署名されている。

余は『東京独立雑誌』を初号より愛読せしものなり、而して其の廃刊して『聖書之研究』雑誌の生るゝや、前者の半社会的なりしに反し、後者のあまりに霊的なりしの故を以てにや、余は全力を注ぎて之を読み得ず、却て旧き東京独立雑誌をくりかへし、くりかへし読みたりき、而して余の不謹慎なる行為は益々余をして窮境に向はしめ少からざる煩悶と苦痛とを重ぬるに至りしかば、前に疎遠がちなりし『聖書之研究』は近親となり、失望の裡にありし余は少からぬ慰安と奨励とを与へられたり、余の行為は変化を来せり、政治家を尊びし余はそを卑しむに至れり、現職（余は小学校教員なり）を嫌ひし余はそを喜ぶに至れり、飲酒せし余は禁酒するに至れり、小説を読みし余は聖書を読むに至れり、今は又少からぬ興味を有したりし社会主義に全く遠ざかりしは余の特に喜ぶところなり、余の薄信ながらも神を認め単純なるキリストの信仰に居り小さき職にあるを得るはこれ全く『聖書之研究』より得たる賜と確信する所なり。

十二月十日号（第九十四号）にのったものは、「基督の降誕と我運命（課題）」の欄にある。この課題にこたえて寄せられた読者の文章が七つのっているが、そのうちの一つである。「陸中花巻　照井真臣乳」と署名されている。これも全文を引用する。

基督世に降り給はざりしならば『東京独立雑誌』は出でざりしならん。而して又『聖書之研究』も生れざりしならん。然らば今の余はあらざりしならん。思へば千九百余年前の基督の降誕はこの小き余にとりてもかゝる関係を有せり。余にして基督に接せざらんか。今頃は全く肉の奴隷となり殆んど獣類に近き生活をせるならんも独子を降し給ひし神の高大なる恩恵により汚濁の溝より救ひ上げられ薄信ながらも小職に感謝し居るなり。アヽ基督は今も存在し今も働き給ふなり。我等いかでこの恵みに浴せずして居るべきぞや。

以上、照井が、『聖書之研究』に寄稿した文章を、内容が重複するところが多いにもかかわらず、全文を引用したのは、次節にとり上げる斎藤宗次郎の方は、著作や日記も刊行されたりして、賢治との関係でも知名度が照井よりも高い現状に対して、照井の存在をもう少し大きく考えてみたい寸志からに他ならない。

いずれにせよ、照井の三つの文章は、彼が決定的な「回心」を経過した人間であることを語っている。このような「新生」の経験の中にあった時期の照井という教師に、賢治が触れたことが、何ももたらさなかったと考える方が不自然であろう。

照井は、しかし、いわゆる「才能」が豊かであるようなタイプでなかったことは、これらの文章からも感じられる。斎藤宗次郎の方がやはり、その点では勝っていたと思われる。照井は、「アヽ基督は今も存在し今も働き給ふ」という信仰を固くとって離さなかった人物であった。そして、「才能」とは信仰にとって益になるどころか、かえって害ですらあることを説いたのが、他ならぬ内村鑑三であった。鑑三が、このような照井という人物を大変愛したことは、鑑三の書簡からもよく感じられる。鑑三の照井宛の書簡は、三十通のこされている。これも全部引用したいと思う。それは、照井の文章を全文引用したのと同じ理由からであると共に、鑑三の書面からは、鑑三の人格は当然として、照井という人間の人となりも同時に浮かびあがっているからである。また、鑑三、あるいは照井の信仰が、彷彿とするからである。

明治四十三年（一九一〇）十二月二十八日のもの。

拝啓、温袍一枚御送り被下、君の厚意を籠めたる物なるを知り、切に有難く奉存候、
神が乏しき内に君を恵み、君の肉の欠乏を補ふに霊の充足を以てし給はんことを切に祈上候、
右御礼までに申上候、草々

一九一〇、十二月廿八日　　　鑑三

照井君

再伸、昨日写真一枚差出し置候、

明治四十四年（一九一一）七月二十一日のもの。

拝啓、暑気烈しく候所御健在の由大慶に奉存候

扨又今回は結構なる御見舞品の御送附に与り、感謝の至りに奉存候、君の目下の境遇に対して当方より何物かを以て御見舞ひ申すべきの所、返て君よりの御贈与にあづかり恐縮の至りに奉存候

当方娘ルツ事目下頗る難症に有之、又々我等の罪深きと力足らざるとを示され、歎き且つ感謝致し候

此際天父の殊に小生等を恵まれ、罪を赦さるゝと同時に病を癒されんことを祈り居り候、若し御地諸兄姉に於ても同様御祈り被下候はゞ幸福の至りに存候

君の事に就ても種々と承玉はり御同情の至りに不堪候、我等の報賞の大々部分は「彼所」に在るを知り、此地に於ける苦痛はすべて喜んで受くべきことゝ存候

御地諸兄姉へ宜しく御伝へ被下たく候、草々

1911　七月廿一日　　　鑑三

花巻　照井君

明治四十四年（一九一一）十月二十一日のもの。

拝啓、御書面並に御贈品に与り有難く奉存候、君の御困難も一段落を告げ候由是れ亦悦ばしく存候、完全なる幸福は到底墓の此方に於ては有之まじく、此世は終りまで涙の谷たるべく候、而して我等の他の人と異なる特点は墓の彼方に大なる希望を有する事に有之候

ツサ子矢張り衰弱の由心痛の至りに奉存候、彼女にも前述の希望御伝へ被下御慰め被下たく候

当方病人も善かったり悪しかったりにて困り居り候、然し二者何れに終るとも最善の我等に臨むべきことは寸毫疑ひ申さず候、我等の国籍は天に於てあることなれば、生死何れも我等に取りては小事たるべくと存候

右御礼までに申上候、草々

1911　十月廿一日　　鑑三

花巻　照井君

（傍点原文）

明治四十五年（一九一二）七月二十八日のもの。

先日は盛岡より結構なる御菓子御送り被下まして誠に有難く存じます、家内未だ全癒仕らず、

二三日前より当所に参り居ります、紳士的の日光町を離れ、静かなる田園生活を営み居ります。先日「独立短言」一冊差上げて置きました、之をツサ子の紀念に寄せて少しく慰安を感じます、今日になりて彼女の偉大なりしを愈ゝ深く感じます、彼女と君と小生と共に生ける信仰の子であります。

七月廿八日

大正二年（一九一三）十月十七日のもの。

拝啓、静粛の秋に相成り候処先づ以て御変りなき由大悦に奉存候

今回は美事立派なる玉菜御送り被下、御愛心を罩められたる御贈物、万謝を以て頂戴仕候、寔に君の満《まる》き堅き御志の御表徴と存じ一層有難く奉存候

岩手県と小生との関係の益々親密に成行くを見て誠に有難く感じ申候、花巻と云ひ、盛岡を云ひ、水沢と云ひ、実に美はしき関係に有之候、是れ確かに天に在るツサ子の霊が常に神に捧ぐる祈禱の結果と奉存候、彼女は死して決して地上の友人を忘れざることゝ存候、斎藤君に好き伴侶の見附からんことを切望仕候、御地方に於て善き候補者無之候や、志しの善き者ならば決して「信者」たるに及ばずと存候、偏へに諸君の御尽力を願上候

平康常に北上河畔の君の上に宿らんことを祈り候　　匆々

一九一三、十月十七日　　　　鑑三

真臣乳君

大正二年（一九一三）十一月十八日のもの。

別紙の通り駄句一首を得候に付呈贈仕候。御笑ひ被下たく候。近頃盛岡なる女歌人と競争致し、頻りに駄句を吐き出し申候。此分は未だ彼女に送り不申候。時々北上河畔の君と、ツサ子の墓を想出し候　　匆々

一九一三、十一月十八日　　　　鑑三

花巻　照井君

大正三年（一九一四）二月十二日のもの。

其後御変りなき由大悦に奉存候、扨て、今回は又々野菜沢山に御送り被下御親切の程感謝の至りに奉存候、カベツは誠に美事なる者に有之候、当地にては当底得難き品に有之候
別紙ルーテル家庭絵ハガキ一枚進呈仕候、偉人愛児と共に讃美歌を唱ふの所、まことに慕はしく有之候、側に在るは友人メランクトンに有之候

高橋《イマトリ》家の後事相変らず困難の由、美代子より申来り甚だ困つたものに有之候、我等局外者は彼等のために祈るより他に途なきことゝ存候

天下騒然、何時治まる乎知れ申さず候、大洪水は遠からずして来るべき候、但し我等は安全に有之候　草々

1914　二月十二日　　鑑三

照井真臣乳君

大正三年（一九一四）十一月八日のもの。

拝啓、御送与の芋の子今日着致し、早速調理致し候所、誠に当地に於ては得難き品に有之、小家族一同感謝を以て頂だい仕候、斯くして柏木と北上川沿岸と友誼の継ぞくせらるゝを喜び候

別封を以て柏木絵ハガキ一組差上候間御落手被下たく候

青島陥落致し、之にて一先づ東洋方面に於て戦争談の絶ゆるに至るべく、其れがために祝賀に加はる価値あるべくと存候

御地諸君へ宜しく御伝へ被下たく候　草々

一九一四、十一月八日　夜　内村鑑三

照井真臣乳様

大正四年（一九一五）九月二十八日のもの。

拝啓、美事なるカベツ御送り被下有難く奉存候、君の贈物として千金の価値有之候、君の信仰の進むと同時に患難の加はるを聞て、又神に感謝仕候、是れ当さにあるべき事にして、君に由りて真光明が益々北上川沿岸に輝き渡ることゝ確信致し候、小生は神が花巻を永久に恵みつゝあり給ふを知りて彼を讃美致し候、希くは深き平康永久に君と偕《とも》にあれ　アーメン

一九一五年九月廿八日　内村鑑三

花巻　照井君

大正四年（一九一五）十一月八日のもの。

拝啓、又々真綿並に畑の芋御送り被下度々の御贈物、甚だ痛み入候、君の乏しき中より斯る愛の御表現に与かり謝する言葉無之候、芋は殊に賞味致し候、海の魚も及ばざる所有之候。

小生相変らず聖書を楽しみ居り候、小生が稍々満足に為し得ることは唯聖書の解釈のみに有之候、其他は悉く失敗に有之候、故に自今は努めて他事に携はらざらんと思ひ候。

別紙今月分原稿の一枚を差上申候、多分御同意のことゝ存候、右御礼までに　匆々。

一九一五年十一月八日　　鑑三

花巻　照井君

大正五年（一九一六）十月十七日のもの。

拝啓、昨夜栃木県の読者会から帰宅しましたら君よりの書簡と大なるカベツが待つて居ました、君の御平康を賀します、且又我等を御忘れなく美事なる畑の産御送り被下まして誠に有難く存じます、我共に取り大なる慰安又奨励であります、大なる感謝を以て頂戴いたします。君に「研究」誌を解して貰つて大なる喜びであります、此世に在りて最も貴き者は霊の友であります、多くは在りません、然し少数の祈禱の友があればそれで足ります、栃木県の会合も頗る楽しき者でありました、会せし者は三十余名なりしも感謝と祈禱に充つる会合でありました、何時か岩手県にても斯かる会合を持ちたいものであります、御礼傍々申上げます。　匆々

一九一六年十月一七日夜　　鑑三

照井君

大正六年（一九一七）七月九日のもの。

花巻　照井君へ

御平康を賀し候、当方も先づ変りなし、只在京都家内の実母重症にて今年は一同夏休みは之を廃し順番に看護のため西下致し候、之も人生の課業にて暗く見へ〔ママ〕る恩恵の一に有之候。メキシコ産チョコレート御送り被下有がたく奉存候、輸入杜絶の今日甚だ貴重なる物に有之候、御厚意を深謝致し候、右御礼までに申上候　　草々

1917　七月九日　内村鑑三

大正六年（一九一七）九月八日のもの。

拝啓、御母上様御永眠の報に接し御同情に堪へず候、何人にも一度は臨む悲痛事には有之候得共又我一人の上に落来りし不幸のやうに感ぜらるゝものに有之候、神は必ず又此事を以て君並に君の御家族全躰を恵まるゝことゝ信じ申候、彼女の未来に就ては之を彼女の造主に御一任ありて然るべくと存候、彼は己が造り給ひし者を藐視《かろしめ》たまはずと存候、御慰藉の一端までに別封を以て「復活と来世」一冊進呈致し候間御落手被下たく候　　草々

1917　九月八日　　鑑三

真臣乳君

大正六年（一九一七）十二月二十九日のもの。

拝啓　年末に際し君の霊の益々強健なるをきゝ大悦に存じ候、又々百合根大根沢山に御贈り被下君の今日の境遇を考へ甚大なる贈物たるを知り更に感謝を致し候、二三日前当方よりは例の通り鰹節一本差上おき候間御落手被下度候、形は例年のものより小さく候へ共質は宜敷き由に有之候、元日の御用に立てば幸福に存じ候、右申上げ度く　匆々

一九一七年十二月二十九日　内村鑑三

照井真臣乳様

大正七年（一九一八）五月十三日のもの。

当地に於ける戦況[3]益々好況であります。昨日の如き広き会場に立錐の地なき程でありました。来る十八日は又神戸に於て、十九日は大阪に於て、廿一日は京都に於て演説します、其のために特に御祈りを願ひます、勝利は確実でありります　一九一八、五月十三日

大正七年（一九一八）十一月十六日のもの。

一九一八年十一月十六日

其後御病気追々と御快癒の事と奉存候、

今日小包便を以てパン菓子少々差上おき候間御笑納被下たく候、

当方近頃玄米食を始め申候、日本人の食物としては之に優さる者無之候、之はたしかに完全なる食物に有之候、玄米を食ふて滋養の不足を訴ふるなきに至り申候、

大正七年（一九一八）十二月二十七日のもの。

御平康を賀し候

又々大好物の百合根御贈り被下茲に又御礼の言葉を繰返し申候、君は御自身は粗衣粗食し乍ら小生をして温袍美食せしめ給ふは少しく無慈悲ならずやと考へられ候、然しいづれも感謝に有之候、一同に代り篤く御礼申上げ候

御一同の上に恩恵益々豊かに加はらむ事を祈上げ候　匆々

一九一八年十二月廿七日　内村鑑三

照井真臣乳様

大正八年（一九一九）十二月十九日のもの。

拝啓、美事なる山の芋沢山に御送り被下まして篤く御礼申上げます、当方よりは古外套一枚昨朝小包にて差出して置きました、御受取りになりたらば一寸御通知を願ひます、　草々

1919十二月十九日

大正九年（一九二〇）十月十八日のもの。

十月十八日　一九二〇

敬愛する　照井君

先般来度々御書面に接し候も、御返事も仕らず失礼仕候。小生相変らず多事に有之候。去る十日の安息日には、聴衆の多きと、余りに熱心になりし為、脳を害し、昨日は休講致し、今日は尚ほ静養致し居り候。残念至極に有之候。或ひは数週間の療養を要せずやと思ひ、甚だ心配に有之候。御祈り被下度候。

山の芋まことに有難く存候。相変らず京地に於ては得難き珍味に有之候。

御病人も御軽快の由、大悦に存候。今日は之にて失礼仕候草々

内村鑑三

大正九年（一九二〇）十二月二十九日のもの。

十二月二十九日　一九二〇

拝啓、年は去り又来るもキリストに在りて御平安ならんことを祈上候
先般は又々昔なつかしき花巻の百合根御送り下され誠に有がたく奉存候、歳の暮は嬉しくもあり又悲しくもある時に有之候、不相変信者の変動止まず来るもあり去るもあり、然しキリストの十字架に在りて繋がるゝ者のみ永久に離れ不申候　草々

大正十年（一九二一）十月十六日のもの。

拝啓、御平安を賀します、又復里芋沢山に御送り下され誠に有難く存じます、何よりの御贈物であります、当方先づ変りません、只近代人の行動には驚くばかりであります、社会の根底がクズれ行くのを目撃して寒心に堪へません、所謂高等学府は人間を殺す所であることを今更ながらに感じます、然し福音は引つゞき唱へざるを得ません。御礼までに　匆々

十月十六日、一九二二〔ママ〕　鑑三

大正十一年（一九二二）十一月十一日のもの。

11月11日、1922

拝啓、玉菜沢山に御送り下され毎度ながらの御厚意有難く存じます、君の乏しき内よりの御贈与のことゝて一層有難く存じます、当方変りありません、毎週一度の中央の講演は随分の努力であります、然し三十年前の国賊(4)が内務省門前にて福音を説くこと許されると思へば実に感謝であります、御礼までに　匆々

大正十二年（一九二三）十月十四日のもの。

10月14日　1923

御父上様御永眠の報に接し御同情に耐へません、生みの父を喪った時の悲み〔ママ〕は又特別であります、深い深い悲みであります、父子の情愛の深さが知られます、是れ神が我等を愛し給ふ其愛の現はれであります、子は又其働きに由て父の欠けたる所を補ふことが出来ると信じます、天上に於ける御再会を祈ります、匆々

鑑三

大正十二年（一九二三）十二月二十五日のもの。

御平安を祈ります。別紙少額、君の年末の幸福を少しなりと増さんために送ります、然るべく御使用下さい　匆々。

愛する　照井君。

一九二三年十二月二十五日　　鑑三

大正十三年（一九二四）十一月十三日のもの。

拝啓、先般は又また御心切に御地産芋の子御送り下され有難く存じます、今や肉類に対する趣味を失ひ毎日野菜を食して居る折柄、畑の産は一層有難くあります、昨夜某所にて岩手県第一の人物後藤子爵と御面会致しました!!　匆々

11月13日　1924　　カン三

大正十五年（一九二六）六月十五日のもの。

返歌
愛子《いとしご》を尻尾《しつぽ》の端《はし》と罵《のゝし》りて
責《せめ》ねばならぬ親《をや》の苦《くる》しさ
大正十五年六月十五日　内村鑑三

昭和三年（一九二八）十一月七日のもの。

御平安を賀します、又復芋の子御送り下され誠に有難く存じます、小生まだ丈夫で働いてゐます、明日は十二年間世話をしてやった姪を嫁にやります、自分の娘は天国に送りて他人の娘を結婚させる、是が人生であります、然しどうでも宜いのです、神を知る為の人生であります、万事が善き学課であります、君と天国まで御同道致したくあります。
御礼までに　草々
昭和三年十一月七日　鑑三
照井君

昭和四年（一九二九）五月十日のもの。

拝啓、先般は小生病気に付御見舞を賜り恐縮に存じ候、さしたることには無之と存じ候へ共、永の間の精神疲労が茲に至らしめしことゝ存じ候、此秋まで休養致し候はゞ大分恢復致すことゝ存じ候、此上とも御加禱被下度願上候　匆々。

昭和四年五月十日

照井真臣乳様　内村鑑三

再伸　神を信じ来世を望めば病気は治るも宜し、治らずとも宜し、此心を持てば治らずとも既に全快と心得然るべくと存じ候。

昭和四年（一九二九）十月□日のもの（草稿）。

御平安を賀します。御写真並に御菓子御送り被下誠に有難く存じます。小生はまだ斃れません。仕事を減縮し、又復元の単独に還り潔く生涯を終りたく存じます。御加禱を願ひます。御礼までに、

照井真臣乳君

昭和四年（一九二九）十一月十五日のもの。

御平安を祈ります、又復芋の子御送り被下有難く存じます、斯くして花巻と関係の絶えざる事を感謝します、君が北上河畔に一生を終らるゝことを君の為に賀します、東京などは決して来て住むべき所でありません、其点に於て斉藤〔ママ〕君はより劣りたる途を択まれたと思ひます、一所に一生止まりてキリストの証明をさへすれば黙々の間に大伝道が行はれます、君は神に特に恵まれたる人であると云はざるを得ません、是はお世辞ではありません、真理であります。草々

一九二九年十一月十五日　内村鑑三

照井真臣乳君

（傍点原文）

これらの書簡は、照井が先生内村鑑三に、毎年、貧しさの中にありながらも、「カベツ」や「百合根」あるいは「芋の子」「玉菜」などを送った御礼の手紙が、ほとんどである。しかし、このような交わりの手紙を、退屈なものと感じてはならない。そのように感じてしまっては、照井の信仰、あるいは人生について何も分からない。「地の塩」の問題なのである。これらの書簡から浮かび上がってくる、「黙々の間」に生きている人間の姿、これが、賢治の人間観にも通じるものであり、先廻りしていえば、「雨ニモマケズ」の詩にも関係してくるのである。特に最後の手紙は、鑑三の死（昭和五年三月二十八日）の四カ月ほど前のものだが、照井はこれを読んだとき、深い感動を受けたことであろう。照井の生涯は、まさに「地の塩」であり、「隅の首石《おやいし》」であった。

三　斎藤宗次郎

宮沢賢治と内村鑑三の関係を考えるときに、照井真臣乳以上に重要なのは、斎藤宗次郎である。照井とは、又従兄弟に当り、親しい友であった。堀尾氏の『宮澤賢治年譜』には、次のように出ている。

斎藤宗次郎（一八七七（明治一〇）・二・二〇生　一九六八（昭和四三）・一・二没）は笹間村（現花巻市北笹間七─一七）の東光寺（曹洞宗）住職轟木東林・さだの三男として生まれ、一八九一（明治二四）年斎藤武次郎の養子となり花巻に住んだ。養父は財産家であったが甲斐性なく没落。岩手師範に学び、在学中内村鑑三の『地人論』を読み深い感銘をうけクリスチャンとなる。一八九八（明治三一）年花巻里川口小学校奉職。当時内村鑑三は国賊と非難されており、キリスト者への迫害はひどく、斎藤も家に石を投げられたこと度々で、結局学校を休職させられる。また、内村鑑三の「非戦論」に共鳴し、徴兵忌避・納税拒否の決意を内村に伝えたところ、内村は花巻に急遽来たり、その決意の非なることをさとし、翻意させた（斎藤宗次郎『花巻非戦事件における内村鑑三先生の教訓』一三頁・牧歌社）。その後、各種新聞書籍販売店「求康堂」（内村鑑三命名による）を城内に開く。新聞の花巻駅到着時間は各社異なり、そのつど構内で折りたたみ、後掃除をし、大急ぎで配達した。その服装は帽子、シャツにチョッキ、ズボン姿で、後年羅須地人協会時代の賢治の服装はこの人を偲ばせるという人もいる。清廉にして信仰深い態度はやがて人びとをして先生、先生と呼ばしむるに至り、宮澤家では父政次郎も賢治もその人物を尊敬していた。またトシは求康堂の前を通って通学し、書籍を購入したひとりである。トシは病中、枕頭に慰藉のことばをうけ、斎藤が賢治と二人庭のくだものを棒でつき落とし舌鼓を打つさまを眺めたこともある。

賢治と信仰はちがったが、お互に厳として立ち場を尊重し、宗教論を闘わすということはなかった。

また園芸に長じ求康園というイチゴ畑を作り、花城小、花巻高女、花巻駅の花壇をうけもって美化につとめた。賢治に依頼され草イチゴの苗二〇〇本ほどを農学校へ運んで一緒に定植したこともある。

またキリスト者として賛美歌を歌い、音楽を愛したので、お互いにレコードをきき、交換も行った。

一九二六(大正一五)年九月、天職を果たすため上京して布教、内村鑑三の詳細な伝記を完成し、生涯にわたる刻明な日記をのこし、一九六八(昭和四三)年九〇歳で天に帰した。

照井真臣乳の方が、斎藤宗次郎よりも、四歳年上であった訳だが、斎藤は照井とは違って多くのことを書きのこした。生前発表した著書は『ある日の内村鑑三先生』と『花巻非戦事件における内村鑑三先生の教訓』だが、日記を明治三十一年（一八九八）四月一日から昭和四十二年（一九六七）十二月五日まで書きつづけた。この日記をもとに、『恩師言』が、昭和六十一年（一九八六）に出版された。「ひとりの弟子による内村鑑三言行録」と副題されている通り、内村鑑三の恐らく最も忠実な弟子であった斎藤宗次郎が、彼が直接見聞した鑑三の言行をつぶさに記録したものである。

また、斎藤については、山本泰次郎著『内村鑑三とひとりの弟子――斎藤宗次郎あての書簡による』が、昭和五十六年（一九八一）に出版されている。鑑三の照井真臣乳宛ての書簡が、三十通のこっているのに対し、斎藤宗次郎宛ての書簡は、二六一通の多きにのぼっている。鑑三の斎藤宛ての書簡の内容も、内村鑑三のキリスト教とは何か、また斎藤宗次郎という人物がどのような人となりであったかを知るためには、実に興味深いものではあるが、それについてはこの山本氏の著書が充分に説いているので、この小論では割愛しようと思う。

ここでは、斎藤という篤信のキリスト者を賢治との関係でみていくことにしよう。斎藤は親友照井から、賢治のことをきかされたということは前述したが、斎藤と賢治の二人が特に親しくなるのは、大正十年（一九二一）からである。賢治二十五歳、斎藤四十四歳である。二人の接触を、堀尾氏の年譜から、拾っていくことにする。

大正十年（一九二一）の、一月のところに、次のようにある。

一月　斎藤宗次郎を訪ね、田中智学の人物と現状について問う。斎藤はクリスチャンであるが、上野の国柱会の前はよく往復しており、人物と事業に注意を払っていたし、内村鑑三の「日蓮上人を論ず」を読んで尊敬のあまり小湊の誕生寺を訪うたこともある。しかし田中智学とは一面識もなく新聞雑誌に出た世評を参考に伝えた。

大正十一年（一九二二）の四月のところに、次のようにある。

四月二八日（金）　夕方、斎藤宗次郎、苺苗六〇本持参。

大正十二年（一九二三）の六月のところに、次のようにある。

六月三日（日）（中略）

新聞、雑誌の取次店求康堂の斎藤宗次郎が賢治宿直の農学校へくる。新聞の配達終点が農学校で、時々茶話を楽しむ。斎藤の日記より引用する。

西方集金に際し五時四十分より農学校にて宮澤賢治先生と物語った。始めに苺、甘藍、蕃茄《トマト》などの話があった。次に先生自作の〝黎明行進歌〟というを示され且つ所感を求められた、予は平和と希望に満ちたよい歌であるというたら、安心したといわれ、ただ時節柄革命反抗的の意志あるものの如く諒解〔ママ〕せられては遺憾の至りであると言われた。〝荒蕪地開墾の歌〟というをも見せられた。

同年、九月のところに、次のようにある。

九月一二日（水）　斎藤宗次郎を放課後教員室に迎え、ピアノ曲やベートーヴェンの第四を聴く。共に恍惚。

大正十三年（一九二四）の二月のところに次のようにある。

二月七日（木）　斎藤宗次郎が新聞代集金に学校へ来、宿直の賢治と語り合う。詩「無声慟哭」を見せる。斎藤感無量と日記にある。弟清六へ連絡し、蓄音器とレコードを斎藤家に届けさせる。

同年、四月のところに、次のようにある。

四月二一日（月）　午後『春と修羅』を斎藤宗次郎の新聞書籍販売店に持参し、「こんなものを出しました。どうか批評してくなんせ」と寄贈。

同年、八月のところに、次のようにある。

八月二六日（火）　午前一一時斎藤宗次郎、農学校を訪問。例により賢治蒐集のクラシック音楽を聴く。

大正十五年（一九二六）の三月のところに、次のようにある。

三月四日（木）　午後三時半、斎藤宗次郎が訪ね、賢治の応接をうけてレコードを鑑賞した。久野久子の弾いたベートーヴェンのピアノソナタ「月光」および交響曲第六番「田園」、ワグナーの「タンホイザー」から「巡礼の歌」など。そのあと退職して新活動に入る決意を告げ、出版を予想した「農民芸術概論」の序文を朗読し批評を求めた。またベートーヴェン一〇〇年祭を催すについて出席を望む。（斎藤宗次郎「宮沢賢治父子」「四次元」一五〇号）

当時斎藤宗次郎は新聞取次業を行い、配達集金をしていたが、キリスト者としての敬虔清浄な人格は一部の人びとの尊敬を受けており、賢治も父政次郎もそのひとり。斎藤日記には、三日、五日に記載があるが手記により四日とした。斎藤は五〇歳で、この年九月、東京へ移住した。

同年、五月のところに、次のようにある。

五月一五日（土）（中略）

斎藤宗次郎が訪ねてくる。その記述。

「一風変った住宅や怪しげな料理場深き井戸広き苗床など賢治さんの案内説明で見て廻って後、応接間兼何々といったような室に導かれ、卓を囲んで四方山の話に時折無邪気な哄笑を林間の鳥語に和せしめて喜び帰った。」（「懐しき親好」「四次元」一二号）

同年九月のところに、次のようにある。

九月三日（金）（中略）

斎藤宗次郎、東京移住のため花巻出発。東京到着後の受信第一号は賢治よりのものであったという。

新聞雑誌取次業を譲り受けたいという希望者は多数現われたが、斎藤は宮沢豊治（賢治の従弟）を選んでいる。

斎藤の「懐しき親好」には、次のような記述がある。

昭和九年一月三日、私は楽しき郷土訪問の旅に上った。昭和五年より八年までを要して出版した内村鑑三全集の編集員の一人として無智無能の私が其末席に加えられたのであるが、天恩と同僚の力により絶間なく襲い来るサタンの試誘を悉く征服して予定に違わず事務を進め、終に些の滞りもなく其二十巻を刊行完結したので、此大事業遂行の報を齎し、先ず内村先生の多摩墓地に詣でゝ謹んで報告を済した。それより花巻なる私の多くの知友を訪い、此機会に於て旧恩を謝し喜びを共にせん為の旅行であった。其際恩誼厚き宮沢家にも立寄って老境に入られし御両親の安否を伺い、賢治さんに対する敬意を呈した。令兄の遺作整理に心骨を砕き居る清六さんは、此時を好機とし兄君の古き手帳を持ち来って「雨ニモマケズ云々」の賢治さん親筆の文字を示された。私はそれを掌中に凝視して、在り日の賢治さんの悠揚たる面影や、余情豊かな音声などを一時に思い浮べ、追慕禁じ得ないものがあった。

このとき、斎藤宗次郎は、賢治の「雨ニモマケズ」に出会った訳だが、斎藤がこの詩のモデルであるという説がある。山本泰次郎の上記の著書の中に、次のように書かれている。

この夏、斎藤にも彼の後半生を決定した重大な事が起こった。勧められるままに新聞取次業を始めた事である。
これより花巻を去って東京へ移るまでの十七年間、斉藤は毎日何回も花巻の町を疾駆し、一日に四十キロに及ぶことさえあった。宮沢賢治の「雨ニモマケズ風ニモマケズ雪ニモ夏ノ暑サニモマケヌ丈夫ナカラダヲ持チ……」のモデルであると言われるように、風の日も、雨の日も、雪の日も、重い新聞紙を背負って、戸毎に配達しながら走り、十歩行っては感謝し、さらに十歩進んでは賛美し、木の下や小川のほとりにたたずんで祈りを捧げる彼の姿は、まことに気高いとも、勇壮とも、悲壮とも形容の言葉がなかった。

堀尾氏の年譜の斎藤宗次郎についての記述の中に、「羅須地人協会時代の賢治の服装はこの人を偲ばせるという人もある。」とあったように、賢治には二十歳ほど年上の斎藤の人物と生き方に憧れるところがあったものと思われる。「ワタシ」が「ナリタイ」「サウイフモノ」をイメージするとき、斎藤の姿が入りこんだとしても不思議ではない。
しかし、私は、賢治の「サウイフモノ」のイメージ形成の中で、斎藤の他に、照井真臣乳の人間像もあったのではないか、と考えている。斎藤の「懐しき親好」の中には、次のような記述もある。

大正十五年三月賢治さんは農学校を退職して其四月から花巻町の南部根子の桜に起臥活動することとなった。此処は賢治さんの住居として適当の地と思われた。北に老杉の林を負い、東南は私の叔父が明治の初年に開墾したという数十町歩の土台の地を見下して北上河の清流を眺め、其正面の一角なる常楽院の森の中には賢治さんの恩師なる村夫子照井真臣乳翁が綿羊を飼いつゝ簡易生活を送って居るのである。西方なる照井先生の長たる小学校の前に当る清冽極まる泉水の上の松並木に連る小丘は、早池峯を東空に仰ぐ景勝の地である。（傍点引用者）

また、この詩の詩碑については、次のように書かれている。

曾て宮沢家の店頭に於て親しく見ることを得し古手帳中の、天真にして精魂に満ち、幽玄にして魅力強き文の一部は、有志の真心の結晶で建立された詩碑の碑文に選出されたのであるが、私も幸にして該碑を観る機会を与えられた。それは昭和十四年十月末、私は第二回癩療養園訪問旅行を思い立ち、東北日本の草津バルナバ病院、楽泉園、青森新城の癩病院等を見舞っての帰途、花巻の教友に迎えられし時のことであった。其廿一日午後根子十二丁目なる照井先生宅に於て、私は「砂漠と基督教」と題して研究発表を試み、同志と晩餐を共にして後散会したが、六時過ぎ老先生の提げし提灯を先導に松並木の旧国道を歩みつゝ先生の宮沢賢治観を興味深く聴いた。知らぬ間に数町ほど進んで上館の城址を過ぎし頃、右折して桜に至る田圃道に転じ、間もなく思い出深く懐かしき羅須地人協会跡なる詩碑の前に達した。四囲の叢中に虫の音なく、肌寒き秋空に晩鴉の声も消えし静寂な林間に我等数名の教友は建碑に近く立ち並んだ。老先生は除幕式当時の光景を語って後、提灯を高く掲げて碑面を照し先生独特の声を発して全文を一字一句誦読された。玄米四合ではないが少量の粥と胡麻塩を摂って淳朴の生活に公務に励み、二十人近き大家族を護らるる老先生が、晩秋の夜燈火を点して教え子賢治さんの記念碑に私共を案内され説明された誠実は寔に稀有のことであると感じた。

（傍点引用者）

賢治の「雨ニモマケズ」の詩碑を前に、斎藤宗次郎と照井真臣乳が立っている光景は、或る感動をもたらすとともに、「雨ニモマケズ」という詩に対する解釈についても一つの視点を与えるように思われる。この詩を、賢治の内面の願望としてとらえることは、実は誤まりではないか、ということである。宗教的な理想、あるは願わしい生き方への夢という風に、これを賢治の内面の告白としてとらえることが、一面的であるということである。この「雨ニモマケズ」にうたわれた人間、あるいは生き方は、現実に、それに近いものとして、斎藤宗次郎や照井真臣乳という人間が、身近に生きていたのである。

「デクノボー」とは、たんなるイメージでも、夢でも、理想でもなく、現実に、生身の肉体をもって、この世を生きている人間がいるという畏れが、この詩に深いリアリティを与えているのである。

「其正面の一角なる常楽院の森の中には賢治さんの恩師なる村夫子照井真臣乳翁が綿羊を飼いつゝ簡易生活を送って居るのである。」という斎藤の文章を考えるとき、賢治の詩の傑作の一つとされる「野の師父」のことが連想されてくるのは、自然である。この「野の師父」として、自分の理想像をイメージ形成する際の中核に、照井がいたのではないか、と思われてくるのである。

野の師父

倒れた稲や萱穂の間
白びかりする水をわたつて
この雷と雲とのなかに
師父よあなたを訪ねて来れば
あなたは縁に正しく座して
空と原とのけはひをきいてゐられます
日日に日の出と日の入に
小山のやうに草を刈り
冬も手織の麻を着て
七十年が過ぎ去れば
あなたのせなは松より円く
あなたの指はかじかまり
あなたの額は雨や日や

あらゆる辛苦の図式を刻み
あなたの瞳は洞よりうつろ
この野とそらのあらゆる相は
あなたのなかに複本をもち
それらの変化の方向や
その作物への影響は
たとへば風のことばのやうに
あなたののどにつぶやかれます
しかもあなたのおもちの
今日は何たる明るさでせう
豊かな稔りを願へるままに
二千の施肥の設計を終へ
その稲いまやみな穂を抽いて
花をも開くこの日ごろ
四日つゞいた烈しい雨と
今朝からのこの雷雨のために
あちこち倒れもしましたが

なほもし明日或は明後
日をさへ見ればみな起きあがり
恐らく所期の結果も得ます
さうでなければ村々は
今年も暗い冬を再び迎へるのです
この雷と雨との音に
物を云ふことの甲斐なさに
わたくしは黙して立つばかり
松や楊の林には
幾すぢ雲の尾がなびき
幾層のつゝみの水は
灰いろをしてあふれてゐます
しかもあなたのおもものの
その不安ない明るさは
一昨年の夏ひでりのそらを
見上げたあなたのけはひもなく
わたしはいま自信に満ちて

ふたゝび村をめぐらうとします
わたくしが去らうとして
一瞬あなたの額の上に
不定な雲がうかび出て
ふたゝび明るく晴れるのは
それが何かを推せんとして
恐らく百の種類を数へ
思ひを尽してつひに知り得ぬものではありますが
師父よもしもやそのことが
口耳の学をわづかに修め
鳥のごとくに軽佻な
わたくしに関することでありますならば
師父よあなたの目力をつくし
あなたの聴力のかぎりをもって
わたくしのまなこを正視し
わたくしの呼吸をお聞き下さい
古い白麻の洋服を着て

やぶけた絹張の洋傘はもちながら
尚わたくしは
諸仏菩薩の護念によって
あなたが朝ごと誦せられる
かの法華経の寿量の品を
命をもって守らうとするものであります
それでは師父よ
何たる天鼓の轟きでせう
何たる光の浄化でせう
わたくしは黙して
あなたに別の礼をばします

「あなたが朝ごと誦せられる／かの法華経の寿量の品」とあるように、賢治の法華信仰から、「野の師父」の信仰もたしかに法華信仰になっていて、照井のキリスト教とは違うが、この違いはこの詩の本質には大した問題ではない。「口耳の学をわづかに修め／鳥のごとくに軽佻な／わたくし」という意識が、賢治にはいつも強くあり、そういう自分をきびしくみつめている眼を、照井のような人物から恐らく感じとっていたことが重要なのである。

マックス・ヴェーバーが、「儒教とピュウリタニズム」の中で、ピュウリタンは「幻想なく生真面目」であった、といっている。しかし、その「幻想なき生真面目さ」は、掘り下げれば、強烈なパトスの上にうちたてられていた、ともつけ加えている。斎藤や照井は、もちろん、ピュウリタン系であり、「幻想なく生真面目」であったといえるであろう。しかし、精神の底に強いパトスを秘めていた。こういう人間に対して、賢治という「幻想」家は、その「幻想」を、恥じるところがあったと思われる。それが、「口耳の学をわづかに修め／鳥のごとくに軽佻な／わたくし」という詩句にあらわれているようである。それは、賢治の死の直前の手紙（最後の手紙）の中の次のような文面にもはっきりあらわれている。

私のかういふ惨めな失敗はたゞもう今日の時代一般の巨きな病、「慢」といふものの一支流に過って身を加へたことに原因します。僅かばかりの才能とか、器量とか、身分とか財産とかいふものが何かじぶんのからだについたものででもあるかと思ひ、じぶんの仕事を卑しみ、同輩を嘲り、いまにどこからかじぶんを所謂社会の高みへ引き上げに来るものがあるやうに思ひ、空想をのみ生活して却って完全な現在の生活をば味ふこともせず、幾年かが空しく過ぎて漸くじぶんの築いてゐた蜃気楼の消えるのを見ては、たゞもう人を怒り世間を憤り従って師友を失ひ憂悶病を得るといったやうな順序です。

しかし、この意識が、賢治を、だらしのない幻想家にしなかったのであり、その幻想をいわばひきしめたのである。

四 「虔十公園林」と「デンマルク国の話」

宮沢賢治の作品の上にあらわれた、キリスト教の影響としては、「詩ノート」に収められた「一〇四七 〔川が南の風に逆って流れてゐるので〕」や「一〇四九 基督再臨」などが挙げられるのが普通である。

「一〇四七 〔川が南の風に逆って流れてゐるので〕」の中には、「清教徒たちがみんないっしょに祈るであらう……」という詩句があり、「清教徒」とあるのは、キリスト教の中でも内村鑑三の「基督教」との類縁を感じさせはするが、何よりも鑑三との関係を強くあらわしているのは、「一〇四九 基督再臨」である。

内村鑑三の生涯の活動の一つのピークをなし、社会的にも大きな反響を呼んだのが、大正七年（一九一八）から、大正八年（一九一九）半ばまでの、いわゆる再臨運動であった。賢治の詩に、「基督再臨」と題されているものがあることは、キリスト教の影響といった一般的な話ではなく、内村鑑三の「基督教」からの影響である。

一〇四九　基督再臨

風が吹いて
日が暮れかゝり
麦のうねうねがみな
うるんで見えること
石河原の大小の鍬
まっしろに発火しだした

また労れて死ぬる支那の苦力や
働いたために子を生み悩む農婦たち
また、、、、　の人たちが
みなうつゝとも夢ともわかぬなかに云ふ
おまへらは
わたくしの名を知らぬのか
わたくしはエス
おまへらに

ふたゝび
あらはれることをば約したる
神のひとり子エスである

「また、、、、の人たちが」とあるように、この詩は未完成であり、詩としてすぐれたものではないが、「基督再臨」を、このようにストレートに表現したことの意味は、大きいといえよう。

『銀河鉄道の夜』とキリスト教の関係については、佐藤泰正氏が、『『銀河鉄道の夜』――その未完のモチーフをめぐって」と前述の「宮沢賢治とキリスト教――内村鑑三・斎藤宗次郎にふれつつ」という論文で、興味深い考察を加えている。

私は、宮沢賢治と内村鑑三の関係を、賢治の「虔十公園林」と鑑三の「デンマルク国の話」という二作品の中に見てとろうと思っている。

「虔十公園林」は、賢治の童話の中でも、完成度が高いものの一つと思われる。また、「ビヂテリアン大祭」の草稿欄外に「座亜謙什」という書込みがあり、兄妹印手帳の十九頁に書かれたサインの一つは、「Kenju Miyazawa」とある。この「虔十」という主人公の少年に、賢治が自分の生き方の理想を投影させたのは、明らかである。また、この作品の思想は、「雨ニモマケズ」の精神と通うものだとは谷川徹三がすでに指摘したところである（岩波文庫版『風の又三郎』解説）。

「虔十公園林」には、「雨ニモマケズ」に近い精神があらわれており、「雨ニモマケズ」が斎藤宗次郎や照井真臣乳を通して、内村鑑三につながっていくように、「虔十公園林」も、内村鑑三の「デンマルク国の話」を連想させるのである。

「虔十公園林」は、次のようなものである。虔十という「少し足りない」子供が、周りから馬鹿にされているが、杉の木を七百本植えることを考えつく。家の裏に植えるが、虔十はチブスで死んでしまう。しかし、死んだあと、その林は立派なものとなる。

虔十が死んで二十年近くたって、アメリカ帰りの学士が次のようにいう。

「ああさうそう、ありました、ありました。その虔十といふ人は少し足りないと私らは思ってゐたのです。いつもはあはあ笑ってゐる人でした。毎日丁度この辺に立って私らの遊ぶのを見てゐたのです。この杉もみんなその人が植ゑたのださうです。あゝ全くたれがかしこくたれが賢くないかはわかりません。たゞどこまでも十力の作用は不思議です。こゝはもういつまでも子供たちの美しい公園地です。どうでせう。こゝに虔十公園林と名をつけていつまでもこの通り保存するやうにしては。」

そして、次のようにおわる。

全く全くこの公園林の杉の黒い立派な緑、さはやかな匂《にほひ》、夏のすゞしい陰、月光色の芝生がこれから何千人の人たちに本当のさいはひが何だかを教へるか数へられませんでした。
そして林は虔十の居た時の通り雨が降ってはすき徹る冷たい雫をみじかい草にポタリポタリと落しお日さまが輝いては新らしい奇麗な空気をさはやかにはき出すのでした。

ここでは、「あゝ全くたれがかしこくたれが賢くないかはわかりません。」と、普通の賢愚の観念が、深く疑われている。また、「本当のさいはひ」というものが提示され、普通の「さいはひ」が実は、「本当のさいはひ」ではないのではないか、と問いかける。普通の賢愚の観念、普通の「さいはひ」は、「十力の作用」という法華信仰の価値観によって、ひっくりかえされるのである。「雨ニモマケズ」の「デクノボー」の姿が、思い出される。「十力」の観点からすれば、実は虔十が賢いのであり、かつ「本当のさいはひ」を知っていた人間なのである。世間の「賢者」は、実は「賢くない」のである。「本当」に「かしこ」い人間は、「デクノボー」と呼ばれることがありうる。

一方、内村鑑三の「デンマルク国の話」は、「信仰と樹木とを以て国を救ひし話」と副題されている。明治四十四年(一九一一)十月二十二日に行なわれた講演で、大正二年(一九一三)に、小冊子として刊行された。これは、岩波文庫に『後世への最大遺物・デンマルク国の話』として収められている。「後世への最大遺物」とともに、鑑三の講演の中でも、キリスト教界にとどまらず、広く読まれたものである。

「デンマルク国の話」は、デンマークが敗戦によって疲弊していたとき、ダルガスという信仰あつき男が、当時樹木が生えない悪質の土壌に、苦労して植林して、今日のデンマークの富を築いたという話である。

ここでも、ダルガスのやろうとしたことを、周りの人々がはじめのころ、馬鹿にして真面目に相手になろうとはしないことが、書かれている。

鑑三は、最後にこう語っている。

> 宗教、信仰、経済に関係なしと唱ふる者は誰であります乎、宗教は詩人と愚人とに佳《よ》くして実際家と智者に要なしなど〻唱ふる人は歴史も哲学も経済も何にも知らない人であります、国に若し斯かる「愚かなる智者」のみありて、ダルガスの如き「智《さと》き愚人」が居りませんならば、不幸一歩を誤りて敗戦の非運に遭ひまするならば、其国は其時倏《たちま》ちにして亡びて了ふのであります。

「デンマルク国の話」でも、「愚かなる智者」と「智《さと》き愚人」という風に、賢愚の観念が、ひっくりかえされている。普通の「賢者」は、実は、「愚かなる」者であり、世間から「愚人」とされている者の中に、「智《さと》き」者がいることをいっている。

「デンマルク国の話」の小冊子は、広く読まれたが、斎藤宗次郎を通して、賢治がこの本を読んだことは、充分考えられる。「虔十公園林」も「デンマルク国の話」も、樹木を植えることが、重要なテーマになっている。鑑三は、同じようなことを、のちに「樹を植ゑよ」（大正十三年・一九二四）と「西洋の模範国デンマルクに就て」（同年）で述べている。この二つは、ともに『国民新聞』にのったものである。

私は、「虔十公園林」の素材を、賢治は「デンマルク国の話」から、得たのではないか、と推察する。作品の根本にある思想も、大変よく似ている。「デンマルク国の話」では、「愚かなる智者」と「智《さと》き愚人」が対比され、「虔十公園林」では、「あゝ全くたれがかしこくたれが賢くないかはわかりません。」といわれる。鑑三の「基督教」と賢治の法華信仰が、この世の価値観を根柢からひっくりかえす力を持っていることは共通していた。それが、「キリスト」といわれ、一方で、「十力」といわれる。ここでは、その違いよりも、共通するものを見てとるべきだろう。

それよりも重要なことは、賢治の近くに、「智《さと》き愚人」の見本のような、斎藤宗次郎や照井真臣乳が生きていたことである。そして、斎藤や照井のような人物は、内村鑑三の「基督教」から生まれ出る一つの典型であった。一般的なキリスト教からは、生まれないタイプであり、鑑三の無教会主義の「基督教」が、その「世俗内禁欲」の形において、二人の人格の源泉であった。

賢治の宗教は、はるかに神秘主義的、詩的、「宗教的」であったことはたしかだが、その根柢に、この斎藤や照井の生き方に対する共感、あるいは畏れがあったことが、賢治を、狂信者にしない歯止め、あるいは錘《おもり》の役割を果たしたに違いない。また、それによって、賢治はたんなる幻想家に終わらなかった。この「塩」を抜いて賢治を読めば、賢治という風船玉はいくらでもふくらんでいくだろう。

宮沢賢治は、内村鑑三の弟子斎藤宗次郎と照井真臣乳を身近に知り、畏れを持って接したからこそ、「宮沢賢治」たり得たのである。

注

（1）照井真臣乳について、堀尾氏の著書では、「まみじ」とルビがふられており、没年も昭和二十四年（一九四九）になっている。これは、賢治研究の定説になっているようであり、例えば、『新潮日本文学アルバム宮沢賢治』の天沢退二郎氏による評伝にも、「まみじ」とルビがふられている。堀尾氏の説が何ら検討されないままに踏襲されているのであろう。

しかし、正しくは、「まみち」であり、没したのは、昭和二十三年（一九四八）である。このような照井に対する誤まりは、賢治研究において、照井真臣乳の存在が重視されていない証左であろう。それは、斎藤宗次郎との交友の軽視、さらにはこの二人を通しての内村鑑三、いいかえればキリスト教の影響を正確に把握していない欠陥を象徴しているといえよう。名前の読み方も没年も間違っている状態にもかかわらず、賢治の「幻想」の上に勝手な解釈が積み上げられている現状は、これらの言説がいかに空虚なものであるかをよく暴露するものである。

ここに、斎藤宗次郎が、照井真臣乳が死んだときに書いた「照井真臣乳《まみち》兄逝く」の全文を引用しておこう。「まみち」のルビは、原文にふられている。この追悼文は、『聖書の日本』（一四九号・昭和二十三年十一月号）に発表されたものである。『聖書の日本』は、内村鑑三の弟子、政池仁が主筆となって、昭和十三年から昭和五十七年まで発行された雑誌である。この文章によって、照井という人物とその信仰の一端がうかがえるであろう。

照井真臣乳《まみち》兄逝く

斎藤宗次郎

人を要する、人物を要する、基督清教徒を要する。何れの世、如何なる事業に於ても第一に要するものは人である。過去数千年の人類文化の歴史を見る時に、其世其国の進展活動に相応しき人物の出現せし事は、決して偶然無意味のことではない、全く神の工作に成りし剴切の事実なることを知られる。我が日本国が神の恩寵による敗戦の苦杯を最善の好機として武器を廃棄するに至るに先だち、新文明の創設の源泉として用意されし愛の使徒たる一人物の出現と共に、之に伴ひて其信仰其思想を享受せる人々の人知れぬ間に諸方に輩出することとなつた。彼等は黙々として播かれし所に荊棘を排して独立自由の生育を進め、謙虚勤労の態度を以て使命の遂行に従ひつゝあることを知るのである。照井真臣乳氏の如きは正に其一人であることは心ある者の確認する所、而して後世益々深く其真相は明かにせらるゝことであらう。

彼は岩手県花巻根子の農村に神官の独子として生れ出た。師範学校卒業後、花巻の小学校に奉職し勤続三十六年に及んだ。退職後は教育の後援、民衆の衛生等に尽瘁してあくことを知らず、宛然町民の師父又村夫子として追慕尊敬を一身に蒐めし美はしき実状を呈したが、去る八月廿三日の未明齢七十六の天寿を冠として故国に還る旅路に上られた。彼は教育功労者として屢々表彰さるゝ所となり、二十人に余る大家族よりは日夕其恩威に服従され、全町民よりは我等の先生として終始敬愛を払はれた稀に見る人物であつた。

氏の規律正しき日常の起居、聖句詩歌を愛誦口吟しつゝ悠揚一里の松並木道を日々往還する姿容、愛の鞭を執つて学童を教うる篤実の態度、超俗の言行を以て民衆と対話する様子、緬羊を撫育し養鶏を楽しむ閑日月、内村鑑三先生新渡戸篷雨両先生の筆蹟や中村不折画伯の書画を鑑賞する光景等を見る時には、氏の長き生涯は極めて楽天的平穏に過された様であるが、然しそれは彼の外なる生活たる一面であって、一たび其内面を窺ひ見んか実に苦闘の一生であつたことを知るのである。即ち唱歌の課目に拙なるを感ずる教師としての悩み、飲酒の嗜好を離絶する辛さ、独息子として寵愛を担ふ凡俗の域を脱して罪人の首長たる自覚に達するまでの苦しみ、偶像を去ってヱホバの神に帰りキリストの十字架によつて新生の身となると同時に起りし家庭調和を計るの苦慮、教育界の頑固者より受くる排斥と一部社会の無理解より起る誹謗に対し無抵抗の善意を注ぐ苦心、生計の窮迫を正しく切抜くる困難等は時に応じて臨み来り氏の内心を痛めし事実である。此精神的戦ひは世人一般の解せざる所であるが、氏の生存の意義は此隠れたる一面に存するのである。これあるが故に愛と正義とは氏の教育の真髄となった。生気乏しき俳句より霊気豊かなる信仰歌に移り行つた。余が理想団に加盟し社会改良の運動に立つて世の腐敗偽善を斥け善事の実行に出るや、氏に直に之を賛して歩調を共にし、教育勅語撤回の意見を文部省派遣の講師に発するや氏は之を邪論と見做す教育者と城壘を異にして余に同情の手を伸べられた。又余が日露の国交危機を前に非戦論を実行に現さんとするや氏は余が基督者としての最善の帰趨を見るに至らんことを熱心に祈ってくれた。此等の立場を守り行動を執らるゝ為に内心如何に苦まれた事であらう。氏は三十九歳の冬感冒のため臥床の身となるや、極寒の積雪の夕親しく枕頭に見舞はれし内村先生の熱き祈に感涙を絞りし尊き体験を味つた。内村先生一周年記念会の時には氏は地方代表の資格を以て出席し切々たる謝恩の感話を述べられた。内村全集の発刊の為には其資料提供に全力を尽された。

想へば氏は遺伝によらず志望によらず教育によらず勧誘によらず、夙に余と共に万朝報、東京独立雑誌を愛読して幸にも愛の使徒たる内村先生を知り先生を敬ひ求安録、信徒の慰め等先生のあらゆる著書に親しんでキリストの十字架の下に拝跪悔改するに至りしは、全く摂理の然らしむる所真に神の絶対愛によるものであつて、愛と正義に築く祖国日本の天職と人類の真の福祉の為に選ばれし人たることを信ずるものである。

氏は周囲の霊が暗黒なる明治時代の東北の野に於て一たび賜はりしキリストの十字架の贖罪の恩恵

を生活の全部となし、復活の希望、再臨の聖約を死守して輝く終りを万民の前に明示されたるは実に壮快感謝の至りである。今より後彼の祈と預言的実跡とは彼の愛せし遺族と教へ子と其子孫の上に美果を結び、岩手県教育界にも目醒むる時来りて漸次其使命の実現を見る事となるであらう。

兄を肉の親戚、職の同僚、思想趣味の親友、信仰の教友として与へられし余は、今や『内村鑑三全集編輯日記』の載録整理の完了せる喜びを懐きつゝ、二旬前静かに神の召命に応ぜし兄の生涯を追想して其概要を世に告ぐるに際し一種の義務を果すの楽しさを感ずるものである。

（2）内村鑑三が、『聖書之研究』の前に主宰して出していた雑誌。

（3）当時、内村鑑三が行なっていた、いわゆる「再臨運動」のことをさす。

（4）明治二十四年（一八九一）一月九日に起きた、いわゆる「一高不敬事件」により、内村鑑三は、国賊、不敬漢と世間から罵られた。

（一九九八年三月）

引用文献

1 佐藤泰正『宮沢賢治論』翰林書房、一九九六年

2 堀尾青史『宮澤賢治年譜』筑摩書房、一九九一年

3 山本泰次郎『内村鑑三とひとりの弟子――斎藤宗次郎あての書簡による』教文館、一九八一年

宮沢賢治と内村鑑三のものは、それぞれの全集による。また、文中に出典を明記してあるものは、ここには除いた。

大佛次郎と内村鑑三

一　「伊藤一隆の如き人物」

『鞍馬天狗』や『赤穂浪士』などの大衆小説によって知られる大佛次郎が、晩年の『パリ燃ゆ』や『天皇の世紀』によって大衆小説家の枠をはるかに超えた文学世界に達したことについては、これまでさまざまな形で論じてきた(1)。

大佛次郎という昭和を代表する作家が、或る意味で「文学」の範疇に収まらない作品を書くに至った精神的要因を考えてみるとき、そこに内村鑑三という補助線を引くとよく見えてくるものがあると思われる。

「大衆小説家」大佛次郎と近代日本の代表的基督者内村鑑三、この一見結びつかないような関係が実は、響きあっていて、大佛次郎を単なる流行作家に終わらせることなく、昭和文学における未曾有の高みである『天皇の世紀』の執筆に至らせたのである。

大佛次郎は、「私の履歴書」（昭和四十年）の中に、内村鑑三の名を三度ほど出している。中学生の頃の回想である。

> 甲府中学で英語を教えていた長兄が、校長の娘さんと結婚した。その前から暑中休暇になると私は甲府に遊びに行き、校長の家に泊って同年の男の子がいるのと、遊び友達になった。校長は音韻学者の大島正健で、内村鑑三などと一緒に札幌農学校に学び、例のボーイズ・ビー・アンビシャスを生《なま》の声で聞いた一人である。[2] この家と縁を結んでから、私にもまた別の世界がひらけた。兄嫁の弟の力ちゃんと言うのが、休暇に私の家に遊びに来て大島の親類や知人の家に私を連れて行った。日本石油にいた伊藤一隆や、鉄道院にいた長尾半平の家などが、それで、そのどちらにも同じ年頃の中学生がいたので、すぐに仲善くなった。
>
> その上に、伊藤の家も長尾の家も、内村鑑三と親しいし、クリスチャンの家庭で、伊藤一隆なぞはその当時までにもアメリカに十幾度か往復し、長尾の小父さんも夏目漱石のロンドンの下宿で隣合せて暮らしたひとで、[3] 海外の風に吹かれている。家庭内の生活も私がそれまでに数は少ないが見て来た日本の家庭とは違う明るい空気があった。食事の前に主人も子供も、神に感謝のお祈りをすることだけでも、私には初めての発見である。どちらの書斎にも英語の本が

一杯あるし、その頃、珍しい西洋花の鉢がいつも何かあり、大きなオルゴールがありピアノがあった。伊藤一隆は大日本禁酒会の創設者で会長であった。二代目の会長は、一隆の長男の信一である。鉄道の役人だった長尾の小父さんも、どんな式や宴会に出ても酒に手をつけない。

当時の日本の社会、それも官史の生活では、これは確かに実行に勇気の要ることに違いなかったのに、極めて自然に、このルールが家の内外で行なわれていた。伊藤の小父さんなどはその上に、日本人ばなれして声が大きく快活で、何らかの集まりがあると自分から真先に立ってホーム・ソングのマイ・オールド・ケンタキーや、オールド・ブラックジョー、スワニー・リヴァなど合衆国の開拓期の歌を、歌い出すような家風である。江戸の生まれで、電車の中などで他人に迷惑をかける酔漢などあると、べらんめい口調でどなりつけ、徹底的にやっつけて、外につまみ出すことまで辞さない勢いを見せる。娘たち（松本泰夫人の恵子、大束愛子、山本徳子など）が羞しいからお父さんとは一緒に出ないと、閉口しているくらい強い爽快な性格であった。クリスチャンで、こんな男らしく快活で明るいひとを、私は見たことがない。説教はしなかったが、やはり同窓の内村鑑三の烈しさに共通している。他人には強《し》いることはしないが、自身の信仰は堅固な実に見事な老紳士であった。

たしかに私はこの伊藤の小父さんから今日まで失くさなかった何か大きい感化を受けている。

私は気弱かったから伊藤一隆の烈しさは持ち得なかったが、正しいと思わないものにどこまでも抵抗する意思や、人間的にいやしいことは自分に許すことのできない心持は明らかにハイカラな老紳士から貰ったものだ。間違って自分が羞しいことをしたら私は十年経っても二十年経っても忘れず、思い出すたびに顔を赤くし苦しむ性質である。ひょっとすると現在のように老人になってからも背中を伸ばした姿勢も、この小父さんから受けたものかも知れない。文壇では私は紳士の部類だそうである。そうだとしたら、キリスト信者、伊藤一隆の幾分の感化があると考えてよい。私はこの小父さんの、凱風《がいふう》一過といったような性格が好きであった。

長尾半平は、後藤新平に見込まれて台湾に呼ばれて官途についたひとで、伊藤の小父さんとは違い、おだやかで、威厳の裡《うち》に女性的に見えるくらいの優しささえあった。精神主義的で清らかな生活である。それまでに私が知っている日本の家は、どこでも客に愛想はいいが、自分の小さな殻を守っていたものだが、この二軒の家庭は素どおしで秘密がなく外来者を家族のように待遇するので、終始、誰かが世話になって一緒に暮らしていた。長尾の御殿山の家には、ビルマ人のサンツンとツンモンと言う男の兄弟が預けられていて、私どもと同じように紺飛白《こんがすり》の着ものを着て年齢は中学生なのに小学校に通っていた。人間に親切なのである。その理想主義的な家の性格が、私には発見であった。（傍点引用者）

この文章は、大佛次郎という作家の精神の奥にあるもの、「今日まで失くさなかった何か」がどこから来たかについて重要な示唆を与えてくれる。

大佛次郎の長兄、野尻抱影が大島正健の愛娘と結婚したことによって「ひらけた」「別の新しい世界」については、福島行一著『大佛次郎』上・下巻の中に詳しく書かれている(4)。

特に、伊藤一隆という人物は、大佛次郎自らが「たしかに私はこの伊藤の小父さんから今日まで失くさなかった何か大きい感化を受けている。」と告白するほどの影響を与えた。

「日本石油にいた伊藤一隆」と書いているが、伊藤一隆は、札幌農学校の一期生である。大島正健も一期生であった。内村鑑三と新渡戸稲造は、二期生である。

伊藤一隆については、『伊藤一隆』（江原小弥太編、木人社刊、昭和五年）がある。それによれば、伊藤は、安政六年（一八五九年）に江戸で生まれている。札幌農学校を出て、北海道庁の水産技師、帝国水産会社の社長、その後、日本石油の技師などをつとめた。

札幌農学校におけるクラーク先生の感化については、同書に次のように書かれている。

明治九年八月に札幌農学校の開校式が挙げられた、此時に従来設いてあつた沢山の校則をクラークは全部抹消してただビーゼントルマン「紳士たれ」の一条をもつて校風として、身をもつて生徒の模範となつた、また生徒を引率して人跡稀な北海の山野を跋渉して剛健の気風を養成した。伊藤の人格はこのクラークの陶冶によつて形成された。後年彼が談ひとたびクラーク先生に及ぶや宗教的感激をもつて語り、聴者をもまた感激発奮せしめたものだ。

このような伊藤一隆には「天職」があった。同書の「(四) 天職」の章には、次のように書かれている。

人には職業があつても天職のない者があり、職業が即ち其人の天職である場合もある、また職業と天職との二つ兼ね備へてゐる者もある。

伊藤は最初北海道庁官吏、それから晩年に至るまでは石油会社員であつた、これを職業の方面から見れば、水産業と石油業の二つに終始したことになる。

しかし彼は水産業、石油業、そのいづれとも自分の天職とは思つてゐなかつた、ただ活動そのものに興味を置いたものとしか思はれない、彼は決して職業のみの生活をもつて満足してゐられる人ではなかつた、必ず職業以外に天職を持たねばならぬ人であつた。

彼の天職は何であつたか、それは基督教青年会と禁酒会の二事業がそれだ。しかし事業が二つあつたからと云つて、彼の天職が二つに分裂してゐたわけではない。一つの精神から出た二つの様式であつて、他から見ては二つでも彼自身にはそれは一つの事業でしかない、即ち約言すれば基督教精神的社会事業である。されど私（編者）の見るところによれば「基督教精神的」といふよりも寧ろ「基督精神」ともいふべきが正鵠を得てゐるやうに思ふ。

それは基督教信者であり、札幌の独立教会にその籍を置いても、決してその信仰は一宗一派に固着してはゐなかつた。もつと自由で原始的のものであつた。即ち教会といふ垣を踏み越えて直に基督の膝下に到達して、直接基督の精神に触れ、それに生来の活動家たる性格がともなって基督教青年会と禁酒会との二事業を己が天職となし、生涯それに貢献したわけだ。

この伊藤の信仰のあり方、「基督教信者」であるというよりも「基督精神」そのものである、「基督者」というべきあり方、これは内村鑑三のいわゆる「無教会」に通じるものである。

実際に、伊藤一隆は（そして、長尾半平も）、内村鑑三の「東京聖書研究会」の会員であった。(5)

その内村鑑三は、伊藤一隆が昭和四年一月五日に、享年七十一歳で死去したとき（内村自身は、翌昭和五年三月二十八日に死ぬ）、一月七日の東京青山会館における葬儀の席で、「伊藤一隆を葬るの辞」を述べている。その中で、伊藤には、「一見して事物の理非、善悪を識別するの驚くべき能力」があったといい、次のようにいっている。

此能力を以つてして彼は事に当りて成功は確実でありました。北海道に於ける水産事業、越後に於ける石油事業、凡てが成功でありました。伊藤一隆を知る者の常に不思議に思ふ事は、彼が何故に此世の所謂「成功者」として其一生を終らなかつた乎、其事であります。彼は能く成功の秘訣を知りました。そして彼はその驚くべき才能を以つて多くの人を富ましました。然るに彼れ自身は貧しき人として終りました。明治大正の世に在りて、其点に於て彼は一の大なるエニグマ（謎）であります。彼は富を作るの途に精通して自身は富を作り得ず、又作らんとも欲しなかつたのであります。彼に若し富者たらんとの慾がありましたならば、彼は広大なる漁場の持主でありましたらう。或は日本石油会社其他の有利会社の大株主の一人でありましたらう。然るに彼には富を作るの技術があつて、その慾がなかつたのであります。（傍点原文）

そして、その「エニグマ（謎）」のよって来たるところについて、次のようにいっている。

前にも述べました通り見やうに由つては伊藤一隆は人生の一のエニグマ（謎）であります。東京は芝明神前の土木受負業者の家に生れ、純江戸ッ児の性を受け、然かも野卑ならず軽薄ならず、悪しき事には悉く反対し、善き事には悉く賛成し、富を作るの技倆を有しながら之を己が為に使はざりしと云ふのであります。彼は如何なる地位に置いても有用の人物でありました。死に至るまで人の為に尽しました。彼は日本人として最も有利に其一生を使うた者の一人でありました。何が彼をして斯かる人たらしめたのでありませう乎。彼の遺伝性でありませう乎。彼の受けた教育でありませう乎。彼が交はりし友人でありませう乎。否な否なと彼自身が答へます。否な否なと私供彼の旧い友人が答へます。神の恩恵が彼をして斯くあらしめたのであります。彼は事業家活動家でありし以上に基督信者でありました。基督信者たる以上にキリストの囚人《めしうど》でありました。キリストは明治の九年、北海道札幌に於て、英人デニング、米人クラークを以て青年の彼を捕へ給ひました、そして終生彼を手放し給はず彼を以って其御栄《みさかえ》を顕はし給ひました。私は伊藤自身が度々言ふを聞きました。

僕は何故神が僕如きを此んなに恵み給ふか其事が解らないと。そして是れ彼が既に病に罹り、万事が凡て不如意の時でありました。生気潑溂たる江戸ッ児がキリストの捕ふる所と成る時に伊藤一隆の如き人物が起るのであります。（傍点原文）

内村鑑三は、「武士道に接ぎ木されたる基督教」といういい方をしたが、ここにもそのような「基督教」のキリスト者が起ったということであろう。「江戸ッ児」気質というものに、キリスト教が接ぎ木されたのである。「明治の精神」の偉大なるものは、みな、このような台木に、その台木とは異なった西洋的なるものが接ぎ木されたときに出現したが、この伊藤一隆という人物も、そういう意味では「明治の精神」の一典型といえるであろう。

いずれにせよ、伊藤一隆という人物は、このような「江戸ッ児がキリストの捕ふる所と成る時に」出来た人間であった。そして、この伊藤一隆に、作家大佛次郎は、深い感化を受けたのであった。「私の履歴書」の文章の中で、大佛は伊藤一隆やそれをとりまく環境について、「明るい」「快活」「強い爽快な性格」「男らしく快活で明るい」といった形容をしている。「私はこの小父さんの、凱風一過といったような性格が好きであった。」というのが結論のようないい方である。

このような性格は、大佛次郎の、或る意味で宿命的な作品『鞍馬天狗』の主人公、鞍馬天狗の性格となっているのである。鞍馬天狗の「明るさ」については、大佛次郎の『敗戦日記』の中の、ゲーテの『エグモント』に関しての記述を切り口にして論じたことがある。(6)

鞍馬天狗という人物像には、作者大佛次郎の性格が反映されているとよくいわれ(7)、たしかにそういう面もあるが、大佛自身の性格というよりも、大佛自身が少年時から憧れた「伊藤の小父さん」の性格が、小説の中で一種、理想化されて造型されているといった方が正確であろう。

伊藤の信仰について、「同窓の内村鑑三の烈しさに共通している」と大佛は書いている。内村鑑三、伊藤一隆といった人物のかもし出す精神的気圏の空気を大佛次郎も呼吸していた。これが大事な点である。

大佛次郎は、世間的にはキリスト者ではなかった。しかし、「ひょっとすると、現在のように老人になってからも背中を伸ばした姿勢も、この小父さんから受けたものかも知れない。文壇では私は紳士の部類だそうである。そうだとしたらキリスト信者、伊藤一隆の幾分の感化があると考えてよい。」と大佛が書くとき、(大佛が「キリスト信者」と書き、「キリスト教信者」と書いていないことは注意していい)、大佛次郎の精神の背景に、伊藤一隆や内村鑑三の「無教会」のキリスト教があったと考えるのは間違っていないように思われる。

二　歴史小説『日蓮』

大佛次郎と内村鑑三の関係を考える上で、とりあげたい作品は、大佛次郎の歴史小説『日蓮』である。

この作品は、『読売新聞』の依頼で、同新聞上に、昭和五年四月から翌昭和六年三月まで連載された。

昭和七年の日蓮六百五十年大遠忌をひかえての『読売新聞』からの企画であったのであろう。大佛次郎が描いた日蓮像には、伊藤一隆、そして、内村鑑三のイメージがだぶっているということを、福島行一氏が指摘している(8)。

たしかに、福島氏の指摘するように、大佛次郎の描く日蓮像の特徴的で個性的なのは、「明るい」人間像である点である。福島氏は、この小説の中に、「明るい」という形容詞は、約三十に及んでいると数えているが、「明るい」の他に、「快濶な」「朗らかな」「愉快」といった形容詞も多く使われている。

大佛次郎が「私の履歴書」の中で、伊藤一隆について「声が大きく快活で」とか「男らしく快活で明るいひと」と書いていたことを思い出すならば、たしかに、大佛次郎の描く信仰の人、日蓮は、キリスト者伊藤一隆を下敷にしているといえるのである。

その上、伊藤一隆は、連載開始の一年前、昭和四年一月に死去し、内村鑑三は、連載開始直前の昭和五年三月に死去している。偶然のようだが、偶然とばかりとはいいきれない。『読売新聞』からの依頼は、連載開始の一年前だったという。伊藤一隆の死の頃であったであろう。それを考えながら、連載の開始にあたって、大佛次郎が書いた次のような文章を読むと、伊藤一隆の死が執筆のはずみになったのではないかと想像されるのである。

難しいものを書くのだなと友人たちが云う。私もそう思い、今もそう思っているのである。作家がある人格を書くと云うのは、その人格と相撲を取ることなのである。日蓮のような日本の歴史が生んだ最も大きい人格になると、このひとにぶつかって行くことは、自分の力を知っている作家ならば、まず避けるのである。読売新聞がこれを書けと言った時に、私が第一に逃げることを考えたのはそのためである。けれども一年経つうちに、私はこの、廻っている風車に向って行くドンキホーテのような仕事をやって見ようと決心した。敬遠する前に失敗を覚悟でぶつかって見ようと思ったのである。作家として大きな修業になることだ。それから私と云う人間は、何の仕事にもせよ、いつも子供っぽく真正面から精一杯にぶつかることよりほかは知らないからだ。どこまで書けるか、それはやって見てからのことだと思っている。

今の私はこの超人的な人格に力一杯に掛って見ることだけを考えている。（傍点引用者）

この「一年経つうちに」、大佛次郎は伊藤一隆の「人格」に思いを致したに違いない。その中から、日蓮像を作っていったに違いない。それが、一言でいえば「明るい」日蓮であった。それは、例えば、次のようなものである。頁数は、単行本『日蓮』上下巻（上巻は昭和五年十一月刊、下巻は昭和六年五月刊）による。

物をいつでも明るく考へるやうに出来てゐる蓮長（日蓮と名乗る前の名―引用者註）は、これから自分が独りだけの力で突進しようとする颶風《あらし》のやうな道のことを空想して、この閑居の静けさを一層楽しいものに思ふのであつた。（上、一〇九頁）

日蓮は驚いたやうに目をあげた。それは明るい目の色であつた。向かひ合つてゐる大学三郎の目が、智慧の疲れとでも云ふのか、頭を使ふ人間に特有の疲労の色をずつと泛《うか》べてゐるのに対して、これは子供の目を見るやうに明るく澄んだ目の色であつた。（上、一五六頁）

日蓮の心は明るい。町の雑踏の中を、埃をあびて歩きながら、知らぬ人間が見てもあの坊さまは何を考へてあんなに嬉しさうな顔をしてゐるだらうと不思議に思ふくらゐ、明るく楽しさうなのである。（上、一六五頁）

この重苦しい空気の中にゐて日蓮の心境が落ち着きはらつたものだつたことだけが相変わらずであつた。明るい顔色はどうだらう。楽しさうな目の色は？　いつもより元気で朗らかなのだ。まるで、体に日光が染み込んでゐてそれが自然と身のまはりに発散してゐるやうに、明るい人格であつた。人が恐る恐る知らせる不吉な話も決してこの人の心を曇らせはしない。（下、一八三頁）

大佛次郎が、この『日蓮』を執筆するにあたって参考にしたのは姉崎正治著『法華経の行者　日蓮』（大正五年刊）であったと福島氏は推測しているが、やはりここで内村鑑三が『代表的日本人』の中で、日蓮をとりあげていることを考えてみなければなるまい。

内村の『代表的日本人』は、周知の通り、『Representative Men of Japan』が原題で、英文で書かれた著作である。西郷隆盛、上杉鷹山、二宮尊徳、中江藤樹、日蓮上人、の五人をとりあげている。最後の日蓮上人が、量的に最も多く、力をこめて書いたことがうかがわれる。それは、内村が、西郷のように革命家でもなく、鷹山のように領主でもなく、尊徳のように農政家でもなく、藤樹のように教育者でもなく、日蓮と同じく宗教家でもあったから、ある意味で当然であるが、それ以上に日本の宗教家の中でも他ならぬ日蓮に、内村がその当時、深い共感を抱いていたからである。

この『代表的日本人』が鈴木俊郎によって日本語に翻訳され、岩波文庫に入り、広く読まれるようになったのは、昭和六年九月のことである。それまでは、原文の英文で読むしかなかった訳である。

しかし、大佛次郎が『日蓮』を執筆したとき、この英文の「日蓮上人」を読んだのではないかという推測に誘われるのである。福島氏は、読んだとは考えられていないようであるが。

この「日蓮上人」を書いた頃、内村は例の不敬事件のあとで、京都にいて、国賊、不敬漢として困窮の生活をしていた。

この当時、親友、大島正健が京都の同志社の教授をしていて、内村の生活を支える力となったのも奇縁である。大島は次のようなエピソードを伝えている。

そのころの内村君はほんとうに窮迫していたので、私は月に一度ずつ内村君を自宅に呼んで牛肉のごちそうをしてあげていた。内村君は「僕は平常はこんなものは食べないから」と言って喜んで食べてくれた。そしてなべの中の牛肉も野菜もすっかりなくなった時、「大島君、この残りの汁を飲んでもよろしいか」と聞くので、「ああ、いいとも」と言うと、鍋を両手で持ち上げて、こうして口の所に持って行って、一気に飲みほしてから、ああうまかった、と言ったものだ。

（政池仁『内村鑑三伝』）

このような状態にあった内村が、迫害を激しく受けた宗教家、日蓮に対して深い共感を抱いたのは、当然である。例えば、次のような五章「単独　世に抗す」の冒頭の記述。

家郷にて拒まれ、彼は一路『法を弘むるにはよろしき』国都鎌倉をさして上つた。其地の何人の所有にもあらざる地点、今日なほ松葉ケ谷と称ばれてゐるところに、彼は小なる草屋を建てた。此処に彼は、彼の法華経を携へて居を定めた。——独立なる人間よ、——かくて周囲の誤謬の征服を開始せんとした。大日蓮宗はその起源を此の草屋に有つたのである。

身延、池上、其他各地の宏壮なる堂宇、それとともに、全国五千余の寺と、其処に礼拝する二百万の信徒―凡てはその起源を此の草屋と此の一人の人に有したのである。偉大なる事業は常に斯くのごとくにして生れる。一個の不屈なる霊魂と、それに対立する世界と、――永遠に偉大なるものの現るべき希望は其処に存する。二十世紀は当に此の人より、彼の教義にあらずとも、彼の信仰と勇気とを学ぶべきである。基督教はそもそも日本に於いて斯くの如き起源を有したか。宣教師学校、宣教師教会、金銭の給与、人員の援助、――偉大なる日蓮よ、彼は、斯くの如き何物をも有せず、自分自身とともに独りにて開始したのである!　（傍点原文）

ここが、内村の、「日蓮上人」の核心の一つであり、内村の「無教会」というものがここから出発しているのである。「独立の人間よ」という深い共感、当時の「基督教」の「宣教」の仕方に対する激しい嫌悪、そして「自分自身とともに独りにて開始したのである!」の「!」にこめられた内村の思いが、日蓮に対する讃嘆を表している。

内村は「敵にとりては、彼は冒瀆者、偽善者、己が腹に仕へる者、山師の親方といふが如き者であつた。」といった上で、「併し余としては、もし必要とあれば、此の人のために我が名誉を賭する。」と断言したのであった。

日蓮のこの「単独」については、大佛次郎は『日蓮』の中で、次のように書いている。（上、九二頁）

ひとりだ。ほんたうの、ひとりぽつちなのだ。蓮長は、自分でかう呟いてゐるのを見て、その如何にも淋しさうなのが気に喰はなかつた。もつと快濶でなければならぬと感じた。それは、ひとりだと云ふことがいゝことだからだ。孤独でゐるものほど偉いのが多いのだ。この、ひとりぽつちの自分を段々成長させ大きく輪をひろげて、その輪の中へ入つて来る人間と一緒に暮らすのだ。この寺のやうに、各自の心が別々で、たゞ妥協に依つてほんたうの（「ほんたうの」は、「にせものの」といった表現の書き間違いと思われる―引用者註）寄会世帯を作つてゐるのとは違つて、心と心が融け合つて作る鞏固な結合なのである。――いや、さう云ふ味方なんて、なかなか出ないものかも知れないが、とにかく俺は一生を賭して、それを作らうときめたのだ。

このような記述は、内村鑑三の「無教会」についての考え方を自然に連想させる。

大佛次郎が内村鑑三の「日蓮上人」を読んだのではないか、と推測させるものの一つは、内村の「日蓮上人」の末尾の一行「争闘性を差し引きし日蓮は、我等の理想的宗教家である。」（傍点原文）である。日蓮の、他宗教に向けた激しい攻撃については、内村も共感していないことが分かる。

大佛の「明るい」日蓮は、まさにこの「争闘性を差し引き」されている。それは、直木三十五の次のような大佛観にも見てとれる。直木の「大衆文学作家総評」（昭和六年一月）の中に、次のようなことが書かれている。

大佛次郎　彼は私よりも背が高い。五尺五寸六七分の私よりも高くて太い。そして美男子で、鹿のように、やさしい眼をしている。読書、思索、作品、悉くはこの彼の肉体のように素晴しい。その文学的なる事に於て、誰の作よりも傑出している。そして彼はその上にも、よりよき作品たらしめんとして一作毎に精進している。然し時代物の代表作中に於る人物は、悉く多少とも、彼の眼をもっている。理智的な、デリケートな、感覚的な眼をもっている。そしてそれは堀部安兵衛も、丸橋忠弥も、日蓮も持っている。これが彼のいい所でもあり、欠点でもある。端的にいえば彼は野蛮人が書けない。豪傑が、線の太さが、無神経さが、戦国時代が、少なくとも不得手である。日蓮が旭日を見て名号を唱える所、竜ノ口、雨乞い、そういう所の描写に於てこの線の太さの欠乏がある。

大佛の描く「日蓮上人」は、やはり「野蛮人」的なところ、その「争闘性」が書けていないのである。書けない、というより、大佛は書こうとしていないのであろう。内村鑑三の「日蓮上人」の最後の方に、「併し斯くの如き人のみが独り国民の脊椎骨である。」とある。

ここで、もう一度大佛が「私の履歴書」の中で、伊藤一隆について「ひょっとすると、現在のように老人になってからも背中を伸ばした姿勢も、この小父さんから受けたものかも知れない。」と書いていたことを思い出すならば、大佛次郎が、伊藤一隆や内村鑑三のキリスト者としての生き方にどれほど深く影響を受けたかが分かるであろう。

敗戦直前に書かれた、現代小説『不死鳥』の最後に、「老教授の意見」として、大佛は自分の考えを書いている。そこで「明治初年にかけて日本人が持っていた辛抱強さ、一種頑冥ともいえる精神の背骨だけは、日本人がもう一度持って貰いたいものだと思う。人間は頑冥くらいでよいのだ。軟体動物が一番困る。骨の軟らかい人間に愛情の働きなどがあるものか？　大体、近代の日本が悪くなったのは愛情の働きを喪くしたためだといってもよいだろう。馬鹿みたいな愛情だけが心を深くして奥行をつける。小悧口で軽薄な奴に愛情はないよ。」といっている。このとき、大佛次郎が頭に置いていたのも、「明治初年」の日本人の典型、伊藤一隆や内村鑑三に違いないのである。

三　「明治の基督教」と『天皇の世紀』

大佛次郎の病床日記「つきじの記」は、昭和四十七年の六月二日から、翌年の死の年昭和四十八年四月二十五日（死の三十日の五日前）まで書かれたが、七月二日のところに、次のような記述がある。

二日朝、「中公」の「日本の思想吉野作造《ママ》」を読み感あり。明治の基督教に着眼の点、現在のおのれに近し。

これは、当時出た、中央公論社版の「日本の名著」シリーズの中の「吉野作造」の巻を読んでの感想であろう。関心をよびさまされたらしく、早速、次の日の七月三日のところには、次のような記述がある。

タクシイで本郷へ吉野博士の本を捜しに行く。「小野寺紀念論文集」二万五千円、その他。

吉野作造は、周知の通り、「大正デモクラシー」を代表する「民本主義者」であるが、大佛次郎は、東大の学生のとき、その思想に感化を受けている。「私の履歴書」の中に、次のように回想している。

大学の一年の時だったと思う。いわゆる浪人会の事件があった。極右翼の有名な団体、浪人会が吉野作造博士が民本主義を唱えるのを危険思想で不埒として自動車で大学に乗込み、博士に立会演説を要求した。学生たちにこの話が伝わって、皆が激昂したり心配した。教室に御無沙汰している私も次の博士の国法学の時間には遅れずに出席した。教壇に登った博士に学生の一人が真実かと尋ねた。瘠せた顔で弱そうに見える博士が実に平気で、にこにこして、そう申入れて来ましたから、今夜の立会演説には出ることにしますと答えて、我々の方はその時間は休講になってもよいつもりでいたのを、いつもと同じように本をひらいて講義があった。終わって教授が出て行って了うと、学生たちは退席しようとする者も呼びとめ今夜の立会演説会には揃って出席し、博士を声援して浪人どもをやっつけようと申合せた。

スペイン風邪がはやって人が多く死んだ冬のことで兄嫁が青山の家でそれにかかって、私はある時間、看護に附添って兄を寝かせることになっていた。姉の容態が小康を得ていたので、夕方を待って演説会のある神田の錦輝館（？）に駆けつけた。最早、満員で入れないので、路地から表通りまで学生で溢れ、警察官とにらみ合い、そこは法科の学生のことだから、「帝国臣民は法律によらざれば逮捕監禁せられず」と憲法の条文を間に置いては叫んで警官を牽制した。

演壇で対決の行なわれている二階の鈴鳴りの窓から、誰か味方が首を出して、場外の私どもに討論の経過を報告した。労働団体、友愛会の鈴木文治さんだと聞いた。我々は拍手と歓呼で気勢を揚げた。結果は、おたがいが真意を了解したというような、実は敵側の体裁のいい敗北で会が終って、吉野先生が出て来たので学生たちは先生を囲んで凱旋して来た。

ひろい電車通りが学生で真黒に一杯になり、博士がもみくちゃになったのを覚えている。学生でない人間だろうが、博士の外套と帽子を吉野の書生ですと名乗って受け取って逃げた者があったのを間もなく博士から聞いた。実に、はしこい悪い奴があるものですね、くろうとでしょう、と言うのである。

ここには、「大正デモクラシー」の徒、吉野作造と若き日の大佛次郎との親近がうかがわれるが、吉野作造が実は海老名弾正門下のキリスト者であることを忘れてはならない。「日本の名著」の「吉野作造」の巻の解説は、三谷太一郎だが、大佛次郎もこれを読んで、前に引用した「つきじの記」の中の感想を記したのであろう。

三谷は「吉野によれば、民主主義はキリスト教の理想の政治的表現であり、したがって民本主義の研究および主張はとりもなおさず歴史を通してあらわれた神の認識と讃美にほかならないのである。」と書く。このようなところを読んで、大佛は、青年時に知った「浪人会」と戦っているような吉野とは違った人間と出会ったであろう。だからこそ、病気にもかかわらず本郷の古本屋まで行って吉野の著作を買おうという気も起きたのに違いない。

「明治の基督教に着眼の点、現在のおのれに近し。」という点では、この「日本の名著」には、「聖書の文体を通して見たる明治文化」や「維新前後の国際協調主義者」といった興味深い論文が収められている。

そもそも、青年時代の大佛は吉野作造の「大正デモクラシー」の面に親しむと同時に、伊藤一隆や長尾半平の一家との交際もつづけていたのであった。福島氏の伝記には、次のような記述もある。

長兄の抱影とのつながりから生まれた親戚でクリスチャンの伊藤一隆や大島正健の後輩に内村鑑三がいる。大佛次郎は、伊藤と並べて想い出のなかに書いている内村の聖書講話も、河上肇のときと同様、あるときは熱中して勤勉に聴講に通ったようである。長続きはしなかったが、内村のなかに伊藤と共通する烈しさを発見しているのは、両者を結ぶ心の体験があったからだろう。

このような青春を過ごした大佛が、晩年、死の一年弱前に吉野作造の著作集を読んで、吉野作造のキリスト者の面を発見し、吉野の「明治の基督教」に対する着眼に深い共感を示したのである。「現在のおのれに近し。」という点では、『天皇の世紀』の最後の方に「旅」と題された章に関係がある。「旅」の章の後、「武士の城」とつづき「金城自壊」が未完で終るのである。この「旅」は、浦上切支丹事件を描いたものである。この「旅」の章を閉じるにあたって、次のように書いている。

浦上切支丹の「旅」の話は、この辺で打切る。私がこの事件に、長く拘り過ぎるかに見えたのは、進歩的な維新史家も意外にこの問題を取上げないし、然し、実に三世紀の武家支配で、日本人が一般に歪められて卑屈な性格になっていた中に浦上の農民がひとり「人間」の権威を自覚し、迫害に対しても決して妥協も譲歩も示さない、日本人としては全く珍しく抵抗を貫いた点であった。当時、武士にも町人にも、これまで強く自己を守って生き抜いた人間を発見するのは困難である。権利という理念はまだ人々にない。しかし、彼らの考え方は明らかにその前身に当るものであった。

この文章には、伊藤一隆や内村鑑三について語った文章と共通したものがあり、『日蓮』で描いた日蓮像にも通じているのを感じるであろう。

この、悲惨な迫害史ともいえる長い章が何故、「旅」と題されたかといえば、次のように書かれていることから分かる。

浦上の切支丹は、棄教することなく、故郷からの強制追放を、「旅」と称して易々として服従した。

次のようにも書かれている。

三千有余の民衆が、家を棄て田地を棄て、妻子眷族とも離れ、悪くすると斬首か、火刑か水葬かを覚悟して、見も知らぬ遠い旅に出たのである。この先、生きられるものか死ぬるものかも不明なのだから、無論、行く先の土地がどこかも知らない。「頑冥不化の奸民」と政府から呼ばれた彼等は、神の為、信仰の為と思い込んで、これを明るい心で「旅」と呼んぐ逆らうことなく出港した。(9)

ここで大佛次郎の重要なキイワード、「明るい心」がやはり、使われているのである。大佛が、この浦上切支丹に深い共感を覚えていたことは、彼らが収容された津和野を訪れたことからも察せられる。「旅」の章の末尾に近いところに次のように大佛次郎は、自分を登場させている。(10)

私（大佛）は、津和野へ行き、乙女峠の坂道を、もと浦上の人々が収容されていろいろの苦しみを受けた場所まで、急な山坂を登っていった。この三月の中旬のことだが、山口まで来て新聞を見ると、津和野の町が積雪深い中にある写真を見た。

そして、「千人塚」まで「息をあえいで登って」いくのである。

この津和野訪問は、昭和四十七年三月のことで、「つきじの記」がこの年の六月からである。五月に最後の入院となった。(11) そのときの写真がある。大佛は、「質素な木造の教会堂」を左後方にして立っている。やや寒いのか、マフラーをしている。死の一年前で、入院も近いが、この大佛次郎は前方の何ものかを見つめたように、実にしっかりと立っている。「背中を伸ばした姿勢」である。大佛次郎は、ここで「明治の基督教」が生んだ伊藤一隆や内村鑑三といった信仰者を思い出しているのかもしれない。彼らから受けた「今日まで失くさなかった何か大きい感化」によって、大佛次郎はすっくと立っているように見えてくるからである。

注

（1）「大佛次郎と小林秀雄」『すばる』一九九九年十月号。

「歴史文学を問う『天皇の世紀』の価値について」（富岡幸一郎との対談）『三田文学』二〇〇〇年秋季号。

『『天皇の世紀』はなぜすごいのか？』（菊田均、富岡幸一郎とのシンポジウム）『おさらぎ選書第13集』二〇〇五年三月。

「大佛次郎の『敗戦日記』をめぐって――小林秀雄、「海ゆかば」、エグモント、その他」『おさらぎ選書第16集』二〇〇八年五月。

（2）甲府中学は、現在の甲府第一高等学校だが、「Boys be ambitious」と石橋湛山筆になる石碑が校門の横に建っている。石橋湛山は、大島正健が校長に赴任したときの在校生で、親しく薫陶を受けた。この「ボーイズ・ビー・アンビシャス」も大島から教えられたもので、石橋が生涯、心の中に保持していた言葉であった。

（3）夏目漱石と長尾半平は、明治三十三年十一月十二日から約五週間ほど一緒の下宿で生活した、漱石のロンドンにおける二軒目の下宿であった。

（4）福島行一著『大佛次郎』上・下（草思社刊、一九九五年）の上巻の六三頁には、伊藤一隆、長尾半平、大島正健と大佛次郎との関係がよく分かる系図がのっている。

（5）内村美代子著『晩年の父内村鑑三』（教文館刊、一九八五年）には、会員名簿がのっているが、伊藤一隆は内村鑑三とともに、「モーセ組」に、長尾半平は室賀文武とともに「ヨセフ組」に入っている。

室賀文武は、芥川龍之介とキリスト教を考える上で欠かせない人物であり、晩年の「歯車」に「或老人」として登場している。この人物と芥川については、『芥川龍之介全集（第二次）』（岩波書店刊）の月報二〇（二〇〇八年八月）に、「芥川龍之介と室賀文武」と題した文章に書いた（本書所収）。いずれにせよ、そういう人物と長尾半平が同じ組に属していたという事実は、近代日本精神史の上に、新鮮な光をあてるように思われる。
（6）「大佛次郎とゲーテ――『鞍馬天狗』と『エグモント』」（『国文学論考』第四十一号、都留文科大学国語国文学会、二〇〇五年三月）。
（7）福島行一著『大佛次郎』の上巻、二一八頁には、長谷川時雨が大佛本人に向って、「鞍馬天狗は、大佛さんだと思うわ」といったことが紹介されている。
（8）福島行一著『大佛次郎』の下巻、四四頁より四九頁。
（9）大佛次郎の現代小説『不死鳥』の中から引用した「明治初年にかけて日本人が持っていた辛抱強さ、一種頑冥ともいえる精神の背景だけは、日本人がもう一度持って貰いたいものだと思う。」という言葉をここで思い出すべきである。
（10）『天皇の世紀』の中で、作者（大佛次郎）自身が登場するところは、数カ所しかないが、その場面はすべて大佛が深い共感を抱いている場所である。
（11）この津和野訪問については、小林秀雄が見事な追悼文「大佛次郎追悼」の中で、「もう一昨年になるが、浦上切支丹の事で、先日、津和野に行って来た、と彼は歩きながら話した。住んでゐるのが同じ町なので、よく散歩の途上で、ばつたり出会ふのである。何処まで行けるか、いづれ何処で蒸発さ、（この言葉がよく口にされ初めた頃だ）と彼は人ごとのやうに言つて笑つたが、その様子に、もう覚悟が決まつて了つた人を、私は強く感じた。」と書いている。（文中に「一昨年」とあるが、「昨年」の記憶違いであろうと思われる。）

（二〇一一年三月）

小林秀雄の内村鑑三観

一　小林秀雄と「明治文学」

小林秀雄には、内村鑑三論と呼べるようなものはない。まとまった内村論がないのは勿論、何か他のものを論じたものの中で、論の体裁をなすだけの紙数を割いたこともなかった。

唯一の例外は、絶筆となった未完の「正宗白鳥の作について」の中で、白鳥の長篇評論『内村鑑三』を論じているところだが、これについては、後で触れることとする。

小林秀雄が、保田與重郎の所謂「明治の精神」の一人、内村鑑三を論じなかったことは、別に内村に限ったことではないので、その論じなかったことから、重要な意味をひき出すことは出来ないだろう。

小林は、「明治」の思想家や文学者は、内村以外の巨きな存在についても、ほとんど批評の対象として扱わなかった人だからである。

小林秀雄、中村光夫、福田恆存の鼎談「文学と人生」（昭和三十八年）の中で、次のようなやりとりがある。

中村　（中略）しかし小林さんは明治文学はあんまり読まないでしょう。

小林　読まないですね。

中村　ロシア文学の方をさきに読んだ……。

福田　中村さんが一番読んでいる。

中村　しかし僕らも先きに外国のものを読んで、あとから日本のものを読んで何とか言っているわけだから、そこは前の時代の人たちと違うわけだな。

小林　僕はどうも明治文学はつまらないんだな。おもしろいということは、文学史的にあるいは文学研究的におもしろいので、直接に何もおもしろいということはないわけなんだ。中村君だってそうだろう。そういう知識はないんだな、僕には。それで通してきたからな。

「僕はどうも明治文学はつまらないんだな」という小林の発言は、「明治文学」あるいは近代日本文学の、いわば定番ともいうべき夏目漱石、森鷗外を論じたものがないことに通じている。

漱石、鷗外については、「現代作家と文体」（昭和十二年）の中で、次のように触れられている。

大正期の反自然主義作家達の文体装飾は、初めから花袋的革命に無関心であった二つの巨大な文章王国、漱石と鷗外とに果たしてどれだけの新風を加へ得たかは疑問だったにせよ、この期の作家達が皆処女作からして、めいめいの個性に準じ、独特の文体を提げて文壇に登場したのは確かなのであって、自然主義小説の文体軽蔑への反動たる文体再興の気運に乗じ、本質的な意味での文体の問題を、彼等は熱烈に健全に思索したのであった。

この「二つの巨大な文章王国、漱石と鷗外」という言い方も、通り一遍の理解を示しただけのものであるといっていい。

また、有名な「無常といふ事」の中には、確かに鷗外のことが出て来はする。

晩年の鷗外が考證家に堕したといふ様な説は取るに足らぬ。あの厖大な考證を始めるに至つて、彼は恐らくやつと歴史の魂に推参したのである。

しかし、この鷗外についての評価も、定説を大きく超えるものではないし、また鷗外論というよりも「無常といふ事」の論旨の中で、鷗外を使っているだけである。

夏目漱石、森鷗外についてさえ、このようであったから、他の「明治文学」の作家たちについては推して知るべしである。
この問題については、福田恆存が「小説の運命Ⅱ」(昭和二十二年)の中で、次のように鋭く論じている。

かれ(小林—引用者註)は賢明にも日本の近代を拋棄した。かれの関心はヨーロッパと日本の古典とに向ふ。ドストエフスキーとモーツァルト、実朝と西行である。批評はそれ自身のうちに造型力をもたない。いや、造型性そのものを破壊するのが批評精神である。とすれば、批評はその対象として、ゆたかな造型性にめぐまれた作品を採つたときにのみ、はじめてその幸福を実感するのである。そのときはじめて批評は造型的安定をもちうるのであり、批評家は真に批評のたのしみを味ふのである。真の批評文学の成立は、近代日本の作家と作品とを対象としてゐるかぎり、ほとんど絶望であるとしかおもはれぬ。

近代日本文学の、あるいは「明治文学」の作家と作品の「ほとんど」は、「造型性」をもちえなかったのであり、小林秀雄による近代批評の「成立」には、「日本の近代を拋棄」するという代償をともなったのである。
次に明治の思想家についての言説を拾ってみると、「明治文学」に対するよりは、やはり深い関心を抱いているようである。

福沢諭吉については、はやく昭和十二年に「福翁自伝」という文章を書いている。「この本は実に面白い。」とはじまる、『福翁自伝』が岩波文庫で出たときの短い書評だが、この福沢に対する高い評価は、後年の『考へるヒント』(昭和三十九年)に収められた「福沢諭吉」までつづいている。福沢諭吉は、まとまった論が書かれた例外といっていい。

岡倉天心については、『岡倉天心全集』の内容見本に書いた短い文章がある。

その他に、小林の文章の中から、明治の思想家に触れたところを引用すると、次のようになる。

まず、「現代日本の表現力」(昭和十三年)の中で、中江兆民、北村透谷、岡倉天心が出てくる。

最近の評論は、理論的に精巧になるに従つて、読者を説得する力を急速に失つて来てゐる。懐疑と言ひ独断と言ひ、元来その健全な形では、それは理論と人間とを合体させる触媒の様なものだが、嘗て兆民とか透谷とか天心とかいふ人達が、極く当り前なものとして持つてゐたさういふ批評の塩とでも言ふべきものを、現代の批評は紛失して了つたのである。

次に「疑惑Ⅰ」(昭和十四年)の中では福沢諭吉、内村鑑三、岡倉天心が取り上げられている。

現代日本の思想家と言はれてゐる人々で、独特の文体で物を書いてゐる人が、非常に稀だといふ事を、僕は面白い現象だと思ってゐる。これは現代思想家の特色であって、やはり西洋の学問を学び、当時の文化を云々した明治の思想家達には見られなかつた処だ。福沢諭吉でも内村鑑三でも岡倉天心でも、みな世人の心を捕へる魅力ある立派な文体で書いた。

「明治の思想家達」が、「批評の塩とでも言ふべきもの」、あるいは「魅力ある立派な文体」を持っていたことが評価されているが、これも、「明治の思想家」の個々の思想に分け入って論じたものではなく、最大公約数のものを取り出したに過ぎないといえる。

小林は、「明治文学」をほとんど読まなかったように、「明治の思想家」の本は、あまり読まなかったのであろう。前述した『福翁自伝』の書評の中で、「福沢諭吉の全集は十七巻による浩瀚なものださうだが、この自伝を読んで別に他の著作を読みたいといふ気は起こらなかつた。今日の読者の心を未だ捕へる事が出来る要素、彼の著書のうちにあるさういふ要素は、悉くこの自伝の裡に凝つてゐるに相違ないといふ印象を受けた。」と書いている。「全集」を読んだわけではないが、『福翁自伝』の本質、あるいは福沢諭吉の本質を鋭く見抜く直観は、さすがであり、小林の批評の生命が、この直観にかかっていることを改めて感じさせる。

このように小林秀雄が、「明治文学」をほとんど読まず、「明治の思想家達」についても、例えば福沢諭吉であれば、『福翁自伝』は読んだが、福沢の全集を読むことはなかったように、余り精読しなかったこと、「それで通してきた」ことは、小林の批評の完成度の高さを維持する上で、逆説的に役立ったのである。

この「明治文学」「明治の思想家達」に対する関心の薄さは、勿論、福田恆存がいうように、「ヨーロッパと日本の古典」に向ったことの代償であり、また小林の個性の然らしむるところであったが、それを外から眺めてみると、次のようにいえる面もあるのではないか。

「明治文学」については、後輩に中村光夫がいて、二葉亭四迷をはじめとして、批評の対象としていた。「中村さんが一番読んでいる」のであった。

「明治の思想家達」については、親友河上徹太郎が『日本のアウトサイダー』を書き、内村鑑三、岡倉天心、河上肇、などを取り上げたのであった。この河上の著作を、小林は何回も論じている。『考へるヒント』に収められた「歴史」の冒頭に、次のように書いた。

近ごろ読んだ本のうちで、河上徹太郎君の「日本のアウトサイダー」が大変面白かつた。中原中也、萩原朔太郎、岩野泡鳴、河上肇、岡倉天心、大杉栄、内村鑑三、さういふ世に背いて、世を動かした人々の簡潔な生き生きとした列伝である。

この「アウトサイダー」達の中で、小林が結局、印象に強く残ったのは、岡倉天心、内村鑑三、河上肇の「明治の思想家達」であった。「正宗白鳥の作について」の中でも、次のように「思ひ出」されている。

このやうに書いて来て思ひ出す。大分以前の事になるが、河上徹太郎君が、「日本のアウトサイダー」と題して、岡倉天心、内村鑑三、河上肇の三人を列伝風に書いたことがある。（昭和三十四年）一読、非常な興味を覚えたので、当時雑誌に連載してゐた時評風の文に早速取り上げた。

この「時評風の文」が前述した「歴史」という文章だが、この『日本のアウトサイダー』についでは、小林と河上の最後の対談「歴史について」（昭和五十四年）の中でも、小林の方から取り上げている。

このように、小林が河上のこの著作に「非常な興味を覚えた」ことには、「明治の思想家達」を批評の対象とするのを、河上が先に、見事にやってしまった、という思いもあったことだろう。有名な話だが、本居宣長をやろうと考えたのは河上の方なのだが、小林が、宣長は俺がやるから、お前は松陰をやれ、といったので、河上は、『吉田松陰』を書いた。このような批評の対象の選択の微妙な問題は、二人の間にはあったことだろう。

このように中村光夫と河上徹太郎が近くにいたことも、小林を「明治文学」「明治の思想家達」から縁遠くさせる要因であったと思われる。

しかし、小林は内村鑑三については、他の「明治の思想家達」とは、少し違った関係にあった。というのは、小林が最も敬愛した二人の先輩作家、志賀直哉と正宗白鳥に、深い影響を与えたのが、他ならぬ内村鑑三であったからである。
正宗白鳥については、後で「正宗白鳥の作について」を問題にするときに触れるとして、志賀直哉についていえば、志賀は「内村鑑三先生の憶ひ出」（昭和十六年）の冒頭に、次のように書いている。

私が影響を受けた人々を数へるとすれば師としては内村鑑三先生、友としては武者小路実篤、身内では私が二十四歳の時、八十歳で亡くなつた祖父志賀直道を挙げるのが一番気持にぴつたりする。

事実、志賀は、十七歳から七年余り内村鑑三の弟子であった。白鳥と志賀の「先生」であった内村について、しかし小林は他の「明治の思想家達」と同じく余り読まなかったと思われる。戦前の、正宗白鳥論や、志賀直哉論を書くに際しても、二人の「先生」内村のものを読んだ上での考察はない。福沢諭吉の場合と同じく、読んだとしても、岩波文庫で戦前に出た『余は如何にして基督信徒となりし乎』『代表的日本人』『求安録』などを読んだにすぎなかったようである。前二著については、「正宗白鳥の作について」の中に引用されているし、『求安録』を読んだであろうことは、拙稿「鑑三・ラスキン・小林」（『批評の測鉛』〔構想社刊〕に収録）で論じた。
しかし、福沢の場合と同じく内村の本質というべきものは、小林一流の直観で把握していたと思われる。それは、次章に挙げる小林の内村についての言及で察せられるのである。

二　正宗白鳥の『内村鑑三』

小林秀雄の内村鑑三についての言及は、その言及が含まれた文章全体に比べると、確かに余りに短いので、それほどの印象を残さずに読みおえてしまう読者も多いかもしれない。実際、小林秀雄が内村鑑三について何か言っていたか、すぐ思い浮かばない人が、小林の愛読者の中でさえ、かなりいると想像される。

しかし、その言及を抜き出してみると、たとえていえば音楽の、大変感銘の深い、短いパッセージのような発言として、浮かび上がってくるのである。そこからいえることは、小林が「明治」の文学者、あるいは「明治の思想家達」の中で、最も深く把握し、最も高く評価したのは、福沢諭吉でも岡倉天心でもなく、内村鑑三であったということである。

有名な「歴史と文学」（昭和十六年）の中で、スタンレイ・ウォッシュバアンが書いた乃木将軍についての本のことに触れて、次のように言っている。

僕は乃木将軍といふ人は、内村鑑三などと同じ性質の、明治が生んだ一番純粋な痛烈な理想家の典型だと思つてゐますが、彼の伝記を読んだ人は、誰でも知つてゐる通り、少なくとも植木口の戦以後の、彼の生涯は、死処を求めるといふ一念を離れた事はなかつた。

ここで、「明治が生んだ一番純粋な痛烈な理想家の典型」として、乃木将軍とともに、内村鑑三はとらえられている。「明治の思想家達」の中でも、乃木将軍に比する者としては、福沢諭吉でも岡倉天心でもなく、内村鑑三が挙げられたのである。

その他の、小林の内村についての発言は、対談の中にある。

まず、河上徹太郎との対談「白鳥の精神」(昭和三十八年)の中で、次のようなやりとりがある。

河上 君は、キリスト教のお世話にあんまりなっていないけど、僕はお世話になってるからね。白鳥さんはなんかあるんだよ、つながりが。

小林 なんかあるって……。

河上 だからつまり、僕は白鳥さんがキリスト教を肯定したとも否定したとも言わないのだ。僕より君の方が自由に言えると思うのだな。

小林 なにをさ。

河上 キリスト教をさ。

小林 ああそうか。僕はさっき言ったようにね、やっぱり、たいへん日本的な、内村鑑三以来のクリスチャンじゃないかな。あの人の信仰の表し方というものには、さっき君が言ったように、たいへん日本的なものがあるのだな。外国のすれたクリスチャンよりも、非常に純粋なんじゃないかというところまで考えるのだよ。

正宗白鳥が「内村鑑三以来のクリスチャン」であるということは、小林の白鳥に対する深い敬愛の念を考えるなら、近代日本における「日本的な」「非常に純粋」なクリスチャンは、内村鑑三と正宗白鳥の二人であるといっているのに等しい。

そして、正宗白鳥が、或る意味で、内村鑑三の弟子であることを思えば、内村に対する小林の評価は、ここで最高の高みにまで達しているといっていい。

「僕がさっき言ったようにね」というのは、恐らく、次のような発言を頭においているのであろう。

小林　（中略）キリスト教、宗教の話をまともにするということに関する、大変純粋な羞恥の情ともいうべきものがあるのだな。それが私を打つのだ。しかし、何だな、キリスト教なども、口にする恥ずかしさを失ったら、キリスト商売になるからな。その意味で外国人は皆キリスト教については無恥だとも言えやしないかね。日本人正宗白鳥の方が純粋なんだ。宗教くらい人間をいい気なものにするものはないからな。ああいう信仰の仕方というものは、僕は歪みというよりも、たいへん自然のように思えるが。

この「キリスト商売」という言い方は、内村鑑三の「福音の商賈《しょうこ》」という「所感」（明治四十年）

を連想させる。内村は、キリスト教という「宗教」で、「いい気なもの」になったことは、全くなかった人である。

福音の商賈

初代の教会に Christemporos なる者ありしと云ふ、「基督を商《あきな》ふ者」の意なり、而して甚く信者の諱む所なりしと云ふ、而して二千年後の今日、同一の商賈《しょうこ》は未だ其迹を絶たず、是れ今日に至るもキリストの福音の世に広く伝はらざる原因の一なるべし、余輩は此上、教役者と称する「基督を商ふ者」の増加せんことを望まず、鋤を取る者、槌を振ふ者、綱を引く者、舵を取る者が奮然起てキリストの福音を唱へんことを欲す。

この内村の「所感」は、周知の通り、内村の所謂無教会主義を背景にしている。小林秀雄とキリスト教の問題は、微妙で厄介な問題だが、小林の「キリスト商売」と内村の「福音の商賈」が、或る共鳴音を立てていることは、注意していい点である。小林は「ニイチェ雑感」（昭和二十五年）の中で、「凡そ人生で宗教と道徳くらい賑やかな音を立てるものはない。ニイチェは、キリストという人が賑やかだ、と考へたことは一度もない。」と書いた。ニイチェは、キリスト教という宗教に対して、厳しい批判をしたのである。このキリスト教とキリストを区別する一線は、小林の場合も引かれていたであろう。そして、無教会主義とは、この区別によって立つものである。

もう一つの発言は、今日出海との対談「交友対談」（昭和五十年）の中にある。

小林　先日、正宗白鳥の『内村鑑三』を読んでいたら、内村は晩年、「どうも日本国を滅ぼすやからには、色々あるけれども、その最たるものは新聞記者と文士だ」と言っているのだね。皆さんの前だがね、——白鳥は、これには一理あると書いている。

僕はジャーナリムがなければ生活が出来なかった男だから、気軽にジャーナリズムを論ずる事は出来ないのだが、いまのようにジャーナリズムが盛大なものになると、文化の中心はジャーナリズムのなかにあるという錯覚が、いよいよ広まって行くのだな。これは大きな問題で、いくら反省しても反省し過ぎる事はない。そういう問題に僕らは面接している。そういうことをしきりに考えるな。

「皆さんの前だがね」というのは、この対談が『毎日新聞』紙上に載ったものであることから考えれば、この対談の席に、新聞記者が控えていたから、発言したものだろう。

小林は、内村の晩年の言葉に、「大きな問題」に通ずるものを受けとっている。ここで、内村が明治三十三年の四十歳以降は、主宰する雑誌『聖書之研究』を専ら、執筆の場とするに至ったことを思い出してもよい。三千部から四千部の、それも直接購読を中心とするものであった。「ジャーナリズム」から遠く離れた場所で、孜々として、真の「文化」を築いていたのである。

この昭和五十年という時期に、小林が正宗白鳥の『内村鑑三』を読んだという事実は、或る意味で、謎めいている。昭和五十年といえば、まだ「本居宣長」の連載をつづけている最中であった。「本居宣長」の最終章を脱稿したのは昭和五十二年の七月末である。そして、この年の十月に『本居宣長』を上梓。

「正宗白鳥の作について」は、昭和五十六年になって『文學界』に連載されるが、周知の通り、これは、前年の五月二十七日、正宗白鳥生誕百年を記念した、岡山市での文化講演会での講演が、第一章の基になった。この講演の話が小林のところにもちかけられたのは講演の三カ月前のことであったから、講演の準備ではありえない。

では何故、「本居宣長」の最中に、正宗白鳥の『内村鑑三』を読んだのか。

この謎には、小林の『本居宣長』が究極的に小林自身を満足させなかったのではないかという疑惑、そして、『本居宣長』を完成させたあとで、「本居宣長」を書くに当たって、あえて意識的に訣別した世界への入り口になるかもしれない正宗白鳥について論じることになった精神の構造が、隠されているように思われる。

江藤淳との対談「歴史について」(昭和四十六年)の中で、小林は次のように言っていたはずである。

小林 (中略)僕は、いろんなこと考えましたが、結局キリスト教というのはわからないと思った。わかりません、私には。宣長のいっていることは、私にはわかるんです。

「本居宣長」の連載は、昭和四十年からはじまった。完成までに十年余り要したわけだが、昭和四十六年という、連載開始六年目には、江藤淳にそのように言っていた小林の中で、昭和五十年頃から、「キリスト教」と「宣長のいっていること」のどちらがよく「わかる」かという問題が逆転してきたのではなかろうか。『本居宣長』の完成間近の時期に、小林が正宗白鳥の『内村鑑三』を読んでいたこと、これは想像力を充分かきたてる情景である。

三　絶筆「正宗白鳥の作について」

「正宗白鳥の作について」は、六章までが『文學界』に発表され、七章は、原稿用紙十七枚の未完のものが、没後発見された。

第一章が、岡山市での講演の速記を参照して改めて書き上げられたものであることは前述した通りで、第二章以下は順を追って書かれていった。

内村鑑三のことが出てくるのは、第二章と第三章である。絶筆の中に、「明治の思想家達」の他の誰でもなく、内村鑑三が大きくとり上げられることとなったのである。正宗白鳥を論ずるとなれば、これは或る意味で当然だが、この力の入れ方は、普通のものではない。第二章は、白鳥の代表作の一つ『自然主義盛衰史』をめぐって論じたあとで、数行分の余白を作って次のように、内村鑑三の部分に入っていく。

「自然主義文学《〔ママ〕》盛衰史」が成つた翌年、長篇評論「内村鑑三」が書かれた。言ふまでもなく正宗氏の人物評論の傑作であるが、これを此処に挙げるのは、明治の文筆生活回顧の流れは、「文壇的自叙伝」以来脈々と打ち続き、この評論に至つても途絶えないからだ。少年期青年期には、いろいろな人に心酔するものだが、誰にも増して自分を夢中にさせたのは内村といふ人物であつた。二十歳前後の数年間、内村の著作はすべて熟読し、その講演は、聴ける限り悉く聴いてゐた。それほど心酔した内村が、自分の一生に及ぼした感化影響には容易ならぬものがある筈だが、果してさうであらうか。七十歳になつて、その真相を検討してみたい気持だと言ふ。

また、正宗白鳥の内村鑑三観ともいうべきものを次のように要約している。

「人物論」に取り上げられた人物の中で、内村は、正宗氏が恐らく一番敬愛した人だつた。正宗氏は内村に師事した事はなかつたが、「内村鑑三」論で、批評文の形式上、内村内村と書いてゐるが、何時の間にか、内村先生になつてゐるところが面白い。こんな事は、他の人物論では決して見られないのである。人間は如何に評価されようとも、竟に憐れな人間である事に甲乙はないといふ信念を生涯動かさなかつた正宗氏は、わが尊敬する人物といふやうな言葉を決して使ひたがらなかつた。そこで、「私の知れる限りに於て、明治以来の人物のうちでは特殊の風格を具へた天才らしい男子であつた」といふ言ひ方になった。正宗氏の表現は、一見投げ遣りなやうで、神経は行き渡つてゐたのだ。それは兎も角、「自然主義文学盛衰史」では、「日本の自然主義作家と作品の一むれは、世界文学史に類例のない一種特別なもの〔ママ〕」と見做されてゐるが、「内村鑑三」論に働いてゐるのも亦同じ眼光なのであつて、内村はキリスト教思想史上で類例のない人物と見做され、論点は、「日本のキリスト教徒のうちで、特殊の風格のある奇異の信者であり、奇異の伝道者であつた」内村といふ人間の真相といふ問題に絞られてゐる。

そして、第三章は、全部が内村鑑三をめぐって書かれているが、その中で、白鳥の内村鑑三観を祖述しているところではなく、小林秀雄の内村鑑三観がうかがわれる箇所を引用してみよう。内村の『代表的日本人』に触れて次のように書いている。

此の英文著作の独逸語版が刊行された時（明治四十年）、著者は、独逸の読書界、殊に第一作「余は如何にして基督信徒となりし乎」を読んだ人々の為に、第二作の解説を書いてゐる。——「此の書は、現在の余を示すものではない。これは現在基督信徒たる余自身の接木せられてゐる砧《だい》木《き》の幹を示すものである」と（中略）「砧《だい》木《き》の幹」とは何か。内村に言はせれば、「裸体の未開人」として、私はこの世に生まれて来たのではないといふ意味だ。——「母の胎に宿らざりし先に、種々なる感化が余を形成したのである」——内村の基督信徒としての物の言ひ方で言へば、——この「選びの業《わざ》は我が国民のうちに二千余年来はたらき、遂に余もまた主イエス・キリストの仕者《つかへびと》として選ばるるに至つた」となるわけだ。わが国民をわが国民たらしめるのに二千余年働きつゞけて来た歴史の人間形成力と言っていゝものを考へる以上、これは我が国語の働きと不離なもの、或ひは一体を成すものと考へざるを得ない。さういふ誰にも測り難い、誰にも逃げられない力に直面し、これから眼を離すことが出来なくなるやうな状態に、内村を引き入れたものは、彼を「異邦人」として、「流竄」に処した基督教国に於ける基督信徒との生活体験であつた。

彼は、飽くまでもこの個性的な具体的な体験に即して推論し、結論を得た。彼に言はせれば、体験の内部にあつて、単純に健全に悟性を働かせて得た此の結論は言ふ、——「余は、基督教外国宣教師より、何が宗教なりやを学ばなかつた。すでに、日蓮、法然、蓮如、其他敬虔なる尊敬すべき人々が、余の先輩と余とに宗教の本質を知らしめたのである」と。

孤立を強ひられた意識の裡に、手に入れた結論が反響し、その共鳴の運動が、内村自身も驚くほど鮮明に、「砧木《だいき》の幹」の美しさを描き出してみせた。この作が名作たる所以を言ふのに、さういふ言ひ方をしてもいゝやうに思はれる。描かれた人間像は、西郷隆盛に始まり、上杉鷹山、二宮尊徳、中江藤樹とつゞき、これを締め括る日蓮上人が一番力を入れて描かれてゐるが、装飾的修辞を払ひ去つたその明晰な手法は、色彩の惑はしを逃れようとして、線の発明に達した優れた画家のデッサンを、極めて自然に類推させる。これらの人々の歴史上の行跡の本質的な意味と信じたところを、このやうに簡潔に描いてみせた人はなかつた。これからもあるまい。（傍点内村）

「なかつた」というばかりではない。「これからもあるまい」と小林は書いている。これは前に引用した「ニイチェ雑感」の中で、ニイチェは「無比な散文」を遺したといい「こんな散文を書いた人は、彼の前にも後にもない。」という表現を思い出させるような、小林としての最高の讃辞といっていいだろう。そして、小林は、この三章を、次のように終えている。

内村は「聖書之研究」の巻頭に、長年にわたつて短文を掲げたが、読んでゐてたまたま眼に止まつた文がある。此処で挙げて置くのに適当なものと思はれたから。――「伝道他なし、イエスキリストを紹介することと是なり。彼の人格を紹介することとなり、彼の事業を紹介することなり、人をして彼を其すべての方面に於て知らしむることとなり、福音宣伝とは単に道を伝ふるといふが如き漠然たる事にあらず、もちろん教勢拡張と称するが如き政治家めきたる事にあらず、イエスキリストと称する明確なる人格の明確なる紹介なり、余輩は伝道に従事すると称して空を撃つが如き業に従事するにあらざるなり」と。――正宗氏は小説家のモデルについて深く考へたが、その深く思ひをめぐらした意味で、内村といふ思想家のモデルはイエス・キリストであつた。

ここで、引用された内村の短文は、「伝道の明確」と題されたもので、明治四十三年五月の『聖書之研究』に書かれたものである。「読んでゐてたまたま眼に止まつた」と小林は書いているから、この「正宗白鳥の作について」を書くに際しては、内村の全集にも眼を通したものと思われる。全部を精読したのではなく、この「所感」などの短文を読んでいったものと想像されるが、その中で、この「伝道の明確」を発見し、これを内村の本質を表わすものとして、引用するところなどには、小林の真骨頂が、発揮されている。確かに、この「伝道の明確」こそ、内村鑑三の生涯の事業の要約である。

内村鑑三のことを、「明治が生んだ一番純粋な痛烈な理想家の典型」といい、「日本的な」「非常に純粋」なクリスチャンと観た小林秀雄は、このように深く、「明確」な理解を示したのであった。『本居宣長』を書いている最中に、「結局キリスト教というのはわからないと思った」といった小林秀雄は、しかし、十年後の絶筆「正宗白鳥の作について」の中でこのような透徹した内村鑑三観を披瀝した。「キリスト教というのはわからない」といった小林秀雄は、内村鑑三は、あるいは「代表的日本人」内村鑑三において「あらわれた」キリスト教は、「わか」ったのである。

（一九九七年三月）

山田風太郎と内村鑑三

一　山田風太郎の明治小説

山田風太郎の明治小説は、今日、ちくま文庫に「山田風太郎明治小説全集　全一四巻」として収められている。第一巻『警視庁草紙（上）』第二巻『警視庁草紙（下）』第三巻『幻燈辻馬車（上）』第四巻『幻燈辻馬車（下）・天衣無縫・明治忠臣蔵・絞首刑第一番』第五巻『地の果ての獄（上）』第六巻『地の果ての獄（下）・斬奸状は馬車に乗って・東京南町奉行・首の座・切腹禁止令・おれは不知火』第七巻『明治断頭台』第八巻『エドの舞踏会』第九巻『明治波濤歌（上）』第一〇巻『明治波濤歌（下）』第一一巻『ラスプーチンが来た』第一二巻『明治バベルの塔・明治暗黒星』第一三巻『明治十手架（上）』第一四巻『明治十手架（下）・明治かげろう俥・黄色い下宿人』という作品群である。

　山田風太郎といえば、伝奇小説、推理小説、時代小説のそれぞれのジャンルで話題作を量産した、戦後日本を代表する娯楽小説家の一人というのが世間の通り相場であろう。『甲賀忍法帖』をはじめとする忍法帖シリーズは、世に忍法ブームを巻き起こした。奇想天外なアイデアにあふれた大衆小説の書き手という評価である。

　このように見られている山田風太郎と明治の代表的基督者である内村鑑三を並べて考えてみることは、一見荒唐無稽のことのように思われるかもしれない。内村鑑三といえば、明治二十年代の後半に、いわゆる「大文学論」を書いた人だからである。「何故に大文学は出ざる乎」「如何にして大文学を得ん乎」の二つの論文で、内村は「大文学」を説き、当時の日本にあるものは『小文学』であると批判したのであった。

　確かに、山田が明治小説を書き出す以前に書きまくっていたものは、「小文学」であったかもしれない。しかし、山田の明治小説は「大文学」であるとはいえないにしても、「大文学」に通じる何かはあるように思われる。近代以降の日本文学で、これがあるだけでも稀なことである。ほとんどが「小文学」に過ぎないからである。

　山田が、明治小説に本格的に取り組んだのは、第一巻と第二巻に入っている『警視庁草紙』（昭和四十八年七月〜四十九年十二月）である。山田は、すでに五十歳を過ぎていた。「伝奇小説の曲芸」というエッセイの冒頭で、「以前にも、明治を扱った中・短篇は書くことは書いていたのだが、やや本気で長篇の『明治小説』を書きはじめたのは、『幻燈辻馬車』が、『警視庁草紙』につづいて二作目である。」と書いている。山田自身が、明治小説を自分の仕事の中でもいいものだと考えていたことは、『風々院風々風々居士――山田風太郎に聞く』（聞き手　森まゆみ）の中で、「ぼくはねぇ、忍法帖シリーズよりも、明治ものの方が、上だと思ってんですよ、けど売れないね、明治ものは。」といっているのでも分る。

そして、山田の明治小説の中に、内村鑑三がかなり登場するのである。これは、やはり意外なことであり、興味深い点である。山田風太郎の内村鑑三に対する関心の深さは、山田を表面的に大衆小説家と見ている通念を変更させるものとなるかもしれない。

まず、虚実入り乱れた明治小説にどのような実在した人物を登場させているかを見ていく。山田の関心の在り所も見えて来るであろう。

『警視庁草紙』では、主人公格は、警視庁初代総監、川路利良である。それから、西郷隆盛、三遊亭円朝、半七捕物帳の半七、京都見廻組の今井信郎、子供時代の樋口一葉・夏目漱石・幸田露伴・森鷗外、東条英機の父・英教、河竹黙阿弥、井上馨、板垣征四郎の父・征徳、米内光政の父・受政、首切り役の山田浅右衛門、小山内薫の父・健、会津藩の生き残りの猛将・佐川官兵衛、黒田清隆、大久保利通、高橋お伝、山岡鉄舟、といった顔ぶれだが、明治のさまざまな人物が、意外なところで現れたり、触れられたりして、山田風太郎の明治小説の知的な面白さを形成している。

関川夏央の『戦中派天才老人山田風太郎』の中には、関川の「忍法帖は最近いたるところで復刊復刻されていますが。」という発言に対して、「自分としては〝明治もの〟のほうがはるかにいいと思っているんだが。あれは現在の読者にはよくわからないようだ。基本的な歴史知識が共有できなくなっているんだな。」と答えている。逆にいえば、「歴史的知識」を「共有」している知的な読者には、登場する多様な人物の意外な繫がりなどが極めて面白いのである。『幻燈辻馬車』の中に、「人間の血脈の織りなしてゆくこの地上の相の神秘さよ。」という詠嘆が記されている。

その『幻燈辻馬車』には、福島県令三島通庸、また三遊亭円朝、来島恒喜、川上音二郎・貞奴、伊藤博文、中江兆民、徳富蘇峰、子供時代の田山花袋・志賀直哉、嘉納治五郎、山川健次郎、河野広中、原胤昭（後の明治小説で重要な役割を担う）などが登場している。「明治忠臣蔵」は、相馬事件。ここに少年時代の志賀直哉が出て来る。「天衣無縫」は、参議広沢真臣の暗殺事件。「絞首刑第一番」は、雲井竜雄とか首切り御用の山田浅右衛門とかが出て来る。

『地の果ての獄』の主人公は、薩摩藩出身の典獄、有馬四郎助である。「キリスト教の教誨師」原胤昭も主要な登場人物である。初代北海道長官・岩村通俊、弟の高俊、二十歳の幸田露伴、薩摩藩士・益満休之助、「京都の同志社大学の校長」新島襄、といった多彩な人物が描かれている。「斬奸状は馬車に乗って」には、明治史を彩る大きな名前の人物は出て来ない。「東京南町奉行」には、岩倉使節団のこと、福沢諭吉、木村摂津守、勝海舟、といった人々。「首の座」は、幕末維新のいわゆる長崎の隠れ切支丹の事件を取り扱っており、三位沢主水正宣嘉卿の他、志士南八郎、江藤新平等。「切腹禁止令」には、森金之丞（有礼）、雲井竜雄などである。「おれは不知火」は、佐久間象山、その暗殺の主犯・河上彦斎、象山の子・恪二郎の話である。山田の川路に対する関心の深さが感じられる。その他、東郷平八郎、吉井友実、品川弥二郎、海江田信義、ドクトル・ヘボン、岸田吟香、などが登場するが、内村鑑三が出て来るのは、「遠眼鏡足切絵図」の章である。明治三年の話なので、勿論内村は、少年である。ここで、内村少年は、量的にも多く触れられている。

『明治断頭台』は、明治初年の弾正台大巡察として川路利良が主役級の活躍をする。

『エドの舞踏会』は、井上馨、伊藤博文、山県有朋、黒田清隆、森有礼、大隈重信、陸奥宗光などの夫人を題材にしたものである。

『明治波濤歌』は、「それからの咸臨丸」「風の中の蝶」「からゆき草紙」「巴里に雪のふるごとく」「築地西洋軒」「横浜オッペケペ」から成り立っている。「それからの咸臨丸」は、元咸臨丸乗組員の悲劇を扱っている。「風の中の蝶」は、南方熊楠、北村透谷が主たる登場人物で、特に北村透谷と自由民権運動の悲劇を題材としている。「からゆき草紙」は、樋口一葉、「巴里に雪のふるごとく」は、また川路利良。「築地西洋軒」は、日本に戻って来てからの森鷗外と日本にまで追いかけていたエリスの話。「横浜オッペケペ」は、川上音二郎・貞奴、野口英世の青春である。

『ラスプーチンが来た』（原題は、『明治化物草紙』）には、この長篇小説の三分の一くらいのところから内村鑑三は登場し、最後の方まで重要な役回りを当てられている。こちらでは、三十歳くらいになっている。

『明治バベルの塔』には、「明治バベルの塔」「牢屋の坊っちゃん」「いろは大王の火葬場」「四分割秋水伝」が収まっているが、「明治バベルの塔」は、『万朝報』を舞台にして、黒岩涙香、幸徳秋水、内村鑑三が出て来る。「牢屋の坊っちゃん」は、李鴻章を撃った小山六之助。「いろは大王の火葬場」は、「いろは」という牛鍋屋を開いた木村荘平。「四分割秋水伝」は、文字通り、幸徳秋水。『明治暗黒星』は、星亨とその暗殺者伊庭想太郎。

『明治十手架』は、『地の果ての獄』で登場した原胤昭が主人公である。この原胤昭は、山田風太郎の精神を考えるに際しては、とても重要な人物である。その他、「明治かげろう俥」は、大津事件余話のようなもので、ロシアの皇太子とギリシャの親王の俥を引いていた挽子のその後の人生を扱ったものである。「黄色い下宿人」は、ロンドン留学時代の夏目漱石を題材に使っている。

以上のように、山田風太郎の明治小説に登場する実在の人物を点検してみると、政治家たちは当然多く出て来るが、文学者や思想家はあまり多くはない。北村透谷は、「風の中の蝶」でとりあげられているが、この自由民権運動の悲劇はよく扱われているといってもいい。森鷗外は、「築地西洋軒」で出て来るが、このエリスとの話は、あまり事新しいものではないであろう。それを考えると山田風太郎の内村鑑三のとりあげかたの多さは目を引くのである。同じ基督者の新島襄などが、『地の果ての獄』にちょっとだけ出て来ることなどと照らし合わせると、ますますそのような印象が深まるのである。もう一つ言えば、札幌農学校の同期生、新渡戸稲造は一度も山田の明治小説に顔を出さないのである。

山田風太郎といえば、『戦中派虫けら日記』『戦中派不戦日記』『戦中派焼け跡日記』などの青春時代の日記が有名である。それらの日記に内村鑑三の名前はほとんど出て来ない。青春時代の山田が、大変な読書家であり、日記の中には数多くの作家や思想家の名前が頻出するのだが、内村のことは、例えば『戦中派虫けら日記』の中には、一箇所、それも知人のスピーチの中に出て来るのを書きとめているものに過ぎない。昭和十九年六月二十七日のところに、次のように書かれている。

菊池さんは、色の青黒い、瞳がいかにも内省的な性格らしく黒々と沈んで、暗い感じさえするひとである。ポツリポツリ語る。

「私は曾て医者になることに対し、悲哀を覚え煩悶したことがありました。しかしその後、自分は単に人の肉体のみの医者であってはならない。魂の医者にならなければならないと考えてから、一条の光芒を見出したのであります。私は卒業すれば精神科の方へ入ります。そういうと、だれもが私をへんな眼でみるのです。しかし私はかまいません。人間にとって精神ほど偉大なものはありません。現代の眩惑するような科学の戦いの原動力は、実に人間の精神なのです。内村鑑三先生はこういっておられます。人類史上最大の遺物は、知識でもなければ事業でもない、ただ人格であると。私は立派な医者になりたいと思います。しかしそれは流行るとか技術がうまいとかいう点で立派なのではなく、人格的に立派な医者になりたいのです。……」

ここでいわれている内村の言説は、有名な『後世への最大遺物』の趣旨である。内村の「最大遺物」観が、明治以来この昭和の戦前まで、「菊池さん」のような「内省的な性格」の青年に深い影響を与えていたことが分る。しかし、山田風太郎自身が内村鑑三の『後世への最大遺物』を読んでいた形跡はない。「内村鑑三先生」と呼ぶようなことはない。

もうひとつは、『戦中派焼け跡日記』の昭和二十一年四月十日のところに、「内村鑑三『代表的日本人』読了。」とある。その後に、特に感想は記されていないで、「代表的日本人」の人として描かれた日蓮の言葉が引用されているに止まる。同じ明治の思想家として、岡倉天心や福沢諭吉がとりあげられているが、天心や諭吉の方が扱い方が大きい。

このように青春時代の山田は、いまだ内村鑑三に対する関心は、低かったように思われる。それが明治小説に取り組むようになって明治について研究するに従って、内村の存在の大きさに気がついていったのであろう。

では、内村鑑三が山田風太郎の明治小説に、どのように描かれているかを見ていくことにしよう。

二　明治小説に登場する内村鑑三

『明治断頭台』の中の一篇「遠眼鏡足切絵図」に、前述したように、内村鑑三が少年として登場している。「明治三年八月のある日」のこと。主人公、香月経四郎と川路利良が、築地ホテルの塔の上で、遠眼鏡で東京の風景を俯瞰している場面である。

代る代る双眼鏡を持ち変え、その騒ぎがひとしきり鎮静したときだ。

「あの……すいませんけど、ぼくにも見せてくれませんか」

と、声をかけた者がある。

途中から、ボーイといっしょに、そこに上って来た十歳ばかりの少年であった。侍の子らしく、前髪をつけ、きちんと袴をはき、短い刀さえさしている。

さっきからその少年が、双眼鏡に興味を奪われて、その言葉を出すのに耐えに耐えていたことを経四郎は気づいていて、むろん見せてやるつもりでいた。

なお、それを眼にあてて離そうとしない猿木邏卒に、

「おい、いいかげんにそのお子供衆に貸してあげろ」

と、声をかけ、

「使いかたを教えてやってな」と注意した。

やがて、頬をかがやかせて、双眼鏡で四方を眺めている少年を見ながら、川路は、少年を連れて上って来たボーイに訊いた。

「ありゃ、ここに泊っちょるお客の子か」

「いえね、そうじゃございませんので」

とボーイは答えた。

「たったいまやって来て、どうか塔の上に上らせてくれ、と申しますので」

この塔には、むろん原則として宿泊客しか上れないことになっている。

「何でもこの居留地の教会をはじめて見に来て、そのついでにここに立ち寄ったとかで――とにかく、あんな小さいのが、ひとりでなかなかちゃんとした挨拶をするものですから、つい案内してやる気になりまして」

「ほう、教会に」

そういえば、どこか異人めいた容貌をしている。決して混血児というような意味ではなく、あくまで日本の少年に相違ないが、その年齢にしては彫が深く、では美貌かといっとその反対で、むしろ可愛らしくない。が、珍しく聡明さと意志力にみちた少年の顔であった。それにしても、一人で居留地の教会を、さらにホテル館の塔を見物に来たとは変っている。

それだけ耳にして、経四郎は少年のそばに歩いてゆき、どこらあたりを眺めたいかと尋ねて、改めて双眼鏡を調節してやった。

「坊やは東京の人かね」

「ちがいます、上州の高崎です」

「え、高崎――お父さんはそちらにおられるのか」

「いえ、父は奥州石巻にいます。……権判事というお役で。——家族は高崎」

少年は双眼鏡に眼をあてたまま、明晳に答える。

「じゃ、坊やは一人で東京に出てきたのか」

「はい。お父さまのおいいつけで、英語の勉強に。——いま、イギリスの女の先生の塾にはいっているんです」

「ふうん、それはえらいな。耶蘇の教会見物に来たそうだが、その先生にゆけといわれてかね」

「いいえ、友だちが、面白いからいってみろといって……」

「面白かったか」

「はい、西洋の女の人が、大きな箱みたいなものをたたくと音楽が鳴って、そして、英語の歌をうたって……でも、この双眼鏡のほうがもっと面白い！」

経四郎も、いまさらのごとく「新時代」を感じないわけにはゆかない。

「坊や、しかし、このごろ東京に出て来たにしちゃ、言葉が田舎くさくないじゃないか」

「ええ、もともと東京に生まれて、七つのときまで小石川にいたから……お父さまが高崎藩の江戸詰めのお侍でしたから……いまも殿さまのお屋敷にいます」

「君、いくつ？」

「十」

「名は？」

「ウチムラ・カンゾー」

「え？」

「内村鑑三」

そのとき、少年が、突然、「あ！」とさけんだ。

「どうした」

「あんなところで、男と女が、へんなことして――」

「なに？　どれどれ」

さすがの経四郎も狼狽して、双眼鏡をひったくった。

「どこだ？」

「教会の左のほう……三つ目の洋館の二階です」

「待て待て」

経四郎は双眼鏡でうろうろ探した。

「その洋館の右から二つ目の窓です」
一、二分後、双眼鏡の焦点が合って――しばらくして、「あ！」と経四郎もさけんだ。
「どげんしたか」

と、川路も猿木も、エスメラルダまでが好奇の眼で集まって来た。

このやりとりは、なかなか意味深長に出来ていて、内村の容貌の特徴がよく描き出されているし、父が高崎藩の藩士であったことや江戸の高崎藩の屋敷で生まれたことなどが記されている。何よりも、後の大思想家・内村鑑三が、十歳の少年として登場してくるところが、山田らしい奇想である。

そして、最後の方に、もう一度内村少年は、出て来る。

「猿木」

と、川路が呼んだ。

「その少年を呼んで来い。お前、知っとるはずじゃ」

「へ?」

経四郎が声を重ねた。

「何でも小石川の——元高崎藩邸に住んでいるといった。たしか、名は内村鑑三。——倬でいって、倬で連れて来い!」

(中略)

猿木邏卒が少年を連れて駆け戻って来たのは、それから一時間ばかり後であった。

経四郎たちを見て、少年は思い出したらしくにこっとしたが、その訊問に急にまじめな表情になって、

「見ました。女のひとが足をきられるのを、ぼく、ほんとうに見たのです!」

と、断言した。十歳ながら、それは後年の剛直無比のクリスチャン内村鑑三の萌芽にまぎれもない顔であった。

「それにしても、おはん、どげんしてその日、またあのホテル館の塔の上にいたんじゃ？」

と、川路は尋ねた。少年は答えた。

「あの日の朝、英語塾へゆく途中、女のひとが寄ってきて、きょう午後三時ごろ、築地ホテルの塔の上にいってごらん、また双眼鏡で見せてもらえるから、といったんです。ぼく、あれからもういちど、ぜひ双眼鏡で見たいと思っていたから、塾をぬけて、すッ飛んでいったんです」

「女？……どげな女？」

「お高祖頭巾をかぶっていたから、よくわかりません」

ここで、山田が内村のことを「剛直無比のクリスチャン」と呼んでいることは、興味深い。山田の内村観が的確であるとともに、山田が内村に見たものの核心がここにあると思われるからである。山田は、世間的には「剛直」な人間ではない、あえていえばその対極にあるように思われている節がある。しかし、若き日の日記や明治小説の根柢にあるものは、山田的ではあるが、ある「剛直」なのである。いわば内村の「剛直」がポジだとしたら、山田の「剛直」はネガなのである。ネガはポジに憧れるのかもしれない。山田が内村を明治小説でここまで多くとりあげた理由もその辺にあるとも考えられるのである。

『ラスプーチンが来た』では、内村鑑三が最初に登場する場面は、「貴婦人」の章の五節で、「鹿鳴館で、下山女史主催の大バザーがひらかれたのは四月半ばのことであった。」と始まった後、章の末尾に次のような内村の言葉が出て来る。

そのとき、大きな声がした。

「馬鹿馬鹿しい。こんなバザーは、実際馬鹿げたことです！」

そして、六節には、次のように書かれている。

華やかな人々の中に、白いカラー、黒い洋服を着た、三十歳くらいの男が立っていた。こんな場所にそぐわない質朴な姿だが、いっしょにいる二十半ばの女性は、雪香も知っている英語の津田梅子女史だ。

「だいたい下婢養成所とは何です。奴隷養成所と同じような意味ではありませんか。それを作るためのバザーを、七面鳥のように着飾った貴族夫人連がひらく。これがいかに人間侮辱の催しであるかということに気づく人もないらしいのは馬鹿げておる！」

そばの津田女史に話しかけているようだが、そうばかりとは思えない大声だ。――一帯がピタリと静粛になった。

下山女史が立ちあがって、そのほうへ歩いていった。

「津田先生、この方はどなたですか」

と、尋ねた。津田女史は当惑した表情で答えた。

「第一高等学校の内村鑑三先生とおっしゃいます」

「ああ、アメリカからお帰りになった……耶蘇の……」

と、下山女史はうなずいた。逢うのははじめてだが、名は知っていたらしい。

「私がこのバザーを主催いたしました下山宇多子です」

と、向きなおり、

「お言葉でございますが……奴隷養成所など、そんな大それた悪意はまったくござ〻ざいません。アメリカは知らず、日本ではまだたいした産業も発達いたしませず、若い女性の職業というものがほんとうに乏しゅうございます。その中で、下婢は実際に貴重な職業でございます。けれど、貧しい階級の娘が突然御大家に奉公しましても当人も戸惑うことが多く、使用いたしますお家のほうでも大変困るわけでございます。またそれを考え、それを怖れて引込み思案になる娘も少なくないでございましょう。そこで、下婢希望者に一応の教育を与え、行儀作法を教える、そのための学校を作るのが、どこが馬鹿げているのでしょうか。それを侮辱とは、失礼ながらお考え過ぎではございますまいか」

下山女史は、よどみなく、堂々といった。

「そういう有用無用の理屈をいっているのではありません」

内村は答えた。

「それ以前の問題として、貴族階級が下婢養成所を作るという、その根本の発想が人間侮辱だというのです」

嚙んで吐き出すような語調だ。

彼はおとといしアメリカの神学校から帰って来たばかりだが、留学生として先輩の津田梅子女史からふとこのバザーのことを聞き、憤然としてやって来たのだ。津田女史にはいわなかったが、はじめから下山宇多子という高名な女性に一撃を加えるべく、心をきめて乗りこんで来たのであった。

「そんな目的のバザーをひらくより、まずあなた方に現実の貧民階級を見よと申しあげたい。——」

下山宇多子はいった。

「待ってください。私だって貧乏の味は知っています」

「あなたの味わった貧乏の味などとはちがう貧乏です。貴族の下婢になるなど、想像も及ばない極貧の世界が存在するのです」

内村はいった。

彼は大きな口髭をはやし、どちらかといえば醜男に近い容貌なのに、まるで西洋の哲学者みたいな厳粛苛烈な印象を与えた。

「現実にこの東京のあちこちに、これが天皇のおられる都の一劃かと疑われるような貧民街がある。あなたはそれを御存知ないでしょう。見たことがないでしょう」

錆びた、沈痛な声だが、よく透る声量であった。鹿鳴館の二階は、しいんと静まりかえった。

――雪香も、魂の底までゆり動かされるような気がした。

「下山さん、まずいちどためしにそれを見におゆきなさい。いって、それを見てから、下婢養成所設立とか、そのための鹿鳴館のバザーだのが頭に浮かぶかどうか、もういちどためして御覧なさい！」

シャンデリアの下がった高い天井に反響だけ残し、二十九歳の内村鑑三はお辞儀もせずに背を向けると、スタスタと舞踏室を出ていった。

ここでは、「二十九歳」の内村鑑三として登場している。間もなく、有名な第一高等中学校不敬事件が起きるのである。この鹿鳴館のバザーに乗り込んでくる内村は、当時の偽善に満ちた社会に対する最も苛烈な批判者としての内村の一面をよくとらえているといっていい。内村の声や容貌についての描写も山田の踏み込んだ感情が感じられる。

この場面の他に、『ラスプーチンが来た』の中には、内村は重要な登場人物として絶えず出て来るが、終りの方の「浅草十二階」の冒頭に、次のように書かれている。

内村鑑三の生涯で特筆すべき「勅語不敬事件」が勃発したのは、年を越えた明治二十四年一月九日のことであった。

前年の十月三十日、いわゆる教育勅語が発布され、その一月九日、内村の奉職する第一高等中学(後の一高)でもその奉戴式が行われた。

それが講堂でうやうやしく奉読されたあと、真正面に飾られた御真影と勅語の箱の前に、教授や学生が順次すすんで最敬礼する儀式が行われたのだが、内村の番が来たとき、彼は敬礼せず、ちょっと立ちどまっただけでそのままゆき過ぎてしまったから、大変な騒ぎになった。

彼は天皇を尊敬していた。教育勅語にも賛成であった。しかし、神として、あるいは儀式として、その写真や勅語に礼拝することは、剛直無比のクリスチャンとしてとうていがまん出来なかったのだ。

この時代にこの抵抗は、破天荒の自爆行為、といってもまだいい足りない事件であった。

——内村鑑三もまた明治の化物の一人に相違なかった。

教授や学生は、いれ代りたち代り、彼の家におしかけて来て訪問した。おりあしく暮から風邪気味で、事件のあとから肺炎となり重態となった彼の枕もとに、往来から石が投げこまれた。

むろん新聞は逆賊として筆誅し、彼は職を奪われた。

ここでも、前述した『明治断頭台』の中で使われていた、「剛直無比のクリスチャン」という評語が出て来ることは注目されていい。この見方が、山田の内村に対する根本的なものと考えられるからである。そして、山田は「内村鑑三もまた明治の化物の一人に相違なかった。」という重要な文章を「――」をはさんで書いている。

この「化物」という表現は、山田らしいものである。この『ラスプーチンが来た』は、原題は『明治化物草紙』であり、主人公・明石元二郎も「化物」と呼ばれている。冒頭の「快男児」の中には「要するに明石元二郎は、明治の軍人中の化物であった。」と書かれている。この小説は、大津事件も背景にしているが、この大津事件で「司法権の独立」を守ったとされる児島惟謙も「化物」と評されている。

客観的に見れば、日本はまさに累卵の危機にあったのだ。

明治には、後代の常識からすれば、政治家、軍人などに、暴勇、暴挙の評を与えて然るべき決断や行為が数々あった。にもかかわらず、その大半がふしぎに禍を呼ばず、かえって栄光をもたらした。国家が勃興する時は、そういうものである。

児島惟謙のこのムチャクチャな護法行為もその一例だ。彼もまた明治の化物列伝中の一人には相違ない。

「明石元二郎」も「児島惟謙」も「化物」であったように、内村鑑三も「化物」であったと山田はいうのである。山田が「化物」と評するとき、これはもちろん山田ならではのニュアンスをもって称讃しているのであって、普通の人間を超えたものを持った人物を「化物」といっているのである。

『明治バベルの塔』には、内村は、幸徳秋水とともに黒岩涙香の『万朝報』の社員として登場する。社長室で、この三人が会する。

八月半ばのある午後、社長室で、ふんどし一つで頭に濡れ手拭いをのせ、それでも汗をかいてフウフウいいながら、机に向って何か苦吟していた涙香は、吹き通しになった入口からはいって来たのが、幸徳秋水と内村鑑三であることを見ると、驚いて立ちあがり、あわててそばの着物をまとった。

幸徳はともかく、内村鑑三は、自分のところの社員でありながら、涙香が「わが厳師」と呼んだほどの存在であったのだ。

社長の狼狽ぶりを見て、「まあまあ」といいかけた秋水も、詰襟の黒い服を着た内村が厳然と立って黙っているので、これも口をつぐんでそっくり返った。内村鑑三はこのとし涙香より一歳年長の、数えで四十一であった。

ここでも、内村は幸徳以上の存在として、涙香が「わが厳師」と呼ぶほどの人物と評されている。この小説の中でも、幸徳秋水が、涙香について「とにかくあの人は一種の怪物だ。よく栄龍姐さんが惚れたものだと思うが、しかし私から見ても、たしかに世の常の人じゃない魅力がある。私も好きですな。」というところがある。幸徳も「怪物」であろう。「怪物」も「化物」のヴァリエーションである。しかし、幸徳秋水は、「四分割秋水伝」で、「上半身」「下半身」「背中」「大脳旧皮質」に四分割され、かなり山田が得意とする偶像破壊的な分析をされている。それに対して、山田は内村鑑三については四分割的なアプローチをしていないのである。

三　一新する山田風太郎の面目

以上、見てきたような山田風太郎の内村鑑三に対する高い評価と深い共感が、明治小説の後期を飾る『地の果ての獄』と『明治十手架』に活かされているように思われる。前者の主人公は、薩摩藩士の子・有馬四郎助であり、冒頭から日本最初のキリスト教教誨師・原胤昭が登場する。後者の主人公は、その原胤昭である。

『地の果ての獄』の末尾には、山田風太郎の歴史家的な才能を示すかのように、有馬四郎助の略年譜を付している。

有馬四郎助略年譜

元治元年。鹿児島に、薩藩士班益満喜藤太の四男として生まれる。

明治二年。有馬家の養子となる。

明治十二年。満十四歳にして鹿児島県の小学校訓導となる。明治の小学校の面白さ。

明治十九年。北海道集治監看守となる。

以後、北海道各集治監を歴任するが、このころまでの四郎助は勇猛な武断の行刑吏としての印象をとどめている。しかし、人の魂の旅は幾山河、明治二十年代の終りごろから、彼はしきりに聖書をひもとくようになる。

明治二十八年。内地に赴任、浦和監獄典獄となる。

明治三十一年。麻布霊南坂教会において、牧師留岡幸助より洗礼を受け、留岡とは終生の友となる。

明治三十二年。横浜監獄典獄となる。

このころ、十七歳にして放火殺人の罪を犯して無期徒刑となり、いちどは脱獄したこともある一凶悪囚が、その後獄中で回心し、模範囚となり、二十三年ぶりに仮出獄を許されたとき、早朝裏門を出ると、そこに有馬典獄が立っていて、

「今日は私は典獄ではない。君の友達だ」

といって、官舎に連れてゆき、大切な賓客のように待遇したという挿話がある。

明治三十七年。小田原にて少年囚釈放者保護事業を始める。

大正四年。小管監獄典獄となる。

大正十二年。九月の関東大震災に際し、小菅刑務所に軍隊が出動して、銃剣をもって囚人の逃走を警戒しようとしたとき、有馬刑務所長は、せっかくですが、ここにはその必要はありません、と謝絶した。一人も逃走しない囚人を眺めつつ、有馬の眼から滂沱の涙が流れつづけていたといわれる。のちにアメリカのウイスコンシン大学社会学のギリン博士が来口した際、大震災に小菅から一人の逃亡者も出なかった原因について質問したのに対し、有馬は答えている。

「あなたは多分、私がクリスチャンであることを御存知でしょう。私は彼らを囚人としてではなく、人間として処遇します。私はキリスト教について説教はいたしません。ただ私は彼らと友人になろうと努力します」

昭和二年。豊多摩刑務所所長となる。

昭和九年。死去。満六十九歳。

免囚保護の父といわれる原胤昭とならんで、有馬は後まで「愛の典獄」と呼ばれる。

『明治十手架』の主人公である、原胤昭は、徳川幕府の江戸の与力であったが、明治維新後「キリスト教の教誨師」になったという、ある意味で実に劇的な経歴の持ち主である。前述の森まゆみのインタヴューの中で、森の「原胤昭はお好きでしたね、登場人物として。あの人は風太郎さんの小説、あちこち顔を出します、『明治十手架』にも。」という発言に対して、「あれも快男児だね。」と答えている。また、他のところでは、「そういえば、最高裁の判事でいらした団藤重光さんが、原胤昭を自分の一番敬愛する人として、僕の本を紹介してくれたことがあった。」といっている。そして、『明治十手架』は、他人や社会のために無償で尽した原みたいな人の一生を伝えたいという気持ちがあった。」という、表面的に捉えられている作家、山田風太郎のイメージを覆すような発言をしているのである。

このような有馬四郎助や原胤昭のような「サムライ・クリスチャン」に興味を持ち、その精神に深い理解を示した山田の根本には、「サムライ・クリスチャン」の代表者・内村鑑三に対する共感があったのである。そして、このような内村や有馬四郎助や原胤昭のような「サムライ・クリスチャン」に対する共感の持ち主として山田風太郎を見るとき、通俗小説家、山田風太郎の面目が一新するのを覚えるであろう。作家論の要諦は、通説を覆すことにある。

（二〇一四年三月）

あとがき

平成三十年（二〇一八）に明治百五十年を迎えるに際して、私は日本人の精神の深奥に内村鑑三という「明治の光」が届くことを心より願う。表層の華やかさがもてはやされた時代もあったが、ついに日本人も精神の深奥の問題にぶつかってきたからである。

内村鑑三の著作が明治の古臭い作品として遇されてしまうとしたらとても残念なことであるが、また一方「明治の古典」として整理されてしまってはならないと思う。内村鑑三の言葉が、今日の言葉として蘇り、今日の日本人の精神に迫ってくることを祈念している。

今年の十月に「文春学藝ライブラリー」の一冊として刊行された『内村鑑三』は、平成二年（一九九〇）の五月に上梓したもので、もう四半世紀以上前のことになる。内村鑑三の代表作『ロマ書の研究』の創元文庫版に、神田神保町の古書店で邂逅したのが、昭和六十一年（一九八六）の秋のことで、私は三十三歳になっていた。かつてボードレールが、ヴァーグナーの音楽を聴いて「一つの精神的手術、啓示を受けた」と告白したが、私も『内村鑑三』を書いていく中で、同じような経験をしたように回想されるのである。

『内村鑑三』で出発してから、これまで『島木健作　義に飢ゑ渇く者』『文藝評論』『批評の測鉛』『日本思想史骨』『正統の垂直線　透谷・鑑三・近代』『批評の時』『国のさゝやき』『信時潔』『鈴二つ』『フリードリヒ　崇高のアリア』『異形の明治』『シベリウスと宣長』『ハリネズミの耳　音楽随想』『「海道東征」への道』『明治頌歌　言葉による交響曲』といった著作を刊行して来た。

扱った批評の対象は様々に見えるけれども、そのライトモチーフは、内村鑑三であった。これらの本の中に、内村鑑三の名前や文章は、よく引用されているし、表面的に出てこないとしても、底流として、内村鑑三の精神が貫いているのである。

『内村鑑三』の次に多くの読者に恵まれた『信時潔』にしても、信時潔の実父の吉岡弘毅が、鑑三と深い交友関係にあり、信時潔が少年の頃、鑑三に会っていたであろうという推測が成り立つことが信時潔に対する関心の原動力の大きな一つであったのである。

平成二十三年（二〇一一）は、内村鑑三生誕百五十年にあたっていた。この年には、これを記念して『別冊環⑱内村鑑三　1861-1930』を編集した。この本は、帯に「近代日本の根源的批判者」とあるように、近代日本に対する表層的な批判が多く見られる中で、最も根源的な批判をした人としての内村鑑三をとらえようとしたものであった。

本書は、『内村鑑三』上梓後、上記の諸著作に収めていなかった内村鑑三を主題として取り扱ったものを纏めたものである。ここに、内村鑑三の磁場が強烈に立ち上がっているであろう。この磁場は、磁力が強く、極めて広く及んでいたのである。富岡鉄斎、宮沢賢治、さらには大佛次郎、山田風太郎まで出てくれば、その一端が知れるであろう。

「美」よりも「義」を重んじた内村鑑三は、あまり美術について触れていないが、レンブラントは「特愛」の画家であった。レンブラントが、富岡鉄斎と同じく「義」の画家であったからであろう。この内村鑑三という「明治の光」によって、日本の精神的風景が、単に暗い絵でもなく、表面的に明るい画でもなく、彫の深いものになることを強く願うものである。別の言い方をすれば、精神の垂直性に貫かれることである。この「明治の光」は、レンブラントの光のように、上方から差すものだからである。

明治百五十年の節目の年を、六十五歳というまだ仕事が出来る年齢で迎えることになる巡り合わせを何かとても幸福に感じている。明治という「歴史」の意義について、これからの日本人に訴えていく役割を果たしていきたいと思う。

かつて中村光夫は、五十五歳で「文学は老年の事業である」と言ったけれども、「文学」にはそうとは言えない面もあるように思われる。「文学」には、やはり「青春の詩」によって作られるところもあるからである。しかし、「歴史は老年の事業である」とは言えるかもしれない。「歴史」について思索し、その「歴史叙述」をすることは、人生の成熟が必要であるに違いないからである。幕末維新期の歴史を「叙述」した大佛次郎の未完の大作『天皇の世紀』は、たしかに「老年の事業」の見事な一例であった。

藤原書店の藤原良雄社長には、明治百五十年の節目の年にあたって、現在の日本に内村鑑三を問う意義を深く理解していただき、本書の刊行を快く引き受けていただいた。心より御礼申し上げます。また、本書を編むにあたっては、『異形の明治』『「海道東征」への道』に引き続き、今回も刈屋琢氏に大変お世話になった。懇切な編集には、いつもとても助けられている。深く感謝したいと思う。

平成二十九年十一月三日　かつては明治節といった日に

新保祐司

初出一覧

序　書き下ろし。「二」は『機』306号（リレー連載「近代日本を作った100人」42）、藤原書店、二〇一七年九月

I　明治百五十年の日本と内村鑑三

今、何故内村鑑三か――キリスト教は西洋の宗教ではない　別冊『環』18「内村鑑三1861-1930」、藤原書店、二〇一一年十二月

今、何故「明治初年」か――内村鑑三と「志士的ピューリタニズム」　『環』60号（特集＝「明治」を問い直す）、藤原書店、二〇一五年一月

内村鑑三――「正しい位置に心を置いた人」　『神奈川大学評論』第56号（特集＝日本近代〈知〉の巨人たち――時代に屹立する精神）、二〇〇七年三月

II　近代日本思想史における内村鑑三

近代日本における「基督教」　『日本思想史講座4　近代』ぺりかん社、二〇一三年六月

昭和の文芸評論と内村鑑三　『講座　日本のキリスト教芸術　3　文学』日本キリスト教団出版局、二〇〇六年八月

III　富岡鉄斎と内村鑑三

一　京都、便利堂　『季刊イロニア』第9号、新学社、一九九五年七月

二　大田垣蓮月　『季刊イロニア』第10号、新学社、一九九五年十月
三　内藤湖南　『季刊イロニア』第11号、新学社、一九九六年一月
四　美と義　『季刊イロニア』第12号、新学社、一九九六年四月

Ⅳ　内村鑑三の磁場

鑑三・ダンテ・白鳥——内村鑑三の「大文学論」と正宗白鳥　『都留文科大学国文学論考』第48号、二〇一二年三月
芥川龍之介と室賀文武——天才と使徒について　『芥川龍之介全集［第2次］』月報20（第20巻）、岩波書店、二〇〇八年八月
宮沢賢治と内村鑑三　『都留文科大学研究紀要』48集、一九九八年三月
大佛次郎と内村鑑三　『文科の継承と展開　都留文科大学国文学科五十周年記念論文集』二〇一一年三月
小林秀雄の内村鑑三観　『都留文科大学国文学論考』第33号、一九九七年三月
山田風太郎と内村鑑三　『都留文科大学国文学論考』第50号、二〇一四年三月

内村鑑三年譜(1861-1930)

＊『内村鑑三全集40』(岩波書店)所収の「年譜」(鈴木範久編)を元に著者と編集部で作成した。改暦までは、月日を陰暦で示した。また年齢は満年齢を記した。

年号	歳	内村鑑三関連事項	本書関連事項
一八六一(万延2／文久元)	0	2月13日(陽暦3月23日)、江戸小石川鳶坂上、高崎藩の武士長屋に、父内村宜之(藩士)、母ヤソの長男として生まれる。	
一八六六(慶応2)			8月27日、内藤湖南生まれる。
一八六九(明治2)			室賀文武生まれる。
一八七三(明治6)			照井真臣乳、富岡謙蔵生まれる。
一八七五(明治8)			12月10日、大田垣蓮月死去する。
一八七六(明治9)			10月、神風連の乱が起こる。
一八七七(明治10)	16	7月27日、開拓使附属札幌農学校第二期生として入学許可。 8月27日、玄武丸に乗船、8月28日、品川に出港、小樽に向かい、 9月3日、札幌着。 9月15日、授業開始。まもなくW・S・クラークの遺した禁酒禁煙の誓約書に署名。	2月、西南戦争勃発。 2月20日、斎藤宗次郎生まれる。
		12月1日、クラークの遺した「イエスを信ずる者の誓約」に署名(宮部金吾によると12月11日)。	
一八七八(明治11)	17	6月2日、メソヂスト監督教会宣教師M・C・ハリスより、足立元太郎、太田(新渡戸)稲造、高木玉太郎、藤田九三郎、広井勇、宮部金吾とともに受洗。	1月29日、吉野作造生まれる。

年号	歳	内村鑑三関連事項	本書関連事項
一八七九（明治12）			3月3日、正宗白鳥生まれる。
一八八一（明治14）	20	7月9日、札幌農学校卒業。 7月27日、開拓使御用係准判任の辞令を受ける。	明治十四年の政変。
一八八二（明治15）	21	2月、開拓使廃止にともない札幌県御用係になる。	
一八八三（明治16）	22	4月22日、病気療養を理由に札幌県に辞表提出。 6月3日、札幌県に辞表を受理される。 6月8日、津田仙と熱海に行く。この月、津田仙の学農社農学校教師になる。 8月15日、海老名弾正の牧する日本組合基督教会安中教会で講演。 このころ同教会の会員浅田タケを知る。 12月、農商務省農務局水産課に勤め、水産慣行調を担当し、日本産魚類目録の作成に従事する。	7月7日、鹿鳴館落成。
一八八四（明治17）	23	2月15日、浅田タケと婚約結納をかわす。 3月28日、浅田タケと上野池之端長蛇亭でM・C・ハリスの司式により結婚式を挙げる。 10月頃、タケ、安中の実家に別居（正式離婚は一八八九年）、この月、農商務省を辞職。 11月6日、シティ・オブ・トウキョウ号でアメリカへ向け出航し、 11月24日、サンフランシスコ港着。	

一八八五（明治18）	24	4月15日、長女ノブ生まれる。 5月8日、米国来訪中の新島襄と会う。 7月27日、エルウィンを去り、8月末までマサチューセッツ州グロースター、ハイドパークに滞在する。新島襄の勧めに従いアマースト大学入学を決意する。 9月7日、アマースト着。 9月8日、W・S・クラークを訪ねる。 9月10日、アマースト大学に選科生として入学。	
一八八六（明治19）			5月10日、カール・バルト生まれる。
一八八七（明治20）	26	7月、アマースト大学卒業、理学士（Bachelor of Science）の称号を受ける。 9月、コネチカット州のハートフォード神学校に入学。	
一八八八（明治21）	27	1月、病気のため、ハートフォード神学校を退学。 4月21日、英国船パーシャ号に乗り、サンフランシスコを出港、帰国の途につく。 5月16日、帰国。 6月6日、新潟に行き、北越学館館主加藤勝弥と同館教頭として就任の「約定書」をかわす。 12月18日、北越学館を辞し、帰京。	
一八八九（明治22）	28	3月、東洋英和学校、水産伝習所の教師となる（一八九〇年2月まで）。 5月、タケと正式離婚。 7月31日、高崎の横浜かずと結婚。	1月4日、夢野久作生まれる。 2月11日、大日本帝国憲法公布。

年号	歳	内村鑑三関連事項	本書関連事項
一八九〇（明治23）	29	9月2日、第一高等中学校嘱託教員となる。	1月23日、新島襄死去する。 10月30日、教育勅語発布。 第一回帝国議会開会。
一八九一（明治24）	30	1月9日、第一高等中学校教育勅語奉読式で「不敬事件」を起こす。 2月3日、第一高等中学校嘱託教員を依願解嘱になる。 4月19日、妻かず死去。	
一八九二（明治25）	31	9月6日、大阪泰西学館教師として着任。まもなく大阪高等英学校（のちの桃山学院）の教師兼任。 12月23日、京都の判事岡田透の娘しづと結婚。	3月1日、芥川龍之介生まれる。
一八九三（明治26）	32	2月25日、『基督信徒の慰』を警醒社書店より刊行。 4月、泰西学館を辞し、熊本英学校教師として赴任（7月まで）。 8月16日、京都に移り住む。	
一八九四（明治27）	33	3月19日、娘ルツ生まれる。 7月16日～17日、箱根で開催された基督教青年会第六回夏期学校で「後世への最大遺物」と題し講演。 11月24日、『Japan and the Japanese』を民友社より刊行（一九〇八年、『Representative Men of Japan』と改題）。	7月25日、日清戦争開戦。
一八九五（明治28）	34	5月10日、『How I became a Christian』を警醒社書店より刊行。 7月13日、「何故に大文学は出ざる乎」を『国民之友』二五六号に発表。 10月12日、19日、「如何にして大文学を得ん乎」を『国民之友』二六五号、二六六号に連載。	4月17日、下関条約調印、日清戦争講和。 三国干渉。 閔妃暗殺事件。

一八九六（明治29）	35	8月15日、「時勢の観察」を『国民之友』三〇九号に発表。 9月、名古屋英和学校教師として赴任。	8月27日、宮沢賢治生まれる。
一八九七（明治30）	36	1月、黒岩周六（涙香）に招かれ、『万朝報』英文欄主筆に就任のため上京。 7月15日、『夏期演説　後世への最大遺物』を便利堂書店より刊行。 11月12日、長男祐之生まれる。	10月9日、大佛次郎生まれる。
一八九八（明治31）	37	1月10日、東京基督教青年会館で月曜日夜、五回にわたる文学講演を開始（2月7日まで）。 3月28日、『月曜講演』を警醒社書店より刊行（一八九九年『宗教と文学』に改題）。 5月4日、万朝報社を退社。 6月10日、『東京独立雑誌』を創刊（一九〇〇年7月まで刊行）。	5月、内藤湖南、万朝報社に入社。
一八九九（明治32）	38	7月、東京府豊多摩郡角筈村の女子独立学校校長に就任。	
一九〇〇（明治33）	39	7月5日、『東京独立雑誌』を七二号をもって廃刊とし、7月12日、東京独立雑誌社を解散する。 7月25日～8月3日、女子独立学校で夏期講談会を開催、講師に、内村鑑三、大島正健、留岡幸助、松村介石。出席者に、青木義雄、青山士、井口喜源治、荻原守衛、小山内薫、倉橋惣三、住谷天来、西沢勇志智、森本慶三ら。 9月18日、『万朝報』に「帰来録」を掲げ同社に客員として再入社。 9月30日、『聖書之研究』を創刊（実際には10月3日に刊行された）。	4月、内藤湖南、万朝報社を退社。
一九〇一（明治34）	40	3月14日、『無教会』を創刊し（一九〇二年8月まで刊行）、同号に「無教会論」を発表。	

年号	歳	内村鑑三関連事項	本書関連事項
一九〇一（明治34）	40	7月20日、万朝報社の黒岩周六（涙香）、幸徳伝次郎（秋水）、山県五十雄、円城寺清、天城安政、堺利彦、斯波貞吉らと理想団を結成。 7月25日～8月3日、第二回夏期講談会を角筈女学校（前女子独立学校）で開催、講師に、内村鑑三、留岡幸助、巌本善治、大島正健、田村直臣、出席者に、浅野猶三郎、小山内薫、倉橋惣三、小出満二、斎藤宗次郎、志賀直哉、永島与八、益富政助、森本慶三ら。	
一九〇二（明治35）	41	7月25日～8月3日、第三回夏期講談会を角筈の精華女学校（前角筈女学校）で開催、講師に、内村鑑三、大島正健、黒岩周六（涙香）、津田仙、田村直臣、山県五十雄。出席者に、青山士、有島武郎、魚住影雄（折蘆）、大賀一郎、小山内薫、鹿子木員信、倉橋惣三、斎藤宗次郎、志賀直哉、田中竜夫、森本慶三ら。	1月8日、河上徹太郎生まれる。 4月11日、小林秀雄生まれる。 日英同盟協約締結。
一九〇三（明治36）	42	10月9日、非戦論のため、幸徳伝次郎（秋水）、堺利彦とともに万朝報社を退社。	
一九〇四（明治37）	43	11月11日、母ヤソ死去。	2月8日、日露戦争開戦。
一九〇五（明治38）	44	6月10日、『聖書之研究』を『新希望』と改題。	9月5日、ポーツマス条約締結、日露戦争講和。
一九〇六（明治39）	45	1月～2月、病気のため、『新希望』の編集を小山内薫と倉橋惣三に委ねる。 5月10日、『新希望』を『聖書之研究』の旧題に戻す。	南満州鉄道株式会社設立。
一九〇七（明治40）	46	4月13日、父宜之死去。	

一九〇九（明治42）	48	10月、第一高等学校校長新渡戸稲造の読書会グループ、聖書研究会に入会し、柏会と名づける。同会会員に、岩永裕吉、金井清、川西実三、黒崎幸吉、黒木三次、沢田廉三、膳桂之助、高木八尺、田島道治、塚本虎二、鶴見祐輔、前田多門、三谷隆正、森戸辰男、藤井武らがあり、のち矢内原忠雄、金沢常雄らも参加。	10月26日、伊藤博文、ハルビン駅頭で安重根に射殺される。
一九一〇（明治43）			日韓合併条約調印（韓国併合）。
一九一一（明治44）	50	11月10日、「デンマルク国の話」を『聖書之研究』一三六号に発表。	2月5日、中村光夫生まれる。
一九一二（明治45／大正元）	51	1月12日、娘ルツ死去。 1月30日、聖書研究会会員南原繁、坂田祐ら白雨会を結成（2月4日、命名）。	7月30日、大正に改元。 8月25日、福田恆存生まれる。
一九一八（大正7）	57	1月6日、聖書の預言的研究演説会を、中田重治、木村清松とともに東京基督教青年会館で開催、「聖書研究者の立場より見たる基督の再来」と題し講演、再臨運動を開始する。 8月26日、この日より日記「日々の生涯」の執筆を始め、『聖書之研究』二一九号（10月10日）より連載する。 11月1日、『基督再臨問題講演集』を岩波書店より刊行。	7月〜9月、米騒動。 8月、シベリア出兵開始。 11月、「新しき村」（武者小路実篤） 11月11日、第一次世界大戦（一九一四年七月より）終結 12月23日、富岡謙蔵死去する。
一九一九（大正8）	58	1月17日〜19日、中田重治、平井慶一、藤井武とともに大阪中之島公会堂で開催された基督再臨研究大阪大会に出席し、17日、18日「万民に関はる大なる福音」、19日「伝道と基督の再臨」と題し講演。	
一九二〇（大正9）	59	10月8日、黒岩涙香の葬儀に列する。	

年号	歳	内村鑑三関連事項	本書関連事項
一九二一（大正10）	60	1月16日、聖書研究会で羅馬書の講義を開始する（一九二二年10月22日まで）。	
一九二二（大正11）	61	4月15日、『英和独語集』を岩波書店より刊行。	1月10日、大隈重信死去する。 2月1日、山県有朋死去する。 カール・バルト『ローマ書』（第二版）出版。
一九二三（大正12）	62	7月19日、有島武郎自殺の報に接し、「背教者としての有島武郎氏」を『万朝報』に発表（～7月21日）。7月20日～9月2日、沓掛に滞在。 9月2日、関東大震災のため沓掛より帰京。 10月1日、「天災と天罰及び天恵」を『主婦之友』七巻一〇号に発表。	1月4日、山田風太郎生まれる。 9月1日、関東大震災。
一九二四（大正13）	63	1月15日、今井館附属聖書講堂改築成り、献堂式を行なう（20日より同講堂で日曜日の聖書講義を再開）。 6月1日、米国の排日法案に対し、「米国人より金銭を受くるの害」を『国民新聞』に発表。徳富蘇峰と旧交を回復し、対米問題に関する論文を数多く同紙に寄稿する。 9月10日、『羅馬書の研究』を向山堂書房より刊行。	12月31日、富岡鉄斎死去する。
一九二五（大正14）	64	1月9日、植村正久の訃に接し、弔問に行く。	4月22日、治安維持法公布。
一九二六（大正15／昭和元）	65	3月5日、英文雑誌「The Japan Christian Intelligencer」を創刊（一九二八年2月まで刊行）、「主筆　内村鑑三、編輯主任　山県五十雄」。 10月20日、『一日一生』を警醒社書店より刊行。	

一九二七（昭和2）	66	3月5日、「The Japan Christian Intelligencer」を山県五十雄と別れ単独編集とする。この日、木村熊二の葬儀に出席し弔辞を述べる。 4月9日、志賀重昂の葬儀に列する。	3月、金融恐慌。
一九二八（昭和3）	67	2月10日、「The Japan Christian Intelligencer」を第二巻第一二号をもって廃刊にする。 4月14日、横井時雄追悼演説会、青山会館で行なわれ、「故横井時雄君の為に弁ず」の題で語る。 6月2日、受洗五〇年を記念し、新渡戸稲造、広井勇、伊藤一隆、大島正健とともにM・C・ハリスの墓参をする。 6月12日、畔上賢造、三谷隆正、金沢常雄、黒崎幸吉、矢内原忠雄、藤井武、塚本虎二により『内村鑑三先生信仰五十年記念基督教論文集』刊行。	2月20日、初の普通選挙。
一九二九（昭和4）	68	1月1日〜11日、逗子に静養のため滞在。 1月2日、心臓の肥大を指摘される。 1月7日、伊藤一隆の葬儀に列して式辞を述べる。 4月8日、日本赤十字社病院で診察を受けた結果、心臓の大きな異常を告げられ静養生活に入る。	1月5日、伊藤一隆死去する。 9月、小林秀雄、『様々なる意匠』でデビュー。
一九三〇（昭和5）	69	1月12日、聖書研究会において、「パウロの武士道」について語る。 3月26日、古稀感謝祝賀会が開かれる（数え年）。 3月28日、午前八時五一分、心臓病により死去する。 3月30日、今井館附属聖書講堂で葬儀が行なわれる。 4月6日、内村聖書研究会解散。雑司ヶ谷墓地に遺骨埋葬（一九三二年3月16日、多磨墓地第八区甲一六側に改葬）。 4月25日、『聖書之研究』が三五七号をもって終刊となる。	

ワ 行

ヤ　行

ラ　行

ナ 行

サ　行

タ　行

カ 行

主要人名索引

本文と注から主要な実在の人物を採り，姓・名の五十音順で
配列した。頻出する内村鑑三とイエス・キリストは省いた。

ア 行

著者紹介

新保祐司（しんぽ・ゆうじ）

1953年生。東京大学文学部仏文科卒業。文芸批評家。現在，都留文科大学教授。

著書に，『内村鑑三』（1990年）『文藝評論』（1991年）『批評の測鉛』（1992年）『日本思想史骨』（1994年）『正統の垂直線——透谷・鑑三・近代』（1997年）『批評の時』（2001年）『国のさゝやき』（2002年）『信時潔』（2005年）『鈴二つ』（2005年）［以上，構想社］，『島木健作——義に飢ゑ渇く者』（リブロポート，1990年），『フリードリヒ　崇高のアリア』（角川学芸出版，2008年），『シベリウスと宣長』（2014年）『ハリネズミの耳——音楽随想』（2015年）［以上，港の人］，『異形の明治』（2014年）『「海道東征」への道』（2016年）［以上，藤原書店］，『明治頌歌——言葉による交響曲』（展転社，2017年）がある。また編著書に，『北村透谷——〈批評〉の誕生』（至文堂，2006年），『「海ゆかば」の昭和』（イプシロン出版企画，2006年），『別冊環⑱　内村鑑三 1861-1930』（藤原書店，2011年）がある。

2007年，第8回正論新風賞，2017年，第33回正論大賞を受賞。

明治《めいじ》の光《ひかり》・内村鑑三《うちむらかんぞう》

2018年1月10日　初版第1刷発行©

著　者　新　保　祐　司

発行者　藤　原　良　雄

発行所　株式会社　藤　原　書　店

〒162-0041　東京都新宿区早稲田鶴巻町523

電　話　03（5272）0301

FAX　03（5272）0450

振　替　00160 - 4 - 17013

info@fujiwara-shoten.co.jp

印刷・製本　中央精版印刷

落丁本・乱丁本はお取替えいたします
定価はカバーに表示してあります

Printed in Japan
ISBN978-4-86578-153-3

「日本の近代」を問い直すための最良の鑑

異形の明治

新保祐司

「理想」に攫まれ、「絶対」に貫かれた、「化物」たちの時代——山田風太郎、服部之総、池辺三山、清沢洌、尾佐竹猛、吉野作造、福本日南らの「歴史の活眼」を導きとして、明治という国家が、まだ骨格を固める以前の近代日本の草創期に、国家への純粋な希求に突き動かされた人々の、「明治初年の精神」に迫る。

四六上製　二三二頁　**二四〇〇円**
（二〇一四年八月刊）
◇978-4-89434-983-4

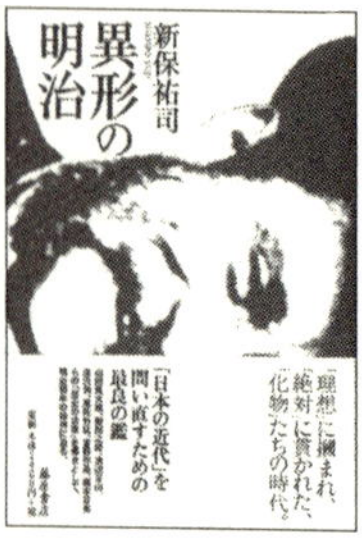

"封印"されていた交声曲は、今、なぜ復活したのか？

「海道東征」への道

新保祐司

「海ゆかば」の信時潔の作曲、北原白秋の作詩による交声曲「海道東征」。戦後封印されてきた大曲が戦後七〇年に復活公演されたが、その復活劇は著者の「信時潔論」が強力に牽引していた。東日本大震災という未曾有の災害により「戦後日本」が根底から揺るがされた、戦後六〇年から七〇年の一〇年間における、日本社会の精神史的考察の集成。

四六上製　三二八頁　**二八〇〇円**
（二〇一六年八月刊）
◇978-4-86578-086-4

近代日本の根源的批判者

別冊『環』⑱

内村鑑三 *1861-1930*

新保祐司編

I 内村鑑三と近代日本
山折哲雄＋新保祐司／山折哲雄／新保祐司／関根清三／渡辺京二／新井明／鈴木範久／田尻祐一郎／鶴見太郎／猪木武徳／住谷一彦／松尾尊兊／春山明哲

II 内村鑑三を語る
「内村鑑三の勝利」（内村評）／新保祐司／海老名弾正／徳富蘇峰／山路愛山／山室軍平／石川三四郎／山川均／岩波茂雄／長與善郎／金教臣

III 内村鑑三を読む
新保祐司／内村鑑三**『ロマ書の研究』**（抜粋）／**「何故に大文学は出ざる乎」**ほか
〈附〉内村鑑三年譜(1861-1930)

菊大判　三六八頁　**三八〇〇円**
（二〇一一年一二月刊）
◇978-4-89434-833-2

「未来」などない、あるのは「希望」だけだ

生きる希望
（イバン・イリイチの遺言）

I・イリイチ
D・ケイリー編　臼井隆一郎訳

「最善の堕落は最悪である」——教育・医療・交通など「善」から発したものが制度化し、自律を欠いた依存へと転化する歴史を通じて、キリスト教－西欧－近代を批判、尚そこに「今・ここ」の生を回復する唯一の可能性を探る。

【序】Ch・テイラー

四六上製　四一六頁　**三六〇〇円**
（二〇〇六年一二月刊）
◇978-4-89434-549-2

THE RIVERS NORTH OF THE FUTURE
Ivan ILLICH

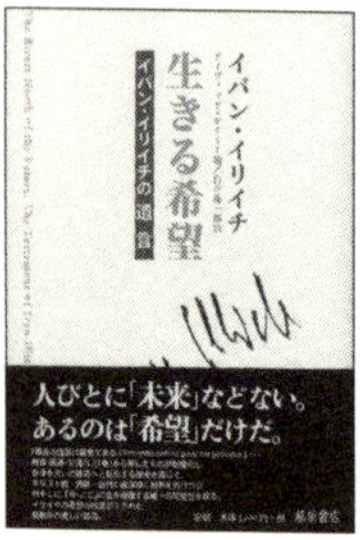